TRANSMISSÃO DA CLÁUSULA ARBITRAL

TRANSMISSÃO DA CLÁUSULA ARBITRAL

2023

Inaê Siqueira de Oliveira

ALMEDINA

TRANSMISSÃO DA CLÁUSULA ARBITRAL

AUTOR: Inaê Siqueira de Oliveira

DIRETOR ALMEDINA BRASIL: Rodrigo Mentz
EDITORA JURÍDICA: Manuella Santos de Castro
EDITOR DE DESENVOLVIMENTO: Aurélio Cesar Nogueira
ASSISTENTES EDITORIAIS: Letícia Gabriella Batista e Tacila da Silva Souza
ESTAGIÁRIA DE PRODUÇÃO: Natasha Oliveira

DIAGRAMAÇÃO: Almedina
DESIGN DE CAPA: FBA

ISBN: 9786556279862
Novembro, 2023

Dados Internacionais de Catalogação na Publicação (CIP)
(Câmara Brasileira do Livro, SP, Brasil)

Oliveira, Inaê Siqueira de
Transmissão da cláusula arbitral / Inaê Siqueira de Oliveira. -- São Paulo : Almedina, 2023.

ISBN 978-65-5627-986-2

1. Arbitragem (Direito) - Brasil 2. Arbitragem - Leis e legislação 3. Contratos (Direito) – Brasil 4. Direito societário - Brasil I. Título.

23-171421 CDU-347.7(81)

Índices para catálogo sistemático:

1. Brasil : Arbitragem : Direito societário
347.7(81)

Eliane de Freitas Leite - Bibliotecária - CRB 8/8415

Este livro segue as regras do novo Acordo Ortográfico da Língua Portuguesa (1990).

EDITORA: Almedina Brasil
Rua José Maria Lisboa, 860, Conj.131 e 132, Jardim Paulista | 01423-001 São Paulo | Brasil
www.almedina.com.br

NOTA DA AUTORA

Este livro corresponde, com alguns ajustes e atualizações, ao texto da dissertação de mestrado defendida na Faculdade de Direito da Universidade de São Paulo em julho de 2021. No que tiver de acerto, este estudo é mais mérito de meus professores, por tudo que ensinaram, do que meu.

O professor Francisco Paulo De Crescenzo Marino, dileto orientador, confiou que eu teria fôlego para mergulhar em uma pergunta simples que põe questões difíceis. Ao longo de toda a jornada, beneficiei-me enormemente de sua generosidade com o conhecimento e genuíno apreço pelo debate, sempre com franqueza e sem formalidade. Depois, beneficiei-me ainda do incentivo à publicação e da paciência com a demorada revisão.

Na banca examinadora, os professores Anderson Schreiber, Cristiano de Sousa Zanetti e Luis Renato Ferreira da Silva honraram-me com uma arguição genuína e interessada. Distinguiram-me com perguntas e comentários que levaram o raciocínio a percorrer distâncias maiores para buscar respostas melhores.

No exame de qualificação, os professores João Alberto Schützer Del Nero e Cristiano de Sousa Zanetti iluminaram-me as ideias com comentários, perguntas e sugestões. Passei muito tempo na companhia daquilo que me disseram até encontrar respostas, e por isso lhes sou muito grata.

Antes, na graduação, os professores Fabio Costa Morosini e Michelle Ratton Sanchez Badin apresentaram-me à pesquisa e guiaram-me durante a iniciação científica. Nas aulas na Faculdade de Direito da UFRGS, o professor Luis Renato Ferreira da Silva mostrou-me a beleza do direito privado.

Ruy Rosado de Aguiar Júnior, pranteado mestre, ensinou-me, pelo exemplo, o que significa ser um grande jurista. Como sua assistente, privilégio pelo qual serei para sempre agradecida, aprendi mais do que consigo listar. Já não tenho como responder à pergunta que tanto me fazia ("tá estudando, guria?"), mas a convivência me deixou lições que busco colocar em prática, no direito e na vida.

Durante a pós-graduação, recebi a ajuda de várias pessoas cuja amizade é, para mim, motivo de felicidade. Eduardo Rodrigues e Douglas da Silva hospedaram-me tantas vezes ao longo de 2018, quando eu fazia a ponte aérea Porto Alegre–São Paulo para assistir às aulas, que passaram a se referir a certos itens da casa como meus, inclusive na minha ausência. Raquel Lima Scalcon e Guilherme Bier Barcelos não só me ofereceram preciosas sugestões de metodologia, como protocolaram o projeto e receberam-me para o exame de qualificação.

Cometi também a indelicadeza de submeter amigas e amigos à leitura de trechos e discussão de dúvidas. Apesar da minha impertinência, fui presenteada por Ana Paula Mageste, Fabiana Leite e George Hauschild com palavras de incentivo, leitura atenta e sugestões. Para confirmar que sou uma pessoa de sorte, tive, ainda, o privilégio de discutir o tema com Maria Inês de Oliveira Martins na revisão prévia à publicação, o que diminuiu o número e a gravidade dos meus erros.

Perdi a conta de quantas vezes fui auxiliada com materiais úteis à pesquisa. Em mais de uma ocasião, inclusive, a ajuda foi intermediada – pedi a um amigo, que pediu a outro, e o material veio. O amparo dessa rede de solidariedade fez com que a jornada fosse mais fácil e menos solitária. Agradeço a Amanda Moreno, Bryan Longhi, Carolina Cavalcanti, Felipe Guaspari, Frederico Weingartner, Giovana Benetti, Giovana Carneiro, Luca Giannotti, Pietro Webber e Rafael Xavier.

Em São Paulo, fui acolhida com generosidade pela equipe da ETAD. Em Ernesto Tzirulnik, tenho a alegria de um mentor excepcional, com quem aprendo sobre a vida, o ofício da advocacia e o direito do seguro.

Em São Francisco de Assis, no interior do Rio Grande do Sul, onde estão minhas raízes, cresci em uma família que sempre encorajou meus sonhos de modo incondicional, mesmo sabendo que eles me levariam para longe de casa. Este trabalho é dedicado à minha mãe, Rejane Ribeiro de Siqueira, e ao meu pai, Julio Cesar Moscato de Oliveira.

31 de julho de 2023

Inaê Siqueira de Oliveira

PREFÁCIO

A obra que o leitor tem em mãos aborda, com extremo rigor dogmático, algumas das mais intrincadas questões relativas às vicissitudes pelas quais pode passar a cláusula compromissória. A indagação central que se busca responder é: quando a relação jurídica de base, ou parte das posições jurídicas dela advindas, é transmitida a um terceiro, está ele sujeito à jurisdição arbitral estabelecida pelas partes (originárias)? Em outras palavras: a relação jurídica arbitral também é transmitida, ou circula, por efeito da transmissão da relação de base ou de algumas de suas posições jurídicas?

Nesse universo, a autora, Inaê Siqueira de Oliveira, selecionou cinco casos: sucessão universal, cessão de posição contratual, pagamento com sub-rogação, cessão de crédito e assunção de dívida. Cada um deles suscita, em maior ou menor grau, dificuldades que impedem uma resposta única ou automática e justificam, assim, a profunda investigação realizada.

As soluções que a autora propõe são seguras e metodicamente construídas. Não tenho dúvida, por isso, que o livro rapidamente se converterá em referência básica sobre o seu tema.

Trata-se de estudo de direito civil, mas que não descura dos princípios e das particularidades da cláusula compromissória, dentre as quais a sua propalada "autonomia". Nesse ponto, um dos muitos méritos da autora é o equilíbrio com que transitou entre o "direito da arbitragem" e o direito civil, buscando,nas categorias gerais deste, as respostas para questões próprias daquele. Com efeito, a relação entre os terceiros e o compromisso arbitral depende primordialmente do direito material, razão pela qual a resposta variará conforme a jurisdição considerada.

Que o leitor não se engane com o tamanho do livro. Ao contrário dos volumosos calhamaços que por vezes pouco ou nada agregam, Inaê é dona de estilo direto e conciso (como sempre deveria ser), sem brecha para impertinentes divagações laterais ou falsas demonstrações de erudição. A leitura, assim, é densa, pois nela não encontraremos nada além do essencial.

Ter sido o orientador da Inaê durante o Mestrado na Universidade de São Paulo me tornou um privilegiado interlocutor e um admirado espectador de sua capacidade analítica. O resultado alcançado foi, para mim, motivo de enorme satisfação.

A Inaê chegou até mim pelas mãos do querido e saudoso Professor Ruy Rosado de Aguiar Jr., de quem foi, por muitos anos, uma fiel escudeira. Não tivesse nos deixado tão cedo, deveria ser ele o autor deste prefácio. Mas, de onde estiver, ele seguramente está muito orgulhoso de sua "guria".

Nada mais resta a dizer. As muitas outras virtudes da obra e de sua escritora o leitor rapidamente perceberá, assim que iniciar a leitura.

Edimburgo, outubro de 2023

Francisco Paulo de Crescenzo Marino
Professor de Direito Civil da Faculdade de Direito da USP

SUMÁRIO

INTRODUÇÃO

Para sistematizar o estudo da eficácia subjetiva da cláusula compromissória, as diferentes situações (*e.g.*, cessão de crédito, grupo de sociedades, pagamento com sub-rogação) podem ser classificadas em, pelo menos, duas categorias: extensão e transmissão.[1]

A extensão trata da eficácia para além dos declarantes, ocupando-se, primariamente, das questões de forma e consentimento tácito. A transmissão, objeto deste trabalho, trata da eficácia sobre sujeitos que se tornaram titulares *(i)* de posições jurídicas, ativas ou passivas, oriundas de contrato contendo cláusula compromissória, ou *(ii)* da posição de uma das partes de contrato contendo cláusula compromissória.

[1] Adotam essa divisão: Loquin, Eric. Différences et convergences dans le régime de la transmission et de l'extension de la clause compromissoire devant les juridictions françaises. **Gazette du Palais**, Paris, n. 157, p. 7, 6 junho 2002; CLAY, Thomas. A extensão da cláusula compromissória às partes não contratantes (fora grupos de contratos e grupos de sociedades/empresas). **Revista Brasileira de Arbitragem**, São Paulo, v. 11, n. 8, p. 74-82, 2005. Outras classificações são possíveis. Para De Nova, há três problemas: identificação (se a convenção com A vincula B ou C), substituição (se a convenção entre A e B não vincula mais B, mas C) e adição (se a convenção entre A e B vincula, além de B, também C) (De Nova, Giorgio. I terzi e la convenzione arbitrale. **Rivista dell'Arbitrato**. Milano, ano XXII, n. 4. p. 777-781, 2012). Marino propõe uma classificação quadripartite: (i) partes originárias, (ii) partes supervenientes por sucessão, (iii) partes supervenientes por adição, (iv) terceiros (Marino, Francisco. Eficácia da convenção de arbitragem perante terceiros: o caso do terceiro beneficiário. In: Benetti, Giovana et al. (Org.). **Direito, cultura, método:** leituras da obra de Judith Martins-Costa. Rio de Janeiro: GZ, 2019. p. 859-876).

Por um lado, a cláusula compromissória é considerada um negócio jurídico autônomo; por outro, aceita-se facilmente que ela se transmite com o contrato ou com posições jurídicas dele advindas.[2] Os fundamentos para isso, quando apontados, variam. A inconstância na teoria cria incerteza na prática – por exemplo, na cessão de crédito, caso a cláusula compromissória seja um benefício, supõe-se que o cessionário a considera favorável a seus interesses, podendo, em última instância, renunciar a tal benefício; caso a cláusula compromissória seja uma exceção do cedido, o devedor escolhe se a opõe, sendo irrelevante o consentimento do cessionário.

Além de incerteza na fundamentação, há dúvidas a respeito das hipóteses em que ocorre transmissão (*e.g.*, se o sub-rogado está sujeito à cláusula compromissória) e dos requisitos (*e.g.*, se é necessário o consentimento do sucessor). Esta dissertação propõe-se a investigar quando e, sobretudo, por que ocorre a transmissão da cláusula compromissória. É uma dúvida singela, mas refratária a uma resposta geral e sistematicamente coerente. Há duas questões principais.

Primeiro, se a cláusula compromissória se transmite em qualquer tipo de aquisição derivada, independentemente das características da transmissão (*e.g.*, tanto na sucessão universal quanto na cessão de

[2] *E.g.*, "[A] transmissão é um caso mais simples no qual a parte originariamente na arbitragem cede, por qualquer meio, cessão, sucessão, por exemplo, o contrato do qual faz parte e que contém cláusula compromissória a outrem. A pessoa que veio a vincular-se ao contrato vincula-se também à arbitragem." (GUERRERO, Luis Fernando. **Convenção de arbitragem e processo arbitral**. São Paulo: Atlas, 2009. p. 131); "Em princípio, há possibilidades, a nosso ver inquestionáveis, de não-signatárias se verem afetadas pelos efeitos de uma convenção arbitral, sendo a transmissão um exemplo." (JABARDO, Cristina Saiz. "Extensão" da cláusula compromissória na arbitragem comercial internacional: o caso dos grupos societários. Dissertação (Mestrado em Direito Internacional) – Universidade de São Paulo, São Paulo, 2009. p. 12); Zerbini lista, como exemplos de "situações contratuais [que] ensejam a transferência da cláusula de arbitragem assinada entre A e B para C, cessão de obrigações contratuais; cessão de direitos creditórios ou assunção; fusão e cisão de empresas; sub-rogação; contratos de transporte marítimo (emissão de conhecimento de embarque em favor de B que, mediante endosso, o entrega a C; substabelecimento de mandato; morte de pessoa física (ZERBINI, Eugenia C. G. de Jesus. Cláusulas arbitrais: transferência e vinculação de terceiros à arbitragem. In: JOBIM, Eduardo; MACHADO, Rafael Bicca (Coord.). **Arbitragem no Brasil:** aspectos jurídicos relevantes. São Paulo: Quartier Latin, 2008. p. 141-151. p. 145). No direito estrangeiro, *v.* LEW, Julian; MISTELIS, Loukas; KRÖLL, Stefan. **Comparative International Commercial Arbitration**. The Hague: Kluwer, 2003. p. 147-148.

crédito). Segundo, se há um fundamento único, que explique de todo a transmissão da cláusula compromissória, ou se a justificativa depende da espécie de aquisição derivada (*e.g.*, se ser 'parte da economia do contrato' explicaria a transmissão na cessão de posição contratual, ainda que não na cessão de crédito).

O trabalho divide-se em duas partes. Na primeira, são examinados os conceitos preliminares de transmissão (1.1) e autonomia (1.2) e a função do consentimento do novo sujeito da relação jurídica (1.3). Na segunda, examina-se a transmissão da cláusula compromissória em cada hipótese de aquisição derivada – sucessão universal (2.1), cessão de posição contratual (2.2), pagamento com sub-rogação (2.3), cessão de crédito (2.4), assunção de dívida (2.5).

A estrutura dos subcapítulos da segunda parte obedece à mesma organização. Primeiro, há um resumo das principais características do respectivo modo de aquisição derivada. Segundo, há um panorama da jurisprudência e da doutrina naquela hipótese de transmissão da cláusula compromissória. Após, analisam-se as principais questões relacionadas àquela hipótese de transmissão. Essas questões (*e.g.*, se a cláusula compromissória é acessório do crédito; se a ineficácia de ato do segurado que limite o direito da seguradora na sub-rogação afasta a cláusula compromissória) foram inferidas da jurisprudência e da doutrina, onde nem sempre aparecem de modo expresso.

Nas considerações finais, resume-se a resposta à questão central: o novo titular da relação jurídica, seja ela simples ou complexa, está sujeito à jurisdição arbitral?

1. PREMISSAS TEÓRICAS

Estudar a transmissão da cláusula compromissória pressupõe clareza sobre o que são transmissão (1.1) e autonomia (1.2) e sobre qual a função do consentimento do novo sujeito da posição jurídica (1.3).

1.1. O conceito jurídico de transmissão

Ancel considera imprópria a expressão "transmissão da cláusula compromissória". Em sua visão, "transmissão designa a passagem de um bem de um patrimônio a outro e a cláusula não é, ela mesma, um bem; a única questão é saber se essa cláusula, estipulada na relação entre duas pessoas, continua a se aplicar na relação com um terceiro."[3] A impropriedade da conclusão está na premissa de que a transmissão é, necessariamente, a passagem de um bem, não de uma relação jurídica, de um patrimônio a outro.[4] Mayer, em conhecido artigo, referiu-se à "circulação

[3] No original: "[L]*a transmission s'entend du passage d'un bien d'un patrimoine à un autre; or une clause n'est pas, en elle-même, un bien. La question est seulement de savoir si cette clause, stipulée dans les rapports entre deux personnes, continue à s'appliquer dans les rapports avec un tiers.*" (Ancel, Pascal. Arbitrage et novation. **Revue de l'Arbitrage**, Paris, n. 1, p. 3-32, 2002. p. 11).

[4] Sobre relação jurídica, *v.* Andrade, Manuel A. Domingues de. **Teoria geral da relação jurídica**. Coimbra: Almedina, 2003. v. 1. p. 1-28; Lumia, Giuseppe. **Lineamenti di teoria e ideologia del diritto**. 3. ed. Milano: Giuffrè, 1981. p. 102-123; Larenz, Karl. **Derecho Civil:** Parte General. Tradução e notas de Miguel Izquierdo y Macías-Picavea. Jaén: EDERSA, 1978. p. 245-254; Pinto, Carlos Alberto da Mota. **Teoria geral do direito civil**. 4. ed. por António Pinto Monteiro e Paulo Mota Pinto. Coimbra: Coimbra Ed., 2012. p. 177-191.

da cláusula compromissória".[5] É igualmente possível falar em "sucessão na cláusula compromissória".

Embora a expressão "transmissão da cláusula compromissória" não são seja nem única, nem unânime, é a utilizada neste trabalho por duas razões. Primeiro, diferente de circulação, transmissão é uma palavra à qual já se atribuiu sentido específico, não raro positivado:[6] mudança na titularidade da relação jurídica, que conserva sua identidade.[7] Segundo, na prática, usa-se sucessão para designar uma espécie de transmissão, a *mortis causa*, enquanto transmissão tem uso mais genérico, sendo associada também às situações de cessão, assunção e sub-rogação.[8]

Como há uma aquisição derivada na raiz de toda mudança de titularidade, a primeira seção aborda a relação entre transmissão, sucessão e aquisição derivada (1.1.1). Após, investiga-se a aplicabilidade da regra geral das transmissões ("o acessório segue o principal") à cláusula compromissória (1.1.2).

1.1.1. *Transmissão, sucessão e aquisição derivada*

Hoje, o sentido mais usual de sucessão corresponde também ao mais específico – transmissão *mortis causa*, sendo recente essa distinção.

[5] Mayer, Pierre. La 'circulation' des conventions d'arbitrage. **Journal du Droit International**, Paris, v. 2, p. 251 e seguintes, abril 2005. A expressão é também utilizada na doutrina italiana – *e.g.*, Putortì, Vincenzo. La circolazione della clausola compromissoria: profili critici e soluzioni giurisprudenziali. **Le Corti Fiorentine**, Napoli, ano II, n. 1, p. 3-20, abril 2015.

[6] *E.g.*, Código Civil, Livro I da Parte Especial, Título II, "Da Transmissão das Obrigações".

[7] Nicolò, Rosario. Successione nei diritti. In: Azara, Antonio; Eula, Ernesto (Dir.). **Novissimo digesto italiano**. 3. ed. Torino: UTET, 1971. v. 18. p. 605-615. p. 606; Telles, Inocêncio Galvão. Algumas considerações sobre o conceito jurídico de sucessão. **Separata da Revista da Faculdade de Direito da Universidade de Lisboa**, v. XIX, Lisboa, p. 5-48, 1965. p. 43; Gomes, Luiz Roldão de Freitas. **Da Assunção de Dívida e sua Estrutura Negocial**. Rio de Janeiro: Liber Juris, 1982. p. 20; Varela, João de Matos Antunes. **Das obrigações em geral**. 7. ed. Coimbra: Almedina, 1999. v. 2. p. 289.

[8] Varela, João de Matos Antunes. **Das obrigações em geral**. 7. ed. Coimbra: Almedina, 1999. v. 2. p. 290; Costa, Mário Júlio de Almeida. **Direito das obrigações.** 12. ed. rev. e actual. Coimbra: Almedina, 2009. p. 811; SÁ, Fernando Augusto Cunha de. Transmissão das Obrigações. In: Albuquerque, Ruy de; Cordeiro, António Menezes (Coord.). **Estudos em memória do professor doutor José Dias Marques**. Coimbra: Almedina, 2007. p. 806-870. p. 806.

Na doutrina clássica, sucessão designava qualquer mudança de titularidade. É a lição que está no Novissimo digesto italiano,[9] em Pontes de Miranda,[10] e que respeitável doutrina prefere.[11] O conceito clássico de sucessão em direito privado foi refinado pelos pandectistas, sendo duas as suas características: *(i)* transformação puramente subjetiva (substituição de sujeitos, persistindo a relação jurídica) e *(ii)* vínculo de causalidade entre a situação jurídica do sucedido e a do sucessor.[12]

Apesar da lição dos antigos, que definiam sucessão em termos gerais,[13] e talvez por influência da nomenclatura do Código Civil, cujo livro dedicado à transmissão *mortis causa* denomina-se "Direito das Sucessões", o uso atribuiu ao termo esse sentido específico. Além da distinção pautada na relação entre gênero (transmissão) e espécie (sucessão como transmissão *mortis causa*), há outra, que decorre da origem e da evolução das palavras.

Galvão Telles explica que "etimologicamente, transmissão e sucessão exprimem modos distintos de conceber a substituição de sujeitos."[14] Apesar de o resultado (substituição) ser o mesmo, o caminho seria diferente. Na transmissão, haveria um movimento de trás para frente, em que o direito vai até o sujeito. Na sucessão, haveria o movimento inverso, em que o sujeito busca o direito. Também Varela comentou

[9] "*La nozione tecnica di successione serve di solito a qualificare il fenomeno per cui un soggetto viene ad assumere rispetto ad una relazione giuridicamente rilevante quella medesima posizione che era precedentemente occupata da un altro soggetto.*" (Nicolò, Rosario. Successione nei diritti. In: Azara, Antonio; Eula, Ernesto (Dir.). **Novissimo digesto italiano**. 3. ed. Torino: UTET, 1971. v. 18. p. 605-615. p. 606).

[10] Miranda, Francisco Cavalcanti Pontes de. **Tratado de direito privado:** parte geral. Atualizado por Marcos Bernardes de Mello [e] Marcos Ehrhardt Jr. São Paulo: Revista dos Tribunais, 2013. t. 5. p. 86.

[11] *E.g.*, Pinto, Carlos Alberto da Mota. **Teoria geral do direito civil.** 4. ed. por António Pinto Monteiro e Paulo Mota Pinto. Coimbra: Coimbra Ed., 2012. p. 364; Amaral Neto, Francisco dos Santos. **Direito civil:** introdução. 8. ed. Rio de Janeiro: Renovar, 2014. p. 224.

[12] Moraes Filho, Evaristo de. **Sucessão nas obrigações e a teoria da empresa**. Rio de Janeiro: Forense, 1960. v. 1. p. 52-53.

[13] Para Bevilaqua, "[a] ideia de sucessão não é exclusiva do direito hereditário. Aqui ella se opera *mortis causa*, em outros domínios será *inter vivos*." (Bevilaqua, Clóvis. **Código civil dos Estados Unidos do Brasil commentado**. 3. ed. São Paulo: F. Alves, 1935. v. 6. p. 7).

[14] Telles, Inocêncio Galvão. Algumas considerações sobre o conceito jurídico de sucessão. **Separata da Revista da Faculdade de Direito da Universidade de Lisboa**, v. XIX, Lisboa, p. 5-48, 1965. p. 44.

a distinção: transmissão sugere que o direito saiu da esfera jurídica do antigo titular para entrar na do novo (*e.g.*, o credor entrega seu crédito ao cessionário) e sucessão sugere que o novo titular ocupa o lugar que o antigo deixou vago na relação jurídica (*e.g.*, no pagamento com sub-rogação, o terceiro ocupa o lugar que antes era do credor).[15] Por influência da etimologia, Diez-Picazo e Gullón consideram transmissão um fenômeno dinâmico, em que o direito circula e troca de mãos, e sucessão um fenômeno estático, em que o direito permanece imóvel e uma pessoa substitui a outra.[16]

Ainda que, semanticamente, sucessão e transmissão exprimam modos diferentes de conceber a substituição de sujeitos e que, no uso, o sentido primeiro de sucessão seja transmissão *mortis causa*, entende-se que transmissão e sucessão são sinônimos, pois representam a mesma ideia: a mudança na titularidade de uma relação jurídica.[17] O binômio identidade da relação jurídica – diversidade de sujeitos é o traço característico do fenômeno transmissivo ou sucessório, como se queira chamá-lo.

A mudança na titularidade da relação jurídica supõe outra lição. São dois os modos de aquisição: originário e derivado.[18] Isso é possível porque aquisição não se confunde com constituição. Toda constituição de direito (surgimento *ex novo*) implica aquisição, mas o inverso não é verdadeiro: pode-se adquirir direito já constituído, anteriormente em titularidade de outrem.

[15] Varela, João de Matos Antunes. **Direito das obrigações**. Rio de Janeiro: Forense, 1978. v. 2. p. 300-301.

[16] Díez-Picazo, Luis; Gullón, Antonio. **Sistema de derecho civil:** introducción, derecho de la persona, autonomía privada e persona jurídica. 11. ed. Madrid: Tecnos, 2005. v. 1. p. 461.

[17] Também é essa a conclusão de Galvão Telles: "Os termos *transmissão* e *sucessão* podem hoje considerar-se sinônimos. Designam o fenômeno global que resulta da *perda ou liberação relativas* e da *aquisição ou vinculação derivadas.* [...] [n]a sua essência o fenômeno é o mesmo, substituição de um sujeito por outro, seja qual for a expressão plástica que se lhe dê." (Telles, Inocêncio Galvão. Algumas considerações sobre o conceito jurídico de sucessão. **Separata da Revista da Faculdade de Direito da Universidade de Lisboa**, v. XIX, Lisboa, p. 5-48, 1965. p. 43-45).

[18] "Foi a escola do direito natural, principalmente Hugo Grócio, que fez a distinção. Os jurisconsultos romanos desconheciam-na." (Miranda, Francisco Cavalcanti Pontes de. **Tratado de direito privado:** parte geral. Atualizado por Marcos Bernardes de Mello [e] Marcos Ehrhardt Jr. São Paulo: Revista dos Tribunais, 2013. t. 5. p. 78).

Definir qual critério distingue a aquisição originária da derivada é uma discussão clássica, exemplificada pelas divergências em torno da natureza da aquisição por usucapião. Prevalece o entendimento de que tal critério é o vínculo de causalidade[19] – ou seja, relação de causa e efeito entre a perda pelo primitivo titular e a aquisição pelo segundo. Partindo dessa ideia central, define-se aquisição derivada.

Para Galvão Telles, na aquisição derivada, a perda ou limitação do direito corresponde ao *prius* e a aquisição, ao *posterius*. Por mais que haja simultaneidade cronológica, há precedência lógica entre a perda e a aquisição: "alguém adquire um direito *porque* outrem fica privado desse mesmo direito ou vê reduzida a amplitude de um direito em que o adquirido se filia."[20] Para Pontes de Miranda, no suporte fático de uma aquisição pode haver apenas fatos do mundo (aquisição originária) ou fatos do mundo mais fatos jurídicos (aquisição derivada).[21] Para Mota Pinto, na aquisição originária, o direito adquirido não depende de um anterior (que, inclusive, pode não existir); na derivada, o direito adquirido funda-se em direito preexistente na titularidade de outra pessoa.[22]

[19] Telles, Inocêncio Galvão. Algumas considerações sobre o conceito jurídico de sucessão. **Separata da Revista da Faculdade de Direito da Universidade de Lisboa**, v. XIX, Lisboa, p. 5-48, 1965. p. 32; Pinto, Carlos Alberto da Mota. **Teoria geral do direito civil.** 4. ed. por António Pinto Monteiro e Paulo Mota Pinto. Coimbra: Coimbra Ed., 2012. p. 360; Díez-Picazo, Luis; Gullón, Antonio. **Sistema de derecho civil:** introducción, derecho de la persona, autonomía privada e persona jurídica. 11. ed. Madrid: Tecnos, 2005. v. 1. p. 459; Miranda, Francisco Cavalcanti Pontes de. **Tratado de direito privado:** parte geral. Atualizado por Marcos Bernardes de Mello [e] Marcos Ehrhardt Jr. São Paulo: Revista dos Tribunais, 2013. t. 5. p. 75; Moraes Filho, Evaristo de. **Sucessão nas obrigações e a teoria da empresa**. Rio de Janeiro: Forense, 1960. v. 1. p. 44. Galvão Telles, na obra citada, elenca, dentre os partidários da teoria da causalidade, Windscheid, Enneccerus e Nipperdey, Von Tuhr, Lehmann, Venezian, Espín Canovas e Manuel de Andrade.

[20] Telles, Inocêncio Galvão. Algumas considerações sobre o conceito jurídico de sucessão. **Separata da Revista da Faculdade de Direito da Universidade de Lisboa**, v. XIX, Lisboa, p. 5-48, 1965. p. 32.

[21] Miranda, Francisco Cavalcanti Pontes de. **Tratado de direito privado:** parte geral. Atualizado por Marcos Bernardes de Mello [e] Marcos Ehrhardt Jr. São Paulo: Revista dos Tribunais, 2013. t. 5. p. 75.

[22] Pinto, Carlos Alberto da Mota. **Teoria geral do direito civil.** 4. ed. por António Pinto Monteiro e Paulo Mota Pinto. Coimbra: Coimbra Ed., 2012. p. 360.

Como aquisição originária é incompatível com transmissão,[23] neste trabalho interessa a aquisição derivada, que tem duas variantes: translativa e constitutiva.[24] Na translativa, o direito adquirido é idêntico ao do anterior titular, que o perde (*e.g.*, cessão de crédito). Na constitutiva, o direito adquirido filia-se ao direito do anterior titular, formando-se à sua custa (*e.g.*, direito de servidão).[25]

Em síntese, apesar das diferenças de uso e de semântica, transmissão e sucessão representam a mesma ideia: mudança na titularidade de uma relação jurídica. Quando se fala em transmissão da cláusula compromissória, a pergunta de fundo é se ela se transmite com o contrato – ou com a obrigação ou o direito decorrente do contrato – que, por aquisição derivada translativa, ingressa na esfera jurídica de um sujeito que não participou de sua formação.

[23] "*Dovrebbe essere certo anzitutto che l'acquisto originario, comunque esso vada configurato in contrapposto all'acquisto derivativo, è concettualmente incompatibile col fenomeno successorio.*" (Nicolò, Rosario. Successione nei diritti. In: Azara, Antonio; Eula, Ernesto (Dir.). **Novissimo digesto italiano.** 3. ed. Torino: UTET, 1971. v. 18. p. 609).

[24] Telles, Inocêncio Galvão. Algumas considerações sobre o conceito jurídico de sucessão. **Separata da Revista da Faculdade de Direito da Universidade de Lisboa**, v. XIX, Lisboa, p. 5-48, 1965. p. 35; Miranda, Francisco Cavalcanti Pontes de. **Tratado de direito privado:** parte geral. Atualizado por Marcos Bernardes de Mello [e] Marcos Ehrhardt Jr. São Paulo: Revista dos Tribunais, 2013. t. 5. p. 76; Moraes Filho, Evaristo de. **Sucessão nas obrigações e a teoria da empresa.** Rio de Janeiro: Forense, 1960. v. 1. p. 46. Mota Pinto considera uma terceira categoria: a aquisição derivada restitutiva: "hipótese de o titular de um direito real limitado (servidão, etc.) se demitir dele, unilateral ou contratualmente (a título gratuito ou oneroso), recuperando assim *ipso facto* o proprietário a plenitude dos seus poderes, em virtude da conhecida elasticidade ou força expansiva do direito de propriedade." (Pinto, Carlos Alberto da Mota. **Teoria geral do direito civil.** 4. ed. por António Pinto Monteiro e Paulo Mota Pinto. Coimbra: Coimbra Ed., 2012. p. 363). Amaral também classifica a aquisição derivada em gratuita ou onerosa, e a título singular ou a título universal (Amaral Neto, Francisco dos Santos. **Direito civil:** introdução. 8. ed. Rio de Janeiro: Renovar, 2014. p. 224).

[25] Miranda, Francisco Cavalcanti Pontes de. **Tratado de direito privado:** parte geral. Atualizado por Marcos Bernardes de Mello [e] Marcos Ehrhardt Jr. São Paulo: Revista dos Tribunais, 2013. t. 5. p. 76-77.

1.1.2. *Aplicabilidade da regra de que 'o acessório segue o principal' à cláusula compromissória*

Ninguém pode transferir mais do que tem.[26] Na explicação de Pontes de Miranda, "o sucessor só tem o direito que o sucedido tinha, ou menos."[27] Isto é, o sucessor recebe o direito nos termos contratados e com seus acessórios, ideia resumida na expressão latina *acessorium sequitur principale.*

O princípio é referido como o "cânon fundamental da teoria da acessão"[28] e "não se limita às coisas, mas abrange também, por exemplo, direitos e obrigações."[29] No Código Civil de 1916, estava positivado no artigo 59 ("Salvo disposição especial em contrário, a coisa acessória segue a principal"). No Código Civil de 2002, não há artigo equivalente, mas o conteúdo da norma integra o ordenamento jurídico vigente.[30]

Em vários artigos, o Código Civil de 2002 usa a noção de acessoriedade. Bem acessório é aquele "cuja existência supõe a do principal";[31] a invalidade das obrigações acessórias não induz a da principal;[32] a obrigação de dar coisa certa abrange os acessórios, ainda que não

[26] A tradição por quem não é dono, oferecida ao público em leilão ou estabelecimento comercial, é uma notável exceção (Código Civil, "Art. 1.268. Feita por quem não seja proprietário, a tradição não aliena a propriedade, exceto se a coisa, oferecida ao público, em leilão ou estabelecimento comercial, for transferida em circunstâncias tais que, ao adquirente de boa-fé, como a qualquer pessoa, o alienante se afigurar dono").

[27] Miranda, Francisco Cavalcanti Pontes de. **Tratado de direito privado:** parte geral. Atualizado por Marcos Bernardes de Mello [e] Marcos Ehrhardt Jr. São Paulo: Revista dos Tribunais, 2013. t. 5. p. 88.

[28] Bevilaqua, Clóvis. **Código civil dos Estados Unidos do Brasil commentado**. 12. ed. atual. por Achilles Bevilaqua e Isaias Bevilaqua. Rio de Janeiro: F. Alves, 1959. v. 1. p. 233.

[29] Azevedo, Antonio Junqueira de. **Estudos e pareceres de direito privado**. São Paulo: Saraiva, 2004. p. 81.

[30] Para análise das razões pelas quais, no regime dos bens reciprocamente considerados, a manutenção da distinção entre bem principal e bem acessório é um equívoco, *v.* Haical, Gustavo. As partes integrantes e a pertença no Código Civil. **Revista dos Tribunais**, ano 102, v. 934, p. 49-135, ago./2013.

[31] Código Civil, "Art. 92. Principal é o bem que existe sobre si, abstrata ou concretamente; acessório, aquele cuja existência supõe a do principal."

[32] Código Civil, "Art. 184. Respeitada a intenção das partes, a invalidade parcial de um negócio jurídico não o prejudicará na parte válida, se esta for separável; a invalidade da obrigação principal implica a das obrigações acessórias, mas a destas não induz a da obrigação principal."

mencionados;[33] salvo estipulação em contrário, a cessão de crédito abrange os acessórios do crédito;[34] a novação extingue os acessórios;[35] etc.[36]

Para Bevilaqua, a definição de acessório é clara e dispensa elucidações.[37] Pontes de Miranda discorda. Considera tautológica a expressão *acessorium sequitur principale*, indeterminado o conceito de acessório e sem valor científico a definição do Código Civil.[38] Junqueira de Azevedo nota a falta de reflexão dos juristas, satisfeitos com o conforto de um velho adágio, sobre a definição de acessório e sobre o significado da regra.[39] A crítica é merecida. Para além de ente (bem, direito, obrigação, contrato) 'cuja existência supõe a do principal', a definição de acessório é imprecisa.[40] É preciso esmiuçá-la para verificar se a cláusula compromissória pode ser qualificada como acessório e atrair a incidência da regra geral das transmissões.

Considerando o direito vigente, principal e acessório estão ligados por uma suposição. Na doutrina, suposição foi lido como dependência. Pontes de Miranda explica que "para que haja a acessoriedade, é preciso

[33] Código Civil, "Art. 233. A obrigação de dar coisa certa abrange os acessórios dela embora não mencionados, salvo se o contrário resultar do título ou das circunstâncias do caso."

[34] Código Civil, "Art. 287. Salvo disposição em contrário, na cessão de um crédito abrangem-se todos os seus acessórios."

[35] Código Civil, "Art. 364. A novação extingue os acessórios e garantias da dívida, sempre que não houver estipulação em contrário. Não aproveitará, contudo, ao credor ressalvar o penhor, a hipoteca ou a anticrese, se os bens dados em garantia pertencerem a terceiro que não foi parte na novação."

[36] Código Civil, art. 384 (cessação da confusão), art. 822 (objeto da fiança), art. 1392 (extensão do usufruto), art. 1454 (prestações acessórias devidas ao credor pignoratício), art. 1473 (objeto da hipoteca) e art. 1712 (definição de bem de família).

[37] Bevilaqua, Clóvis. **Código civil dos Estados Unidos do Brasil commentado**. 12. ed. atual. por Achilles Bevilaqua e Isaias Bevilaqua. Rio de Janeiro: F. Alves, 1959. v. 1. p. 233. Falava do art. 58 do CC/16, que corresponde ao art. 92 do CC/02.

[38] Miranda, Francisco Cavalcanti Pontes de. **Tratado de direito privado:** parte especial. Atualizado por Luiz Edson Fachin. São Paulo: Revista dos Tribunais, 2012. t. 11. p. 176. Falava do art. 58 do CC/16, que corresponde ao art. 92 do CC/02.

[39] Azevedo, Antonio Junqueira de. **Estudos e pareceres de direito privado**. São Paulo: Saraiva, 2004. p. 81.

[40] Não se tem notícia de estudo específico sobre o tema no direito brasileiro. No direito estrangeiro, *vide* Goubeaux, Gilles. **La règle de l'accessoire en droit privé**. Paris: LGDJ, 1969; Juillet, Christophe. **Les accessoires de la créance**. Paris: Defrénois, 2009; Cottet, Marion. **Essai critique sur la théorie de l'accessoire en droit privé**. Paris: LGDJ, 2013.

que um direito dependa do outro."[41] Gomes, na classificação dos direitos subjetivos, distingue acessório de principal: "segundo tenha existência independente, ou não."[42] Para Serpa Lopes, dependência constitui o critério-chave: "certas relações jurídicas nascem vinculadas por uma acessoriedade, de tal sorte que a sua vida, o seu conteúdo e muitos pontos substanciais que as integram estão ligados por um vínculo de dependência com outro direito."[43]

Há um equívoco nessa equiparação. No sentido ordinário das palavras, supor significa "considerar algo como existente" e depender, "estar sujeito ou subordinado a".[44] São ideias vizinhas – geralmente andam juntas, assim como o débito e a responsabilidade na obrigação[45] – mas não idênticas. Na relação de acessoriedade, suposição é causa (o acessório supõe o principal) e dependência é consequência (o acessório segue o principal). A dependência não pode ser, a um só tempo, a causa e a

[41] Miranda, Francisco Cavalcanti Pontes de. **Tratado de direito privado:** parte especial. Atualizado por Nelson Nery Jr. [e] Rosa Maria de Andrade Nery. São Paulo: Revista dos Tribunais, 2012. t. 22. p. 97.

[42] Gomes, Orlando. **Introdução ao direito civil.** 3. ed. Rio de Janeiro: Forense, 1971. v. 1. p. 109.

[43] Lopes, Miguel Maria de Serpa. **Curso de direito civil:** introdução, parte geral e teoria dos negócios jurídicos. 3. ed. Rio de Janeiro: Freitas Bastos, 1960. v. 1. p. 249.

[44] Aulete, Caldas. **Dicionário Contemporâneo da Língua Portuguesa**. 4. ed. Rio de Janeiro: Editora Delta S.A., 1958. v. 2. p. 1334; Aulete, Caldas. **Dicionário Contemporâneo da Língua Portuguesa**. 4. ed. Rio de Janeiro: Editora Delta S.A., 1958. v. 5. p. 4811; Houaiss, Antonio; Villar, Mauro de Salles. **Dicionário Houaiss da Língua Portuguesa**. Rio de Janeiro: Objetiva, 2011. p. 941 e 2643; Silva, Antonio de Moraes. **Diccionario da lingua portugueza**. 8. ed. rev. e melhor. Rio de Janeiro: Empreza Litteraria Fluminense, 1890. v. 1. p. 607.

[45] Segundo a teoria dualista da obrigação, o vínculo obrigacional tem dois elementos: um primário, que corresponde ao dever de prestar (Schuld, *debitum*, débito-crédito), e um secundário, que corresponde à sujeição patrimonial (Haftung, *obligatio*, responsabilidade-garantia). Débito e responsabilidade normalmente caminham juntos, pois, em regra, quem deve também responde, mas há situações em que o vínculo obrigacional tem apenas um elemento – *e.g.*, dívida prescrita e dívidas de jogo e aposta são hipóteses de débito sem responsabilidade. Na imagem proposta por Larenz, "cabe distinguir conceptualmente la responsabilidad de la deuda, del deber de prestar, pero aquélla sigue a ésta como la sombra al cuerpo." (Larenz, Karl. **Derecho de Obligaciones**. Madrid: Revista de Derecho Privado, 1958. t. 1. p. 34).

consequência da acessoriedade, sob pena de circularidade (é acessório porque depende e depende porque é acessório).

É mais fácil ver a diferença entre débito e responsabilidade quando esses elementos da obrigação se separam (*e.g.*, na obrigação prescrita, que configura débito sem responsabilidade). Do mesmo modo, é mais fácil ver a diferença entre suposição e dependência em uma figura jurídica na qual essa separação está, por outros caminhos, assentada: a garantia autônoma.

Garantias autônomas causam estranheza porque supõem outro negócio jurídico (afinal, são garantias) do qual não dependem (caso contrário, seriam garantias pessoais tradicionais, como a fiança, e não autônomas).[46] Em virtude dessa característica, são vistas como negócio jurídico *sui generis* e a doutrina debate sua correta qualificação.[47] A diferença entre suposição e dependência é um modo de entender a gênese dessa aparente anomalia. A garantia autônoma supõe a existência do principal (a "relação jurídica base", que ela garante),[48] mas dele não depende. O afastamento da consequência típica da acessoriedade constitui, inclusive, sua principal vantagem.[49]

[46] *E.g.*, "O garante assume face ao credor uma obrigação autônoma relativamente à obrigação garantida decorrente de um outro contrato, o contrato base." (Vasconcelos, L. Miguel Pestana de. **Direito das Garantias**. Coimbra: Almedina, 2011. p. 120); "Determinada entidade [...] vem garantir pessoalmente a satisfação de uma obrigação assumida por terceiro, independentemente da validade ou eficácia desta obrigação e dos meios de defesa que a ela possam ser opostos." (Leitão, Luís Manuel Teles de Menezes. **Garantias das obrigações**. Coimbra: Almedina, 2016. p. 137). Na doutrina brasileira, *v.* Guilhardi, Pedro. **Garantias Autônomas:** Instrumentos para a Proteção Jurídica do Crédito. São Paulo: Quartier Latin, 2019. p. 50-57.

[47] Sobre as origens do instituto, *v.* Leitão, Luís Manuel Teles de Menezes. **Garantias das obrigações**. Coimbra: Almedina, 2016. p. 138-139.

[48] "O contrato em análise tem, em si, uma função própria: assegurar uma obrigação emergente de um outro contrato, o contrato-base. A sua causa (no sentido de causa-função) é, pois, de garantia." (Vasconcelos, L. Miguel Pestana de. **Direito das Garantias**. Coimbra: Almedina, 2011. p. 120-125). As expressões 'contrato-base' e 'relação jurídica base' são comuns – *e.g.*, Guilhardi, Pedro. **Garantias Autônomas:** Instrumentos para a Proteção Jurídica do Crédito. São Paulo: Quartier Latin, 2019 p. 50.

[49] *E.g.*, "Trata-se, pois, do prisma do credor, de uma garantia pessoal muito *mais sólida* do que a fiança, que é marcada pela acessoriedade. Daí a sua enorme divulgação nas relações comerciais, em especial nos contratos internacionais." (Vasconcelos, L. Miguel Pestana de. **Direito das Garantias**. Coimbra: Almedina, 2011. p. 121); "[...] uma simples fiança era insu-

Algo semelhante ocorre com a cláusula compromissória. Por um lado, a definição positivada no artigo 4º da Lei de Arbitragem supõe um contrato: "cláusula compromissória é a convenção através da qual as partes em um contrato comprometem-se a submeter à arbitragem os litígios que possam vir a surgir, relativamente a tal contrato." Por outro, o artigo 8º da Lei de Arbitragem preceitua que "a cláusula compromissória é autônoma em relação ao contrato em que estiver inserta, de tal sorte que a nulidade deste não implica, necessariamente, a nulidade da cláusula compromissória."

Na concepção majoritária, que equipara suposição a dependência e define acessoriedade pela consequência, a cláusula compromissória não é acessório.[50] Na concepção dualista proposta, que diferencia suposição de dependência, a cláusula compromissória é acessório, pois supõe um contrato (art. 4º), apesar de ser autônoma em relação a ele (art. 8º).

Admitir que a autonomia preconizada no art. 8º não subtrai a acessoriedade deduzida do art. 4º, mesmo que altere sua consequência típica, põe duas questões: *(i)* no que, exatamente, consiste a relação de suposição; *(ii)* qual a relevância dessa qualificação.

(i) Relação de suposição

Para definir a ligação entre contrato e cláusula compromissória, é preciso identificar o objeto da cláusula compromissória e entender seus efeitos.

Embora o nome possa induzir presunção contrária,[51] e embora ela geralmente seja escrita no mesmo instrumento, a cláusula compromis-

ficiente para as necessidades do tráfego comercial, em face da elevada proteção que o princípio da acessoriedade confere ao fiador." (LEITÃO, Luís Manuel Teles de Menezes. **Garantias das obrigações**. Coimbra: Almedina, 2016. p. 139).

[50] *E.g.*, "Ainda que a cláusula compromissória detenha, em sua gênese, conforme a letra da norma, um certo grau de acessoriedade ao contrato em que foi incluída, já que sua existência supõe a do principal (art. 92 CC), o que poderia levar à conclusão de sua característica acessória, a verdade é que a Lei de Arbitragem subtrai esse predicado, conferindo-lhe autonomia. [...] Acessoriedade pressupõe dependência, o que não é o caso em relação à cláusula compromissória. Sendo assim, ela não obedece à regra de que o acessório segue o principal." (NANNI, Giovanni Ettore. **Direito civil e arbitragem.** São Paulo: Atlas, 2014. p. 19).

[51] Como explicou Confortini, a palavra cláusula expressa vários significados, um dos quais: "acordo de conteúdo complexo, resultante da combinação de cláusulas autônomas e heterônomas, auxiliar ao contrato e normalmente independente de seu conteúdo global (*e.g.*,

sória é, ela mesma, um negócio jurídico.[52] Em geral, a doutrina sublinha que a cláusula compromissória tem objeto[53] e causa próprios.[54] Na fórmula de Schwebel, muito repetida: "as partes de um contrato que contém cláusula compromissória celebram não um, mas dois acordos."[55]

O art. 4º da Lei de Arbitragem define a cláusula compromissória como convenção. Por um lado, convenção e contrato são sinônimos – há, inclusive, juristas que consideram que a distinção, nascida entre os romanos, não é mais relevante[56] ou não foi recepcionada pelo direito

cláusula compromissória, cláusula de confidencialidade)." No original: "*Accordi di contenuto complesso, risultanti dalla combinazione di clausole autonome ed eteronome, ancillari al contratto e normalmente indipendenti dal contenuto complessivo del contratto (es.: clausola compromissoria, clausola di riservatezza).*" (Confortini, Massimo. **Clausole negoziali:** profili teorici e applicativi di clausole tipiche e atipiche. Torino: UTET Giuridica, 2017. p. V-VI).

52 Aprigliano, Ricardo de Carvalho. Cláusula compromissória: aspectos contratuais. **Revista do Advogado – AASP**, ano XXXII, n. 116, p. 174-192, jul./2012. p. 176; Carmona, Carlos Alberto. **Arbitragem e processo**. 3. ed. São Paulo: Atlas, 2009. p. 102; Cordeiro, António Menezes. **Tratado da arbitragem**. Coimbra: Almedina, 2015. p. 88; Dinamarco, Cândido Rangel. **A Arbitragem na Teoria Geral do Processo**. São Paulo: Malheiros, 2013. p. 73; Guerrero, Luis Fernando. **Convenção de arbitragem e processo arbitral**. São Paulo: Atlas, 2009. p. 14; Martins, Pedro Antonio Batista; Lemes, Selma M. Ferreira; Carmona, Carlos Alberto. **Aspectos Fundamentais da Lei de Arbitragem**. Rio de Janeiro: Forense, 1999. p. 217; Nanni, Giovanni Ettore. **Direito civil e arbitragem.** São Paulo: Atlas, 2014. p. 14. Em sentido contrário, *v.* Confortini, para quem a cláusula compromissória tem vocação para se tornar um elemento do conteúdo do contrato que a contém (Confortini, Massimo. La clausola compromissoria. In: Alpa, Guido; Vigoriti, Vincenzo (Coord.). **Arbitrato:** profili di diritto sostanziale e di diritto processuale. Torino: Utet Giuridica, 2013. p. 674-731. p. 693. Nota 39).

53 Citando José Carlos de Magalhães, Gago e Fernandes observam que a cláusula compromissória tem "*conteúdo* e *objeto* próprios que não se confundem com as demais cláusulas do contrato." (Gago, Jéssica Ricci; Fernandes, Wanderley. Extensão Objetiva da Cláusula Arbitral. **Revista Brasileira de Arbitragem**, São Paulo, v. XI, n. 43, 2014, p. 33-58. p. 42). No mesmo sentido, *v.* Lalive, Pierre. Problèmes relatifs à l'arbitrage international commercial. **Collected Courses of the Hague Academy of International Law**. Brill Nijhoff: Leiden, 1967. v. 120. p. 591-592.

54 "A causa do contrato principal é diversa daquela que leva as partes a estipularem a solução arbitral para futuras controvérsias." (Carmona, Carlos Alberto. **Arbitragem e processo**. 3. ed. São Paulo: Atlas, 2009. p. 173-174).

55 Schwebel, Stephen M. **International Arbitration:** Three Salient Problems. Cambridge: Grotius Publications, 1987. p. 5.

56 Ruggiero, Roberto de. **Instituições de Direito Civil.** Tradução de Antonio Chaves e Fábio Maria de Mattia. 3. ed. São Paulo: Saraiva, 1973. v. 3. p. 186; Ghestin, Jacques;

brasileiro.[57] Por outro, uma parte da doutrina aceita a diferença, atribuindo à convenção caráter residual. Na concepção visível na reforma francesa de 2016 do direito das obrigações,[58] o acordo de vontades será qualificável como convenção apenas caso não crie, modifique, transmita ou extinga obrigações.[59]

A diferença entre convenção e contrato, apesar de não ser a única classificação possível,[60] ajuda a iluminar um elemento central da cláusula compromissória: seu objeto, muitas vezes descrito como regra-

LOISEAU, Grégoire; SERINET, Yves-Marie. **La formation du contrat:** le contrat, le consentement. 4e éd. Paris: LGDJ, 2013. t. 1. p. 32.

[57] AGUIAR JÚNIOR, Ruy Rosado de. **Comentários ao novo código civil:** da extinção do contrato: arts. 472 a 480. Rio de Janeiro: Forense, 2011. v. 6, t. 2. p. 29-30. Comentava o art. 1101 do Código Civil francês na redação anterior à Ordonance 2016-131.

[58] A distinção foi bastante debatida na reforma francesa do direito das obrigações, que resultou na Ordonnance 2016-131, de 10 de fevereiro de 2016. Terré et al. assim resumiram a controvérsia: "*Les projets Catala et Terré ont retenu des partis diamétralement opposés, conformément à leur ligne d'inspiration respective. Le projet Catala a choisi de maintenir la distinction traditionnelle [...]. Le projet Terré a choisi de mettre fin à la distinction en donnant à la notion de contrat une acception large. [...] L'ordonnance de 2016 n'a retenu aucun de ces deux partis. Elle a maintenu la distinction entre la convention et le contrat, tout en déplaçant la frontière entre les deux. [...] Mais la 'définition modernisée du contrat' qui englobe désormais non seulement la création des obligations mais aussi leur modification, transmission ou extinction réduit l'empire de la convention au point que celle-ci ne revêt plus qu'un caractère 'residuel'.*" (TERRÉ, François et al. **Droit civil:** les obligations. 12e éd. Paris: Dalloz, 2019. p. 87-88).

[59] A alteração do art. 1101 do Código Civil francês, que define contrato, ilustra essa concepção. Na versão anterior à Ordonance 2016-131, constava: "*Le contrat est une convention par laquelle une ou plusieurs personnes s'obligent envers une ou plusieurs autres à donner, à faire ou à ne pas faire quelque chose.*" Com a reforma, a redação passou a ser: "*Le contrat est un accord de volontés entre deux ou plusieurs personnes destiné à créer, modifier, transmettre ou éteindre des obligations.*"

[60] Há outras classificações que buscam explicar a natureza e os efeitos da cláusula compromissória. *E.g.*, em uma divisão influenciada pela doutrina germânica, Luiz Olavo Baptista, escrevendo em 1984, concluiu que "a distinção entre negócios jurídicos de disposição, obrigatórios e de organização socorre-nos ao tratarmos da natureza da cláusula arbitral. Esta pertence à primeira das categorias mencionadas, assim como o compromisso à segunda, e o juízo arbitral à terceira." O artigo foi republicado em BAPTISTA, Luiz Olavo. Cláusula compromissória e compromisso. In: TEPEDINO, Gustavo; FACHIN, Luiz Edson (Org.). **Obrigações e contratos**. São Paulo: Revista dos Tribunais, 2011. v. 6. (Doutrinas Essenciais). p. 977-988. Na doutrina brasileira, o melhor texto sobre negócio jurídico de disposição é de Clóvis do Couto e Silva ("Negócios jurídicos e negócios jurídicos de disposição"). *Vide* FRADERA, Véra Maria Jacob de (Org.). **O direito privado brasileiro na visão de Clóvis do Couto e Silva**. 2. ed. rev. Porto Alegre: Livr. do Advogado, 2014. p. 71-86.

mento de eventual litígio futuro, em oposição ao compromisso arbitral, cujo objeto seria o litígio atual.[61] Isso, além de reverberar em discussões sobre temas variados (*e.g.*, extensão objetiva da cláusula compromissória[62] e arbitrabilidade objetiva de disputas[63]), está associado à incerteza quanto aos efeitos da cláusula compromissória.

Para Nanni, a cláusula compromissória cria uma obrigação de fazer: "a obrigação resultante da cláusula arbitral é a de instituir a arbitragem, sem necessidade de posterior compromisso arbitral."[64] Também para Silva Romero, o contrato de arbitragem cria obrigações, que seriam: submeter a controvérsia à arbitragem (fazer); não submeter a controvérsia à jurisdição estatal (não fazer); custear as despesas da arbitragem (dar).[65] Bollée critica a ideia de que a cláusula compromissória cria obrigações, considerando-a artificial por equiparar a atribuição de compe-

[61] *E.g.*, LALIVE, Pierre. Problèmes relatifs à l'arbitrage international commercial. **Collected Courses of the Hague Academy of International Law**. Brill Nijhoff: Leiden, 1967. v. 120. p. 592. Na Espanha, onde se usa um conceito unificado, diz-se que o convênio arbitral tem por objeto controvérsias atuais ou futuras. *E.g.*, "*El objeto del convenio arbitral lo constituye la controversia pendiente o que pueda surgir; es decir, el conflicto actual o futuro inter partes.*" (MERINO MERCHÁN, José Fernando; CHILLÓN MEDINA, José María. **Tratado de derecho arbitral**. 4. ed. Cizur Menor: Civitas, 2014. p. 290).

[62] Sobre extensão objetiva, *vide* GAGO, Jéssica Ricci; FERNANDES, Wanderley. Extensão Objetiva da Cláusula Arbitral. **Revista Brasileira de Arbitragem**, São Paulo, v. XI, n. 43, 2014, p. 33-58.

[63] Sobre arbitrabilidade objetiva, *vide* CARAMELO, António Sampaio. **Temas de direito de arbitragem**. Coimbra: Coimbra Ed., 2013. p. 71-104 (análise dos diferentes critérios de arbitrabilidade: ligação com a ordem pública, patrimonialidade da pretensão, disponibilidade do direito); MARTINS, Pedro Antonio Batista. Arbitrabilidade objetiva. Interesse público, indisponibilidade de direitos e normas de ordem pública. **Interesse Público**, ano 10, n. 50, jul./ago. 2008 (arbitrabilidade objetiva de disputas em que a administração pública é parte); e BANIFATEMI, Yas. The Impact of Corruption on "Gateway Issues" of Arbitrability, Jurisdiction, Admissibility and Procedural Issues. In: BAIZEAU, Domitille; KREINDLER, Richard (eds.). **Addressing Issues of Corruption in Commercial and Investment Arbitration.** The Hague/Paris: Kluwer/ICC, 2015. p. 16-31 (arbitrabilidade objetiva de disputas relacionadas à corrupção).

[64] NANNI, Giovanni Ettore. **Direito civil e arbitragem.** São Paulo: Atlas, 2014. p. 13. No mesmo sentido: TIBURCIO, Carmen. Cláusula compromissória em contrato internacional: interpretação, validade, alcance objetivo e subjetivo. **Revista de Processo**, v. 241, p. 521-566, mar. 2015.

[65] Silva Romero apud NANNI, Giovanni Ettore. **Direito civil e arbitragem.** São Paulo: Atlas, 2014. p. 17-18.

tência a um árbitro à execução de uma obrigação devida a outra parte. O efeito obrigacional da cláusula compromissória (*e.g.*, comportamento de boa-fé) seria secundário.[66]

Outros autores enfatizam o efeito processual. Para Costa e Silva, a cláusula compromissória é um acordo destinado a atribuir competência a um tribunal arbitral para decidir um conjunto de litígios, em virtude do qual as partes têm o dever de "dedução das pretensões ancoradas no objeto da convenção, perante tribunal arbitral."[67] Para Faria, há uma "obrigação de caráter jurisdicional".[68] Para Carmona, a cláusula compromissória tem efeitos imediatos "negativos em relação ao processo (estatal) e positivos em relação ao processo arbitral (já que, com a cláusula, atribui-se jurisdição aos árbitros)."[69] Para Dinamarco, "o mais direto e visível efeito programado desse negócio jurídico que é a convenção de arbitragem consiste na exclusão da jurisdição estatal em benefício da arbitral. A exclusão da jurisdição estatal é o efeito negativo dessa convenção, e a atribuição da causa aos árbitros seu efeito positivo."[70]

Para definir o objeto da cláusula compromissória, é preciso diferenciar objeto de negócio jurídico, objeto de obrigação e objeto de prestação. O objeto do negócio jurídico é o regramento de interesses[71] (*e.g.*, no contrato de compra e venda, a transferência da propriedade sobre a

[66] BOLLÉE, Sylvain. La clause compromissoire et le droit commune des conventions. **Revue de l'Arbitrage**, Paris, n. 4, p. 917-930, 2005. p. 920-921.

[67] SILVA, Paula Costa e. **Perturbações no Cumprimento dos Negócios Processuais**. Salvador: Editora JusPodivm, 2020. p. 102.

[68] FARIA, Marcela Kohlbach de. **Participação de Terceiros na Arbitragem**. São Paulo: Quartier Latin, 2019. p. 58.

[69] CARMONA, Carlos Alberto. **Arbitragem e processo**. 3. ed. São Paulo: Atlas, 2009. p. 103.

[70] DINAMARCO, Cândido Rangel. **A Arbitragem na Teoria Geral do Processo**. São Paulo: Malheiros, 2013. p. 73.

[71] Essa simplificação é necessária no âmbito deste trabalho, em que interessa discutir os efeitos jurídicos da cláusula compromissória, porém o objeto do negócio jurídico, sobretudo em sua intersecção com a causa e o conteúdo do negócio jurídico, é um dos temas mais debatidos da parte geral do direito civil. Sobre objeto e causa, *vide* GOMES, Orlando. **Contratos**. 26. ed. Rio de Janeiro: Forense, 2008. [v. 3]. p. 63-66. Sobre objeto e conteúdo, *vide* AZEVEDO, Antonio Junqueira de. **Negócio jurídico**: existência, validade e eficácia. 4. ed. São Paulo: Saraiva, 2010. p. 135-138 (para Junqueira de Azevedo, objeto e conteúdo do negócio jurídico são sinônimos); BUERES, Alberto J. **Objeto del negocio jurídico**. 2. ed. Buenos Aires: Hammurabi, 1998. p. 75-90; MARINO, Francisco Paulo De Crescenzo. **Interpretação do negócio jurídico**. São Paulo: Saraiva, 2011. p. 40-51; e NITSCHKE, Guilherme Carneiro

coisa, mediante obrigação de pagamento de preço). O objeto da obrigação é a prestação, uma conduta que pode ser de dar, fazer ou não fazer.[72] O objeto da prestação é a própria coisa (o arroz, o cavalo, a obra de arte) ou fato (positivo ou negativo; pintar o imóvel, guardar sigilo),[73] e pode ser divisível ou indivisível segundo critérios naturais, econômicos ou contratuais.[74]

Essa breve tipologia mostra que o objeto da cláusula compromissória não é um eventual litígio futuro, nem uma obrigação de submeter disputa à arbitragem. É possível que haja um contrato com cláusula compromissória e não surja disputa, porque a execução é feita a contento.[75] O objeto da cláusula compromissória é a sujeição de uma relação jurídica à jurisdição arbitral.

Aqui, sujeição significa atribuição de competência à jurisdição arbitral no que se refere à relação jurídica.[76] Jurisdição, por sua vez, se reduzida

Monteiro. **Lacunas Contratuais e Interpretação:** História, Conceito e Método. São Paulo: Quartier Latin, 2019. p. 231-241.

[72] Para Bevilaqua, "quaisquer que sejam as espécies e modalidades de obrigações, consistirão elas sempre numa atuação sobre a vontade do devedor para dar alguma coisa, praticar algum ato, ou abster-se de o praticar." (Bevilaqua, Clóvis. **Código civil dos Estados Unidos do Brasil commentado**. 11. ed. São Paulo: F. Alves, 1958. v. 4. p. 7). No mesmo sentido, dentre outros, Gomes, Orlando. **Obrigações**. 17. ed. Rio de Janeiro: Forense, 2007. [v. 2]. p. 43. Há classificações com base em outros critérios – *e.g.*, obrigações de meio, de resultado ou de garantia; principais ou acessórias; líquidas ou ilíquidas.

[73] O que deve ser prestado também é chamado de objeto mediato ou indireto da obrigação. Nessa terminologia, a prestação é o objeto imediato ou direto. A distinção é tênue nas obrigações de fazer. *Vide* Costa, Mário Júlio de Almeida. **Direito das obrigações**. 12. ed. rev. e actual. Coimbra: Almedina, 2009. p. 689; Pinto, Carlos Alberto da Mota. **Teoria geral do direito civil**. 4. ed. por António Pinto Monteiro e Paulo Mota Pinto. Coimbra: Coimbra Ed., 2012. p. 335-336.

[74] Bevilaqua, Clóvis. **Código civil dos Estados Unidos do Brasil commentado**. 11. ed. São Paulo: F. Alves, 1958. v. 4. p. 24; Cicala, Raffaele. Obbligazione divisibile e indivisibile. In: Azara, Antonio; Eula, Ernesto (Dir.). **Novissimo digesto italiano**. 3. ed. Torino: UTET, 1968. v. 11. p. 636-654. p. 636; Miranda, Francisco Cavalcanti Pontes de. **Tratado de direito privado:** parte especial. São Paulo: Revista dos Tribunais, 2012. t. 22. p. 230.

[75] Na síntese de Paula Costa e Silva, "os acordos dispõem, assim, acerca de um modo de ser daquilo que, desejavelmente, não sucederá: a propositura de uma ação." (Silva, Paula Costa e. **Perturbações no Cumprimento dos Negócios Processuais**. Salvador: Editora JusPodivm, 2020. p. 104).

[76] No direito civil, é comum que sujeição designe a posição passiva contraposta a um direito potestativo (binômio direito potestativo–sujeição). Para uma síntese dos conceitos

a seus termos essenciais, designa um poder (*juris dictio*, dizer o direito), que é exercido em certo âmbito. Os critérios mais usados para delimitar o âmbito da jurisdição (ou competência) são tempo, espaço, sujeito e objeto – *ratione temporis, ratione loci, ratione personae, ratione materiae*.[77]

Toda relação jurídica existe entre sujeitos, tem um objeto e é criada por um fato jurídico.[78] Conforme o art. 1º da Lei de Arbitragem, o estado de sujeição à jurisdição arbitral será aceito pelo ordenamento jurídico (*i.e.*, será lícito) caso a relação jurídica tenha por objeto direitos patrimoniais disponíveis. Além disso, a interpretação conjunta do art. 1º e do art. 4º da Lei de Arbitragem qualifica a relação jurídica quanto à origem, que é contratual.[79]

de direito potestativo, poder e sujeição no direito civil, *v.* MARINO, Francisco Paulo de Crescenzo. **Revisão contratual:** onerosidade excessiva e modificação contratual equitativa. São Paulo: Almedina, 2020. p. 111-115.

[77] Sobre poder jurisdicional dos árbitros, *v.* DINAMARCO, Cândido Rangel. **A Arbitragem na Teoria Geral do Processo**. São Paulo: Malheiros, 2013. p. 47-51; CARMONA, Carlos Alberto. **Arbitragem e processo:** um comentário à Lei nº 9.307/96. 3. ed. São Paulo: Atlas, 2009. p. 26-27. Para uma síntese das diferentes teorias clássicas sobre a natureza do juízo arbitral, *v.* BUZAID, Alfredo. Do juízo arbitral. **Revista Da Faculdade De Direito da Universidade De São Paulo**, São Paulo, v. 55, p. 187-196, 1960. p. 191-192. Abi-Saab, em voto vencido em *Abaclat v. Argentina*, sintetizou alguns aspectos centrais da jurisdição arbitral: (i) a jurisdição do tribunal arbitral é atribuída pelas partes – vem de baixo para cima (em inglês, "*[they] are empowered from below*"); (ii) em função da origem do poder, o consentimento das partes ocupa lugar central na jurisdição arbitral; (iii) *jurisdiction* tem dois sentidos: denota um poder (o de decidir casos aplicando o direito) e também o âmbito ou a esfera em que esse poder é exercido (esse segundo sentido, em línguas como a espanhola e a francesa e também a portuguesa, é melhor capturado pela palavra competência) (ABACLAT E OUTROS V. ARGENTINA. Voto Vencido de Georges Abi-Saab. Caso ICSID No. ARB/07/5. 28 Out. 2011. Disponível em: <https://www.italaw.com/sites/default/files/case-documents/ita0237.pdf>. Acesso em 24 nov. 2020. *Vide* §§1-19). Sobre jurisdição e competência do árbitro, na doutrina brasileira, *v.* LESSA NETO, João Luiz. **Arbitragem e Poder Judiciário:** a definição da competência do árbitro. Salvador: Juspodivm, 2016. p. 95-103.

[78] ANDRADE, Manuel A. Domingues de. **Teoria geral da relação jurídica**. Coimbra: Almedina, 2003. v. 1. p. 6; LARENZ, Karl. **Derecho Civil:** Parte General. Tradução e notas de Miguel Izquierdo y Macías-Picavea. Jaén: EDERSA, 1978. p. 245-246; LUMIA, Giuseppe. **Lineamenti di teoria e ideologia del diritto**. 3. ed. Milano: Giuffrè, 1981. p. 102-104; PINTO, Carlos Alberto da Mota. **Teoria geral do direito civil**. 4. ed. por António Pinto Monteiro e Paulo Mota Pinto. Coimbra: Coimbra Ed., 2012. p. 177-178.

[79] Em sentido contrário, Carmona entende que, apesar de a cláusula compromissória necessariamente se referir a uma relação jurídica determinada, nada impede "que tal relação

O interesse em sujeitar a relação jurídica à jurisdição arbitral existe desde a gênese do negócio, ainda que, sem conflito, o estado de sujeição seja latente. Havendo conflito, a sujeição manifesta-se inclusive fora do procedimento arbitral, no qual os árbitros exercem efetivamente a jurisdição. É possível visualizá-la *(a)* na possibilidade de oposição da cláusula compromissória como exceção de incompetência perante a jurisdição estatal (art. 337 do Código de Processo Civil); *(b)* na concessão de tutelas cautelares e de urgência pelo Poder Judiciário antes da instituição da arbitragem, cuja eficácia depende do posterior requerimento de arbitragem feito em certo prazo (art. 22-A da Lei de Arbitragem); *(c)* na apreciação da chamada cláusula compromissória patológica pela jurisdição estatal (art. 7º da Lei de Arbitragem).[80] Pense-se, por exemplo, em uma cláusula compromissória que prevê arbitragem, mas não a forma de nomeação dos árbitros; refere uma instituição arbitral inexistente; designa árbitro único na cláusula compromissória, mas, surgido o conflito, ele está indisponível ou impedido para atuar; etc. A ação prevista no art. 7º da Lei de Arbitragem permite ao juiz que colmate lacunas e sua sentença valerá como compromisso arbitral (art. 7º, §7º). Nessa situação, a jurisdição estatal intervém para concretizar o princípio de conservação do negócio jurídico e, em última instância, o que fora pretendido pelas partes – a sujeição da relação jurídica existente entre elas à jurisdição arbitral.

jurídica determinada seja preexistente ou até mesmo extracontratual." O exemplo oferecido pelo autor é o de vizinhos que trocam correspondências, concordando em submeter à arbitragem "eventual questão indenizatória que possa decorrer de reparos ou reformas promovidas por um dos lindeiros." (CARMONA, Carlos Alberto. **Arbitragem e processo**. 3. ed. São Paulo: Atlas, 2009. p. 104). Essa interpretação extrapola a moldura fixada pela redação do art. 4º. Pode-se, no entanto, falar em 'extensão objetiva' da cláusula compromissória para abranger relações jurídicas anteriores ao contrato, mas a ele relacionadas (*e.g.*, violação de deveres pré-contratuais). A jurisdição *ratione materiae* pode ser mais ou menos abrangente, a depender da redação da cláusula compromissória (*e.g.*, disputas decorrentes do contrato *versus* disputas decorrentes e relacionadas).

[80] Para um exame das diferentes patologias que podem acometer a cláusula compromissória, bem como das possíveis soluções no direito brasileiro, *vide* WEBBER, Pietro Benedetti Teixeira; SCALCO, Gabriela Barcellos. Cláusulas compromissórias patológicas no direito brasileiro: eficácia e exequibilidade. **Revista Jurídica Luso-Brasileira**, ano 7, n. 2, p. 1233-1255, 2021.

A cláusula compromissória estabelece vinculação normativa (*i.e.*, 'obriga' em sentido amplo), mas não cria obrigação, em sentido estrito, de instituir arbitragem. Obrigações, dentre outras características, atraem a incidência de regras relativas a prescrição, exigibilidade de prestação e inadimplemento. Mesmo que se argumentasse pela criação de uma obrigação de fazer (submeter à arbitragem) sob condição suspensiva (surgimento de litígio), o binômio direito–obrigação não explica de modo adequado os efeitos da cláusula compromissória. Os efeitos típicos da cláusula compromissória não dependem de conduta da outra parte. Para descrever os efeitos da cláusula compromissória, que não são os típicos de um contrato (criar, modificar, transmitir ou extinguir obrigação), a doutrina normalmente a classifica como negócio jurídico processual.[81] Ao mesmo tempo, usa-se esse nome para designar a figura prevista no art. 190 do Código de Processo Civil, que é diferente.[82] Independente de como se prefira adjetivar a cláusula compromissória – se negócio jurídico material, processual, híbrido[83] ou, ainda, negócio jurídico jurisdicional – o efeito querido pelas partes corresponde à sujeição da relação jurídica à jurisdição arbitral.

Em síntese, cláusula compromissória é uma convenção que supõe um contrato e que tem por objeto a sujeição de uma relação jurídica à

[81] CARMONA, Carlos Alberto. **Arbitragem e processo**. 3. ed. São Paulo: Atlas, 2009. p. 102; APRIGLIANO, Ricardo de Carvalho. Cláusula compromissória: aspectos contratuais. **Revista do Advogado – AASP**, ano XXXII, n. 116, jul./2012, p. 174-192. p. 176.

[82] Código de Processo Civil, "Art. 190. Versando o processo sobre direitos que admitam autocomposição, é lícito às partes plenamente capazes estipular mudanças no procedimento para ajustá-lo às especificidades da causa e convencionar sobre os seus ônus, poderes, faculdades e deveres processuais, antes ou durante o processo. Parágrafo único. De ofício ou a requerimento, o juiz controlará a validade das convenções previstas neste artigo, recusando-lhes aplicação somente nos casos de nulidade ou de inserção abusiva em contrato de adesão ou em que alguma parte se encontre em manifesta situação de vulnerabilidade."

[83] "Da definição do instituto [art. 4º da Lei 9.307/96], exsurge o *caráter híbrido* da convenção de arbitragem, na medida em que se reveste, a um só tempo, das características de *obrigação contratual*, representada por um compromisso livremente assumido pelas partes contratantes, e do *elemento jurisdicional*, consistente na eleição de um árbitro, juiz de fato e de direito, cuja decisão irá produzir os mesmos efeitos da sentença proferida pelos órgãos do Poder Judiciário." (BRASIL. Superior Tribunal de Justiça. **Recurso Especial 606.345/RS**. Recorrente: AES Uruguaiana Empreendimentos Ltda. Recorrido: Companhia Estadual de Energia Elétrica – CEEE. Relator: Min. João Otávio Noronha. Julgado em 17 maio 2007. p. 5. Grifou-se).

jurisdição arbitral. Sem litígio, a sujeição é latente, mas ela independe do exercício efetivo de jurisdição pelo tribunal arbitral. O vínculo de suposição entre contrato e cláusula compromissória aparece no objeto da cláusula compromissória, já que a relação jurídica suposta por ela (*i.e.*, a relação jurídica que ela considera como existente) é criada pelo contrato.

(ii) Consequências

A relação de suposição pode ter consequências no plano da existência, da validade e da eficácia. Em tese, há três diferentes modos em que a cláusula compromissória poderia depender do contrato.

A validade da cláusula compromissória não depende da validade do contrato principal. Pelo artigo 8º da Lei de Arbitragem, a cláusula é imune a eventuais vícios do contrato, que de outro modo – *e.g.*, por força da regra de que o acessório segue o principal – poderiam atingi-la. Além disso, a cláusula compromissória tem seus próprios requisitos (*e.g.*, a forma escrita, nos termos do artigo 4º, §1º, da Lei de Arbitragem).[84]

No plano da eficácia, apesar de o art. 8º da Lei de Arbitragem tratar apenas da consequência da autonomia no plano da validade ("[...] de tal sorte que a nulidade deste não implica, necessariamente, a nulidade da cláusula compromissória"), a eficácia da cláusula compromissória não coincide com a do contrato, persistindo após sua extinção (*e.g.*, após a resolução por inadimplemento).

Na experiência estrangeira, há casos célebres que afirmaram a autonomia da cláusula compromissória relativamente a contrato extinto, cuja validade nem se discutia. Em *Texaco Overseas Petroleum Company v. Líbia*, de 1975, alegava-se violação de contratos de concessão, que tinham cláusula compromissória, em virtude da nacionalização do petróleo. A requerida alegava que a cláusula compromissória fora extinta, assim como os contratos. A decisão reconheceu que a consequência da autonomia "é permitir à cláusula compromissória que escape do destino do contrato em que está contida."[85]

[84] Na doutrina brasileira, há divergência na interpretação do art. 4º, §1º da Lei de Arbitragem: se a forma é *ab substantiam*; se é *ad substantiam*, mas o consentimento pode se manifestar de outras formas, se é *ad probationem*. O tema está desenvolvido na seção 2.2.4.

[85] Schwebel, Stephen M. **International Arbitration:** Three Salient Problems. Cambridge: Grotius Publications, 1987. p. 42.

No direito brasileiro, a imprecisão legislativa nesse tema de teoria geral do direito não é inédita. O art. 295 do Código Civil estabelece a responsabilidade do cedente pela *existência* do crédito.[86] Lê-se esse artigo de modo a abranger não apenas responsabilidade do cedente pela existência em sentido estrito, mas também pela exigibilidade do crédito.[87] Se o art. 8º da Lei de Arbitragem for lido da mesma forma, sem que nulidade designe apenas vício de validade insanável, dele pode ser deduzida a autonomia da cláusula compromissória também em relação à eficácia do contrato.

No plano da existência, que cuida do nascimento do negócio jurídico, há sinais de dependência. A cláusula compromissória supõe um contrato, ainda que inválido – nulo ou anulável – ou ineficaz. Para que ela exista, é preciso que antes (não cronologicamente, mas como antecedente lógico) exista um contrato. Isso suscita questões não respondidas neste trabalho, porque extrapolam seu escopo: *(i)* quando, por força do efeito negativo da competência-competência,[88] a inexistência da cláusula compromissória deve ser adjudicada, em primeiro lugar, na jurisdição arbitral; *(ii)* quando e de que modo faz-se o controle judicial (*e.g.*, antes e *prima facie* ou posterior e final).[89]

[86] Código Civil, "Art. 295. Na cessão por título oneroso, o cedente, ainda que não se responsabilize, fica responsável ao cessionário pela *existência* do crédito ao tempo em que lhe cedeu; a mesma responsabilidade lhe cabe nas cessões por título gratuito, se tiver procedido de má-fé." Grifou-se.

[87] Aguiar Júnior, Ruy Rosado de. Cessão de crédito e resseguro. **Revista Brasileira de Direito Civil**, Rio de Janeiro, v. 10, p. 128-140, out./dez. 2016. p. 131. *Idem* no direito estrangeiro: Cordeiro, António Menezes. **Tratado de direito civil português**: direito das obrigações. Coimbra: Almedina, 2010. v. 2, t. 4. p. 224. Gomes refere-se à responsabilidade pela existência e pela titularidade do crédito no momento da cessão, equiparando a responsabilidade do cedente à responsabilidade do alienante pela evicção. (Gomes, Orlando. **Obrigações**. 17. ed. Rio de Janeiro: Forense, 2007. [v. 2]. p. 251)

[88] Gaillard, Emmanuel; Banifatemi, Yas. Negative Effect of Competence-Competence: The Rule of Priority in Favour of the Arbitrators. In: Gaillard, Emmanuel; Di Pietro, Domenico (eds.). **Enforcement of Arbitration Agreements and International Arbitral Awards**: The New York Convention in Practice. London: Cameron May, 2008. p. 257-271; Gaillard, Emmanuel. O Efeito Negativo da Competência-Competência. Tradução de Clávio de Melo Valença Filho e Gisella Mation. **Revista Brasileira de Arbitragem**, v. VI, n. 24, p. 219-233, 2009.

[89] Há vasta literatura sobre o significado de *kompetenz-kompetenz*. *E.g.*, *(a)* Portugal: Caramelo, António Sampaio. A competência da competência e a autonomia do Tribunal arbi-

No Brasil, não há notícia de tribunal arbitral que tenha declarado a inexistência do contrato. Casos de invalidade são frequentes, mas de inexistência são raros. Na experiência internacional, uma exceção é *CMC Muratori et al. v. Moçambique*, julgado em 2019. O tribunal arbitral concluiu que o contrato de transação não se formara, porque não havia oferta (da Administração Nacional de Estradas de Moçambique) e aceitação (de CMC Muratori e outros) e sim proposta e contraproposta, que não fora aceita. Era uma arbitragem de investimento, em que a jurisdição arbitral dependia do tratado bilateral de investimento entre Itália e Moçambique (Itália-Moçambique BIT) e da Convenção de Washington de 1965 (mais conhecida pela sigla em inglês, ICSID). O tribunal arbitral, satisfeito com a existência *prima facie* de jurisdição (*i.e.*, em princípio, contratos de transação são investimentos protegidos pelo artigos 1º (1)(c) do Itália-Moçambique BIT e 25 da Convenção ICSID), decidiu a inexistência da transação no mérito.[90] A decisão pode ser criticada nos

tral na Lei de arbitragem portuguesa. **Revista del Club Español del Arbitraje**, n. 19, p. 19-42, 2014; *(b)* Espanha: Capiel, Luis. El principio de Kompetenz-Kompetenz en España. **Revista del Club Español del Arbitraje**, n. 8, p. 97-128, 2010; *(c)* Estados Unidos: Samuel, Adam. The US Supreme Court does Kompetenz-Kompetenz. **Arbitration International**, v. 35, n. 2, p. 263-273, jun./2019; Guandalini, Bruno. Note: Henry Schein, Inc. v. Archer & White Sales, Inc., Supreme Court of the United States, Case No. 139 S. Ct. 524., 8 January 2019. **Revista Brasileira de Arbitragem**, v. XVI, n. 62, p. 167-180, 2019; PARK, William W. The Arbitrability Dicta in First Options v. Kaplan: What Sort of Kompetenz-Kompetenz Has Crossed the Atlantic?. **Arbitration International**, v. 12, n. 2, p. 137-160, jun./1996; *(d)* Canadá: Bachand, Frédéric. Kompetenz-Kompetenz, Canadian Style. **Arbitration International**, v. 25, n. 3, p. 431-454, set./2009 (Canadá). Na doutrina brasileira, *vide* Fonseca, Rodrigo Garcia da. O princípio competência-competência na arbitragem: uma perspectiva brasileira. **Revista de Arbitragem e Mediação**, v. 9, p. 277-303, abr./jun. 2006; Talamini, Eduardo. Competência-competência e as medidas antiarbitrais pretendidas pela Administração Pública. **Revista de Arbitragem e Mediação**, v. 50, p. 127-153, jul./set. 2016; Silveira, Gustavo Scheffer. O papel do juiz no fortalecimento da arbitragem: efeito negativo da competência-competência v. *anti-suit injunctions*. **Revista Brasileira de Arbitragem**, v. XV, n. 60, p. 44-58, 2018. Na jurisprudência, *v.*, dentre outros, BRASIL. Superior Tribunal de Justiça. **Recurso Especial 1.550.260/RS**. Recorrente: Kreditanstalt Für Wiederaufbau Bankengruppe. Recorrida: Companhia de Geração Térmica de Energia Elétrica. Relator: Min. Paulo de Tarso Sanseverino. Julgado em 12 dezembro 2017.

[90] CMC Muratori Cementisti Et Al. V. República De Moçambique. Caso ICSID No. ARB/17/23. Sentença Arbitral. 24 out. 2019. Disponível em <https://www.italaw.com/cases/7631>. Acesso em 24 nov. 2020. *Vide*, em especial, §§370-392.

seguintes termos: se o investimento é o alegado contrato de transação, que não existe, não há investimento e, portanto, não há jurisdição *ratione materiae*.[91]

Também é incomum que um tribunal arbitral conclua pela inexistência de cláusula compromissória. Na experiência internacional, uma exceção é *Atlantic Ventures v. Angola et al.*, uma arbitragem *ad hoc* decidida com base na lei angolana, em julho de 2020. Nesse caso, as partes haviam trocado minutas de dois contratos (Concessão e Superfície), que previam arbitragem, os quais não foram celebrados. O tribunal arbitral, referindo-se a uma decisão do Tribunal Federal suíço (caso 4A_84/2015, decidido em fevereiro de 2016), concluiu que as cláusulas compromissórias "nunca chegaram a ser acordadas com a finalidade de se aplicarem em momento anterior, e de maneira independente, à formalização desses contratos", por faltar evidência de que as partes obrigaram-se a recorrer à arbitragem independentemente do que acontecesse com as minutas.[92]

***

Em síntese, a acessoriedade deduzida do art. 4º da Lei de Arbitragem e ligada ao objeto da cláusula compromissória é atípica, subordinada à

[91] Sobre as razões pelas quais a jurisdição, nesse tipo de arbitragem, depende da existência de um investimento protegido pelo direito internacional, *v.* Douglas, Zachary. **The International Law of Investment Claims**. Cambridge: Cambridge University Press, 2009. p. 135-145. A questão é muito levada à apreciação de tribunais arbitrais. Pense-se, por exemplo, nas disputas relacionadas à dívida argentina (*Abaclat v. Argentina*, *Ambiente Ufficio v. Argentina* e *Giovanni Alemanni v. Argentina*), em que se discutiu, como requisito de jurisdição, se títulos públicos (*bonds*) seriam investimentos protegidos. Em um caso de 2018, *Lion Mexico Consolidated v. Mexico*, o tribunal arbitral concluiu que o direito real de hipoteca era um investimento protegido (e, portanto, tinha jurisdição sobre os pedidos relacionados ao alegado prejuízo às hipotecas), mas que notas promissórias não eram investimentos (e, portanto, não tinha jurisdição sobre os pedidos relacionados às notas promissórias) (Lion Mexico Consolidated LP. V. Mexico. Caso ICSID No. ARB(AF)/15/2. Decisão de Jurisdição. 30 jul. 2018. Disponível em: <https://www.italaw.com/cases/3828>. Acesso em 24 nov. 2020. Em especial, §§167-259).

[92] Atlantic Ventures – Sociedade de Desenvolvimento E Gestão Portuária S.A. V. República de Angola e Outros. Caso NN 511/JPA. Sentença Interlocutória Final. 10 jul. 2020. Vide, em especial, §§9.1-9.25.

distinção entre suposição ('considerar como existente') e dependência ('estar sujeito a'), e tem poucas consequências, as quais estão restritas ao plano da existência, no qual se entrelaçam com o princípio de competência-competência. A autonomia da cláusula compromissória, aqui abordada na medida em que interage com a regra geral das transmissões, é detalhada da seção seguinte.

1.2. A autonomia da cláusula compromissória

A autonomia da cláusula compromissória é um princípio da arbitragem positivado em inúmeras legislações, a exemplo da brasileira, que a consagra no artigo 8º da Lei de Arbitragem. Apesar de sua aclamação praticamente universal, suas origens são desconhecidas e seus contornos, imprecisos. Primeiro, descrevem-se o nascimento e a consolidação do princípio da autonomia (1.2.1). Após, descreve-se como a transmissão da cláusula compromissória é explicada à luz do princípio da autonomia (1.2.2).

1.2.1. *Da origem à positivação do princípio da autonomia*

Difícil imaginar um tempo em que a autonomia da cláusula compromissória não era universalmente aceita. No entanto, na cronologia dos institutos jurídicos, esse passado não é tão distante – o acórdão Gosset, da Corte de Cassação francesa, que o consagrou, data de 1963. Por ser um remédio para problemas da prática, não se pode estudar a autonomia da cláusula compromissória como uma conclusão que precede a experiência.

A autonomia percorreu longo caminho até ser afirmada em termos inequívocos. Ensaiou primeiros passos em vários países europeus, que admitiram, em maior ou menor grau, alguma separação da cláusula compromissória em relação ao contrato.

Em 1915, o Tribunal Federal suíço aplicou legislação federal ao contrato e cantonal à cláusula compromissória. Em 1935, a Suprema Corte holandesa afirmou que quando as partes divergem sobre a validade de um contrato, nem a lei, nem os bons costumes as impediam de submeter esse litígio à arbitragem. Em 1942, a Câmara dos Lordes na Inglaterra, em *Heyman v. Darwins*, entendeu que a cláusula compromissória poderia sobreviver à extinção do contrato, especialmente se por resilição ou inadimplemento, mas que seria ineficaz no caso de nulidade do contrato.[93] Em 1952, um tribunal alemão concluiu que o destino da cláusula compromissória era perfeitamente separável do contrato. Em 1959, a Corte de Cassação italiana decidiu que a *convenzione arbitrale* deveria ser examinada individualmente.[94]

Na França, onde a ideia por mais tempo enfrentou resistência,[95] a realização do I Congresso Internacional de Arbitragem, em maio de 1961, em Paris, parece ter sido o momento de inflexão. O congresso dedicou um de seus quatro grupos de trabalho à discussão da 'independência da cláusula compromissória em relação ao contrato dito principal'. O relatório desse grupo, com as discussões feitas no congresso, foi publicado.[96]

Os relatos do evento mostram sua repercussão. O congresso foi noticiado e assim foram resumidas suas conclusões: (i) a tese de que a cláusula compromissória é um acessório do contrato principal ameaça a evolução saudável da arbitragem e não há nenhuma razão séria que imponha essa conclusão; (ii) a tese contrária [da independência], adotada nos países escandinavos, na Itália, na Alemanha e na Suíça, é recomendada, muito embora também ela esteja sujeita a várias interpretações e aplicações práticas.[97]

O Anuário de 1972 da UNCITRAL também reportou a realização do congresso, resumindo as recomendações: (i) a cláusula compromissória

[93] Esse entendimento mudou em *Harbour Assurance v. Kansa* (1993), passando a abranger casos de nulidade (em inglês, *initial illegality*). Sobre os primórdios da adoção do princípio da autonomia no direito inglês, *v.* SVERNLÖV, Carl M. The Evolution of the Doctrine of Separability in England: Now Virtually Complete? The Doctrines of "Separability" of the Arbitration Agreement and "Compétence de la Compétence". **Journal of International Arbitration**, London, v. 9, n. 3, p. 115-122, 1992.

[94] BLANCHIN, Catherine. **L'autonomie de la clause compromissoire:** un modèle pour la clause attributive de jurisdiction?. Paris: LGDJ, 1995. p. 10.

[95] *"En tout cas, il paraît que c'est la jurisprudence française qui est la plus attachée à la thèse selon laquelle la clause compromissoire n'est qu'un accessoire du contrat dit principal et tombe dès lors en cas de nullité de ce contrat."* (MEZGER, E. Congrès International de l'Arbitrage (Paris, 11-13 mai 1961). **Revue internationale de droit compare**, Paris, v. 14, n. 1, p. 86-87, jan-mar 1962).

[96] KLEIN, Fréderic-Edouard. Du caractère autonome de la clause compromissoire, notamment en matière d'arbitrage international. **Revue critique de droit international privé**. Paris, n. 1, p. 499-522, jan./mar. 1961.

[97] MEZGER, E. Congrès International de l'Arbitrage (Paris, 11-13 mai 1961). **Revue internationale de droit compare**, Paris, v. 14, n. 1, p. 86-87, jan-mar 1962.

deveria ser considerada um acordo autônomo entre as partes, cuja validade não depende do contrato; (ii) os árbitros deveriam poder decidir sobre sua jurisdição para apreciar a existência e a validade da cláusula compromissória; (iii) para evitar ambiguidades quanto à autonomia, no futuro se poderia usar um modelo de cláusula compromissória nesse sentido.[98]

Em 1998, na abertura do XIV Congresso Internacional de Arbitragem (hoje conhecido como Congressos ICCA, em referência à associação que o organiza), em Paris, foram relembrados os temas dos quais se ocuparam os juristas que atenderam à primeira edição. Sobre a autonomia da cláusula compromissória, observou-se que

> em muitos países, o princípio já era reconhecido, mas, na França, o reconhecimento da autonomia da cláusula compromissória foi, sem dúvida, deflagrado pelos trabalhos do I Congresso. Desde então, alcançou-se a completa generalização desse princípio e de todas as suas consequências, como se vê, por exemplo, no art. 16 da Lei Modelo da UNCITRAL.[99]

Em 7 de maio de 1963, a Corte de Cassação francesa afirmou a autonomia da cláusula compromissória em termos inconfundíveis, hoje célebres:

> na arbitragem internacional, a cláusula compromissória, seja ela concluída separadamente ou incluída no ato jurídico a que se refere, apresenta sempre, salvo circunstâncias excepcionais, uma completa autonomia jurídica, o que a impede de ser afetada por eventual invalidade desse ato.[100]

[98] Nestor, Ion. Problems concerning the application and interpretation of existing multilateral conventions on international commercial arbitration and related matters (A/CN.9/64). **UNCITRAL Yearbook**, New York, v. III, p. 193-250, 1972. p. 218-219.

[99] No original: "*In several countries this principle was already universally recognized, but in France recognition of the autonomy of the arbitration clause was undoubtedly sparked by the work of this first Congress. Since then, a complete generalization has been achieved of this principle and all its consequences, as witnessed for instance by Art. 16 of the UNCITRAL Model Law.*" (Moreau, Bertrand. Welcoming Address. In: Van Den Berg, Jan (org.). **Improving the Efficiency of Arbitration Agreement and Awards:** 40 Years of the New York Convention. The Hague: Kluwer, 1999, p. 7-10. (ICCA Congress Series, v. 9). p. 8).

[100] No original: "*En matière d'arbitrage international, l'accord compromissoire, qu'il soit conclu séparément ou inclus dans l'acte juridique auquel il a trait, présente toujours, sauf circonstances exception-*

Embora não tenha sido a primeira decisão judicial a admitir a autonomia da cláusula compromissória, *Gosset* é o paradigma. Talvez isso se deva ao órgão jurisdicional prolator da decisão, já que, em matéria de arbitragem, a França representa um ponto de orientação, que com frequência exporta ideias (*e.g.*, a extensão da cláusula compromissória a outras empresas do mesmo grupo de sociedades, atendidos certos requisitos);[101] talvez se deva à eloquência do dispositivo, já que, até onde se conhece, nunca a separação da cláusula compromissória em relação ao contrato havia sido admitida com tanta abrangência, como completa autonomia jurídica. A exceção das "circunstâncias excepcionais" a que o mesmo acórdão se refere, sem oferecer critérios, nunca foi elaborada pela jurisprudência e acabou esquecida.[102]

A década de 1980 foi marcada pela promulgação de inúmeras leis de arbitragem, com reconhecimento expresso da autonomia da cláusula compromissória em muitas delas. A Lei Modelo de Arbitragem elaborada pela UNCITRAL em 1985, que orientou muitas legislações nacionais, afirmou a autonomia da cláusula compromissória no artigo 16. Em alguns países, como Brasil e Inglaterra, as leis de arbitragem são posteriores – 1996, nos dois casos – mas também elas positivaram o princípio da autonomia.

Além de receber endosso legislativo, "o princípio foi afirmado incansavelmente por eminentes doutrinadores e árbitros, com a vistas à obtenção da aceitação geral da regra."[103] Dos vários estudos feitos à época, o

nelles, une complète autonomie juridique, excluant qu'il puisse être affecte par une éventuelle invalidité de cet acte." (FRANÇA. Corte de Cassação. Acórdão de 7 de maio de 1963). O acórdão foi comentado por J. Robert no *Recueil Dalloz* (1963, p. 545), por H. Motulsky na *Revue critique de droit international privé* (1963, p. 615), por Bertrand Goldman no *Juris-Classeur périodique, éd. générale* (1963) e por J.D. Bredin no *Journal du droit international* (1964, p. 83).

101 Melo, Leonardo de Campos. **Extensão da cláusula compromissória e grupos de sociedades:** a prática arbitral CCI e sua compatibilidade com o direito brasileiro. De acordo com o Regulamento CCI-2012. Rio de Janeiro: Forense, 2013.

102 "*Le principe d'autonomie ainsi posé a été repris par une jurisprudence constante qui l'a d'emblée libéré de la réserve des circonstances exceptionnelles.*" (Degos, Louis. La Cour de cassation consacre l'autonomie de la clause compromissoire en droit français de l'arbitrage interne. **Recueil Dalloz**, Paris, 2003, p. 1117).

103 Dimolitsa, Antonias. Separability and Kompetenz-Kompetenz. In: Van Den Berg, Jan (org.). **Improving the Efficiency of Arbitration Agreement and Awards:** 40 Years of the New York Convention. The Hague: Kluwer, 1999, p. 217-256. p. 221.

mais conhecido é o de Schwebel, publicado em 1987,[104] que examinou a proposição teórica e relatou decisões proferidas em arbitragens internacionais. Na origem da proposição de que a cláusula compromissória é autônoma, Schwebel identificou quatro fundamentos.

Primeiro, a presunção de que a vontade das partes, ao celebrarem um contrato com cláusula compromissória, é que todas as disputas relativas ao contrato (no que se incluem as disputas sobre sua validade) sejam decididas por arbitragem. Segundo, a necessidade de tornar a arbitragem um mecanismo efetivo; se a invalidade do contrato repercutisse sobre a jurisdição do tribunal arbitral, uma das partes sempre poderia frustrar a finalidade da cláusula compromissória – "furtar-se às suas obrigações arbitrais", na expressão do autor – alegando a invalidade do contrato. Terceiro, e esse é o fundamento com mais frequência citado, em um contrato com cláusula compromissória existem não um, mas dois acordos: um acordo substantivo ou principal, que prevê certo curso de ação, e um acordo adicional, separável, que prevê arbitragem.[105] Quarto, e por fim, a falta de autonomia levaria os tribunais estatais a reexaminarem o mérito da disputa decidida na arbitragem, em eventual ação contra a sentença arbitral.[106]

Como narrado em *Texaco Overseas Petroleum Company v. Líbia*, de 1975, a autonomia era admitida não apenas por decisões em arbitragens internacionais, mas também por vários tribunais nacionais, a exemplo da Corte de Cassação francesa (acórdão *Gosset* e decisões posteriores, que o confirmaram), e reforçada pela doutrina.[107]

Em síntese, a autonomia da cláusula compromissória recebeu assento entre os princípios da arbitragem em meados dos anos 1980–1990. Em

[104] Schwebel, Stephen M. **International Arbitration:** Three Salient Problems. Cambridge: Grotius Publications, 1987. O texto "The Severability of the Arbitration Agreement" é o primeiro capítulo da obra.

[105] Para reforçar esse fundamento, Schwebel utiliza um argumento que, em língua portuguesa, se perde: "*The very concept and phrase 'arbitration agreement' itself imports the existence of a separate or at any rate separable agreement, which is or can be divorced from the body of the principal agreement if needs be.*" (Schwebel, Stephen M. **International Arbitration:** Three Salient Problems. Cambridge: Grotius Publications, 1987. p. 5).

[106] Schwebel, Stephen M. **International Arbitration:** Three Salient Problems. Cambridge: Grotius Publications, 1987. p. 3-6.

[107] Schwebel, Stephen M. **International Arbitration:** Three Salient Problems. Cambridge: Grotius Publications, 1987. p. 42-45.

1996, quando o princípio foi positivado na legislação brasileira por meio do artigo 8º da Lei de Arbitragem, já nem se concebia a cláusula compromissória de outro modo. Hoje, em qualquer lugar, essa autonomia é um dos pilares do funcionamento da arbitragem como modo de resolução de disputas, já que a falta dela seria fonte de instabilidade.

Ao mesmo tempo, o que se entende por autonomia da cláusula compromissória ainda não é algo inteiramente resolvido. Há divergência de nomenclatura: se o correto seria autonomia (como mais usado na Europa continental) ou separabilidade (como mais usado na Inglaterra e nos Estados Unidos), o que ora se mostra irrelevante, sendo as expressões usadas como equivalentes,[108] ora se revela importante, com alguns autores indicando que isso repercute sobre o significado.[109] Há mais de um sentido possível para autonomia, sendo autonomia em relação ao contrato o mais comum, e em relação à lei o mais extremo.[110]

A seção seguinte descreve como a transmissão da cláusula compromissória já foi explicada à luz da autonomia, considerando a centralidade desse princípio na doutrina e na prática arbitral.

1.2.2. *A transmissão da cláusula compromissória à luz da autonomia*

Diferentes soluções já foram oferecidas para conciliar autonomia em relação ao contrato e transmissão com o contrato. Clay resumiu assim a tensão:

> Há algum tempo, a cláusula compromissória intriga a doutrina, notadamente a civilista, por seu regime jurídico inteiramente voltado à eficácia. Ela consegue ser completamente autônoma em relação ao contrato que a contém [...] e visceralmente acessória quando é transmitida a terceiros. Não se pode deixar de notar uma contradição: se cláusula é autônoma,

[108] SCHWEBEL, Stephen M. **International Arbitration:** Three Salient Problems. Cambridge: Grotius Publications, 1987. p. 3.

[109] CARAMELO, António Sampaio. **Temas de direito de arbitragem.** Coimbra: Coimbra Ed., 2013. p. 108; MAYER, Pierre. Les limites de la séparabilité de la clause compromissoire. **Revue de l'Arbitrage**, Paris, n. 2, p. 359-368, 1998. p. 360; LÓPEZ, Carlos Matheus. **La extensión del convenio arbitral a partes no signatarias**. San Sebastian: Instituto Vasco de Derecho Procesal, 2018. p. 17.

[110] DIMOLITSA, Antonias. Separability and Kompetenz-Kompetenz. In: VAN DEN BERG, Jan (org.). **Improving the Efficiency of Arbitration Agreement and Awards:** 40 Years of the New York Convention. The Hague: Kluwer, 1999, p. 217-256. p. 224-228.

> então ela não transmite com o contrato principal; se ela se transmite, então não é autônoma.[111]

Alguns países resolveram – se não de todo, em parte – o problema da transmissão pela via legislativa. O artigo 5º da lei de arbitragem colombiana estabelece que a cessão de contrato implica a cessão da cláusula compromissória.[112] O artigo 10 da lei de arbitragem norueguesa, mais amplo, prevê que, salvo estipulação em contrário, considera-se que a cláusula compromissória é transmitida com qualquer relação jurídica a que se relacione.[113] O artigo 13 da lei de arbitragem tailandesa, também amplo, prevê que, na transmissão de qualquer direito ou responsabilidade, a correlata cláusula compromissória vincula o transmissionário.[114] Na França, o artigo 2061 do código civil, modificado pela lei n. 2016-1547, de 2016, preceitua:

> Art. 2061. A cláusula compromissória deve ter sido aceita pela parte a quem é oposta, a menos que ela seja sucessora nos direitos e obrigações da parte que que a aceitou inicialmente.[115]

[111] No original: "*Voilà déjà quelque temps que la clause compromissoire intrigue la doctrine, notamment civiliste, par son régime juridique tout entier tourné vers l'efficacité. Elle réussit le tour de force d'être à la fois totalement autonome par rapport au contrat qui la contient [...] et viscéralement accessoire à celui-ci lorsqu'il est transmis à des tiers. On ne peut pas ne pas relever là une contradiction: soit la clause est autonome et alors elle ne se transmet pas avec le contrat principal ; soit elle se transmet avec le contrat, et alors elle n'est pas autonome.*" (Clay, Thomas. Qui arrêtera la circulation de la clause compromissoire?. **Recueil Dalloz**, Paris, 2003, p. 2471).

[112] "*Artículo 5. Autonomía de la cláusula compromisoria. [...] La cesión de un contrato que contenga pacto arbitral, comporta la cesión de la cláusula compromisoria.*" (COLOMBIA. **Lei n. 1563**, 12.julho.2012. Disponível em: <http://www.secretariasenado.gov.co/senado/basedoc/ley_1563_2012.html>. Acesso em 24 nov. 2020).

[113] "*Section 10. [...] Unless otherwise agreed between the parties in the arbitration agreement, the arbitration agreement shall be deemed to be assigned together with any assignment of the legal relationship to which the arbitration agreement relates.*" (NORUEGA. **Arbitration Act**, em vigor desde 1º de janeiro de 2005. Disponível em: <https://lovdata.no/dokument/NLE/lov/2004-05-14-25>. Acesso em 24 nov. 2020).

[114] "*Section 13. When there is a transfer of any claim or liability, the existing arbitration agreement concerning such claim or liability shall be vested in and binding upon the transferee.*" (TAILANDIA. **Arbitration Act** – B.E 2545 2002, em vigor desde 30 de abril de 2002).

[115] "*Art. 2061. La clause compromissoire doit avoir été acceptée par la partie à laquelle on l'oppose, à moins que celle-ci n'ait succédé aux droits et obligations de la partie qui l'a initialement acceptée.*" (FRANÇA. **Lei n. 2016-1547**, de 18 de novembro de 2016. Disponível em: <https://www.

A solução legislativa, no entanto, é rara.[116] Na maioria dos países, como no Brasil, a legislação nada diz. No silêncio da lei, a doutrina buscou compatibilizar autonomia e transmissão.

A primeira interpretação limita a autonomia ao plano da validade, amparando-se no modo como ela foi positivada (*e.g.*, artigo 8º da Lei de Arbitragem). Da autonomia, tão somente se poderia extrair que vícios relativos à validade do contrato não afetam a cláusula compromissória. Outras mudanças (*e.g.*, substituição de sujeitos, persistindo a relação contratual) repercutiriam. No entanto, resilição unilateral e resolução por inadimplemento, por exemplo, são mudanças no plano da eficácia que não afetam a cláusula compromissória.

A segunda interpretação recorre à finalidade do princípio da autonomia: "evitar espíritos emulativos tendentes, justamente, a afastar os efeitos da cláusula compromissória."[117] Considerando de onde vem e para que serve a autonomia, ela não poderia limitar os efeitos da cláusula compromissória.[118]

legifrance.gouv.fr/eli/loi/2016/11/18/2016-1547/jo/texte>. Acesso em 24 nov. 2020). A nova redação do artigo 2061 foi analisada em: STOFFEL-MUNCK, Philippe. La nouvelle clause compromissoire dans les groupes de contrats. **Cahiers de l'arbitrage**, Paris, n. 1, p. 47 e seguintes, junho 2017 e PINSOLLE, Philippe. Does the new version of the Article 2061 of the French Civil Code apply to International Arbitration? **Cahiers de l'arbitrage**, Paris, n. 1, p. 39-47, junho 2017. Para Racine, existe, na França, um princípio geral de transmissão automática da cláusula compromissória (RACINE, Jean-Baptiste. **Droit de l'arbitrage**. Paris: Puf, 2016. p. 254).

[116] CHUPRONOV, Ivan. The Arbitration Agreement and Arbitrability: Effects of Contractual Assignment on an Arbitration Clause – Substantive and Private International Law Perspectives. In: KLAUSEGGER, Christian; KLEIN, Peter et al. (eds.). **Austrian Yearbook on International Arbitration**. Viena: Manz'sche Verlags und Universitätsbuchhandlung, 2012, p. 31-61.

[117] MARTINS, Pedro Antonio Batista. Arbitragem. Capacidade, Consenso e Intervenção de Terceiros: Uma Sobrevista. In: FERRAZ, Rafaella; MUNIZ, Joaquim de Paiva (Coord.). **Arbitragem Doméstica e Internacional:** estudos em homenagem ao Professor Theóphilo de Azeredo Santos. Rio de Janeiro: Forense, 2008, p. 291-308. p. 299-300.

[118] Fouchard, embora sem nada concluir, chamou atenção para essa possibilidade: "*Or ici, l'autonomie de la clause compromissoire pourrait aboutir à une conséquence inverse: restreindre dans l'espace la valeur et l'efficacité de la clause compromissoire; car il me semble que ce détachement de la clause par rapport au contrat, fondé lui-même sur la fonction contentieuse de celle-ci, devrait conduire à lui réserver un sort spécial par rapport à l'ensemble des clauses fixant les droits et les obligations matérielles des parties. Donc, l'autonomie de la clause compromissoire ne peut être ignorée dans notre*

Conforme a interpretação teleológica, o fim da autonomia é blindar a cláusula compromissória, evitando que ela seja inutilizada por vícios no contrato. Mesmo que a autonomia seja interpretada apenas nesse sentido específico, atrelado a seu fim, isso não responde por que a cláusula compromissória se transmite automaticamente à esfera jurídica do novo titular da posição jurídica contratual, ou de posição jurídica oriunda do contrato.

A autonomia não impede a transmissão, mas tampouco a justifica.[119] Isso seria circular, pois equivale a dizer que: (a) a cláusula compromissória é autônoma em relação ao contrato (premissa 1); (b) a autonomia não impede a transmissão (premissa 2); (c) logo, a cláusula compromissória transmite-se com o contrato (conclusão).

A terceira interpretação revisa a natureza da cláusula compromissória. Preferindo "separabilidade" a "autonomia", por entender que a palavra captura melhor as nuances da relação entre contrato e cláusula compromissória, Mayer afirma que ela não forma um acordo distinto (*i.e.*, um negócio jurídico), mas autêntica cláusula, uma estipulação contida em um contrato único.[120] Não seria possível concebê-la na ausência do restante do contrato e "é precisamente nessa noção de acessoriedade

débat, mais je n'en vois pas bien les conséquences pratiques." (O comentário é relatado em Goutal, Jean-Louis. L'arbitrage et les tiers: Le droit des contrats – Rapport général. **Revue de l'Arbitrage**, n. 3, p. 439-474, 1998. p. 468-469).

[119] Há opinião em sentido contrário: "Não representará a autonomia da cláusula compromissória entrave à sua transferência nem à submissão de terceiro à arbitragem, caso esse terceiro venha a suceder alguma das partes originalmente vinculadas por contrato." (Zerbini, Eugenia C. G. de Jesus. Cláusulas arbitrais: transferência e vinculação de terceiros à arbitragem. In: Jobim, Eduardo; Machado, Rafael Bicca (Coord.). **Arbitragem no Brasil:** aspectos jurídicos relevantes. São Paulo: Quartier Latin, 2008. p. 141-151. p. 141); "Uma interpretação teleológica conduz, assim, à reafirmação da transmissão 'automática' da cláusula compromissória juntamente com o direito ou contrato cedido, sem que a noção teórica de autonomia, pensada noutro contexto, perturbe essa conclusão." (Costa, Guilherme Recena. Partes e Terceiros na Arbitragem. Tese (Doutorado em Direito Processual Civil) – Universidade de São Paulo, São Paulo, 2015. p. 76).

[120] O artigo foi originalmente publicado em francês (Mayer, Pierre. Les limites de la séparabilité de la clause compromissoire. **Revue de l'Arbitrage**, Paris, n. 2, p. 359-368, 1998) e, no ano seguinte, republicado em inglês (Mayer, Pierre. The Limits of Severability of the Arbitration Clause. In: Van Den Berg, Jan (org.). **Improving the Efficiency of Arbitration Agreement and Awards:** 40 Years of the New York Convention. The Hague: Kluwer, 1999, p. 261-267).

que a separabilidade encontra seu fundamento e seus limites."[121] Como a cláusula compromissória define o regime aplicável ao contrato em caso de disputa, ela não é alcançada pela nulidade contratual, que configura um tipo possível de disputa. Simultaneamente, "esse mesmo caráter acessório da cláusula compromissória enseja a consequência oposta, isto é, a não separação em caso de cessão de contrato ou de cessão de crédito."[122] A conclusão de Mayer, que reverberou na doutrina, diz que a cláusula compromissória constitui uma modalidade do crédito e que o regime do crédito não se modifica em virtude de sua transmissão.[123]

A essas interpretações que buscam conciliar autonomia e transmissão da cláusula compromissória, opõe-se a quarta, adotada em julgados da Corte de Cassação italiana, que considera que a autonomia e a individualidade da cláusula compromissória impedem sua transmissão automática ao novo titular do direito nas sucessões a título particular. Na cessão de posição contratual, a transmissão da cláusula compromissória dependeria de manifestação específica das três partes.[124]

Em síntese, o princípio da autonomia, interpretado à luz de sua finalidade, não explica a transmissão da cláusula compromissória. A autonomia não é um impedimento, mas é necessária uma justificativa para

[121] "*C'est précisément dans cette notion d'accessoire que la séparabilité trouve à la fois son fondement et ses limites.*" (MAYER, Pierre. Les limites de la séparabilité de la clause compromissoire. **Revue de l'Arbitrage**, Paris, n. 2, p. 359-368, 1998. p. 361).

[122] "*Ce même caractère accessoire de la clause compromissoire entraîne la conséquence opposée, c'est-à-dire la nón-separation, en cas de cession du contrat ou d'une créance contractuelle.*" (MAYER, Pierre. Les limites de la séparabilité de la clause compromissoire. **Revue de l'Arbitrage**, Paris, n. 2, p. 359-368, 1998. p. 362-363).

[123] A ideia de que a cláusula compromissória é uma modalidade do crédito, que o configura, está na origem da tese de que a cláusula compromissória é um acessório do crédito e, mais recentemente, de que a cláusula compromissória é uma modalidade da ação (que, por sua vez, seria acessório do crédito). Com pequenas variações, a tese já foi sustentada, *e.g.*, por ANCEL, Pascal. Arbitrage et novation. **Revue de l'Arbitrage**, Paris, n. 1, p. 3-32, 2002. p. 12; BOLLÉE, Sylvain. La clause compromissoire et le droit commune des conventions. **Revue de l'Arbitrage**, Paris, n. 4, p. 917-930, 2005. p. 921; CARAMELO, António Sampaio. **Temas de direito de arbitragem.** Coimbra: Coimbra Ed., 2013. p 116; LOQUIN, Eric. **L'arbitrage du commerce international.** Paris: Joly Éditions, 2015. §119; RACINE, Jean-Baptiste. **Droit de l'arbitrage.** Paris: Puf, 2016. p. 257; SERAGLINI, Christophe. **Droit de l'arbitrage interne et international.** Paris: LGDJ, 2013. §202.

[124] ITÁLIA. Corte de Cassação. Sezioni Unite. **Sentenza n. 12.616**. Sofal v. Mondo. 17 dezembro 1998.

a transmissão. Essa justificativa pode se ligar ao consentimento do novo sujeito ou às características da relação jurídica originária e da causa de ingresso nela.

1.3. O consentimento do novo sujeito da relação jurídica

Quem não participa da formação do negócio jurídico será sempre terceiro em relação ao fato situado no tempo, mas terceiros podem entrar em uma relação jurídica preexistente "por praticarem um outro contrato ou figura de direito das obrigações."[125] Por isso, designar o cessionário do contrato, o credor sub-rogado, o cessionário do crédito e o assuntor da dívida como terceiros não é inverídico, mas incompleto, por omitir o referencial.

Há posições jurídicas que são absolutas, como nacionalidade e estado civil. Elas independem do referencial: nenhuma pessoa é brasileira "em relação a X" e não brasileira "em relação a Y". Parte e terceiro, no entanto, são posições jurídicas relativas. Para indicar a posição, é preciso definir o referencial, que pode ser uma relação jurídica simples ou complexa.

Na cessão de posição contratual, há integração a uma relação jurídica complexa. No pagamento com sub-rogação, na cessão de crédito e na assunção de dívida, há integração a uma relação jurídica simples. Por exemplo, o sub-rogado é terceiro em relação ao contrato e é parte da relação jurídica simples, como novo credor; o assuntor da dívida é terceiro em relação ao contrato e é parte da relação jurídica simples, como novo devedor.

Quando há mudança na titularidade de uma relação jurídica, a sujeição à jurisdição arbitral pode ser examinada por dois ângulos.

O primeiro, mais comum, enfatiza o consentimento. Afirma-se que o novo sujeito da relação jurídica, embora não seja parte, conhece ou deveria conhecer o conteúdo do contrato celebrado pelo sujeito originário (*e.g.*, contrato celebrado entre o cedente do crédito e o devedor), e consente à cláusula compromissória ao ingressar na relação jurídica.[126]

[125] Penteado, Luciano de Camargo. **Efeitos contratuais perante terceiros**. São Paulo: Quartier Latin, 2007. p. 47.

[126] Butti, Paula Cardoso. Limites subjetivos da convenção de arbitragem. Dissertação (Mestrado em Direito Processual Civil) - Universidade de São Paulo, São Paulo, 2013. p. 166; Faria, Marcela Kohlbach de. **Participação de Terceiros na Arbitragem**. São Paulo: Quartier Latin, 2019. p. 69; BRASIL. Superior Tribunal de Justiça. **Recurso Especial**

Essa explicação aproxima a situação do novo titular da relação jurídica à de consentimento tácito à cláusula compromissória, mas há pelo menos dois entraves à sua aceitação. Os fundamentos para imputação de conhecimento são restritos e, ainda que a cláusula compromissória seja conhecida, conhecer e consentir não são estados equiparáveis.[127]

O conhecimento de uma relação jurídica tem consequências – *e.g*, doutrina sobre eficácia externa das obrigações e terceiro cúmplice[128] –, mas elas não se confundem com as oriundas do consentimento. Conhecimento liga-se à oponibilidade, mas não justifica a sujeição do terceiro à relação jurídica conhecida.

O primado do consentimento do sujeito conduz a uma ficção, que se conforma ao postulado geral da arbitragem – o fundamento da sujeição à jurisdição arbitral é o consentimento – mas é incoerente no sistema jurídico. Alarga-se a força obrigatória da cláusula compromissória sem fundamentação suficiente, deduzindo-se consentimento de conhecimento efetivo ou presumido.

O segundo ângulo, do qual se parte neste trabalho, analisa as características da relação jurídica originária e da causa de ingresso nela. A pergunta de fundo é se o novo sujeito de uma relação jurídica, que nela ingressou por aquisição derivada, estaria submetido à jurisdição arbitral.

n. 1.988.894/SP. Recorrente: Mapfre Seguros Generales de Colombia S.A. Recorridos: Log Wisdom S.A. e outros. Relator: Min. Maria Isabel Gallotti. Quarta Turma. Julgado em 9 maio 2023.

[127] Sobre o problema da hipertrofia do negócio jurídico por meio da noção de "declaração tácita", que tudo reconduz à vontade, *v.* PINTO, Paulo Mota. **Declaração tácita e comportamento concludente no negócio jurídico**. Coimbra: Almedina, 1995. p. 71-118.

[128] AZEVEDO, Antonio Junqueira de. **Estudos e pareceres de direito privado**. São Paulo: Saraiva, 2004. p. 215-225; MARTINS, Fábio Floriano Melo. **A interferência lesiva de terceiro na relação obrigacional**. São Paulo: Almedina, 2017. p. 148-159; PENTEADO, Luciano de Camargo. **Efeitos contratuais perante terceiros**. São Paulo: Quartier Latin, 2007. p. 197-201.

2. HIPÓTESES DE TRANSMISSÃO DA CLÁUSULA COMPROMISSÓRIA

Duas premissas erradas atrapalham o estudo do tema: *(i)* as hipóteses de transmissão das relações jurídicas são tratadas sem distinção, como se os requisitos e os efeitos fossem os mesmos; *(ii)* o sucessor é tratado como terceiro.

Transmissão não é um fenômeno uniforme. A sucessão universal transmite um complexo de relações jurídicas com valor econômico (patrimônio). A cessão de posição contratual transmite uma relação jurídica complexa (relação contratual). O pagamento com sub-rogação, a cessão de crédito e a assunção de dívida transmitem uma relação jurídica simples (relação obrigacional) e, também eles, diferem entre si quanto a requisitos e efeitos.[129]

[129] A classificação da relação jurídica em simples ou complexa, conforme o conteúdo, é adotada por ANDRADE, Manuel A. Domingues de. **Teoria geral da relação jurídica**. Coimbra: Almedina, 2003. v. 1. p. 4. ("Nesta ordem de ideias há que distinguir: [...] *b) a relação jurídica una ou simples e a relação jurídica complexa ou múltipla.* [...] Relação jurídica una ou simples será aquela que se analisa num só direito subjectivo (poder jurídico) atribuído a uma pessoa e no correspondente dever ou sujeição imposta a outra pessoa. Mas também podemos dar o nome de relação jurídica a um conjunto de direitos subjectivos e de deveres ou sujeições, quando tais direitos e deveres ou sujeições advêm de um mesmo facto jurídico."); PINTO, Carlos Alberto da Mota. **Teoria geral do direito civil.** 4. ed. por António Pinto Monteiro e Paulo Mota Pinto. Coimbra: Coimbra Ed., 2012. p. 186 ("Ao referirmos como conteúdo ou estrutura da relação jurídica o direito subjectivo propriamente dito e o dever jurídico, ou o

Sucessor não é terceiro – ele é parte da relação jurídica. Essa característica unifica o multifacetado fenômeno transmissivo: mudam os sujeitos da relação jurídica, que permanece a mesma. Em outras palavras, quem não participou da formação do negócio jurídico (o fato situado no tempo) pode, em virtude de outro negócio jurídico (*e.g.*, cessão) ou de outra figura de direito das obrigações (*e.g.*, pagamento), entrar em uma relação jurídica, simples ou complexa, criada pelo primeiro negócio jurídico. Entrando, torna-se parte dessa relação.

Assim, a pergunta que este trabalho propõe-se responder não é se a cláusula compromissória tem eficácia sobre terceiros. É se, mudando os sujeitos de uma relação jurídica simples ou complexa, decorrente(s) de contrato com cláusula compromissória, a sujeição à jurisdição arbitral os alcança. Para evitar a generalização imprópria das diferentes hipóteses de transmissão, examina-se cada tipo de aquisição derivada – sucessão universal (2.1), cessão de posição contratual (2.2), pagamento com sub-rogação (2.3), cessão de crédito (2.4), assunção de dívida (2.5).

Como muito já foi decidido e escrito sobre transmissão da cláusula compromissória, as decisões judiciais e a doutrina são o ponto de partida da análise.[130] A leitura dos julgados e dos textos mostra que cada

direito potestativo e a sujeição, estamos a considerar a *relação jurídica simples ou singular*. [...] A realidade jurídica apresenta-nos, porém, normalmente uma série de direitos subjectivos e deveres ou sujeições (uma série de relações jurídicas singulares) conexionadas ou unificadas por qualquer outro aspecto, *v.g.* o promanarem do mesmo facto jurídico. Fala-se então de *relação jurídica complexa*."); e VARELA, João de Matos Antunes. **Das obrigações em geral**. 10. ed. Coimbra: Almedina, 2000. v. 1. p. 64-65 ("A relação jurídica em geral diz-se *una* ou *simples*, quando compreende o direito subjetivo atribuído a uma pessoa e o dever jurídico ou estado de sujeição correspondente, que recai sobre a outra; e *complexa* ou *múltipla*, quando abrange o conjunto de direitos e de deveres ou estados de sujeição nascidos do mesmo facto jurídico."), dentre outros. Para outros autores, porém, a relação jurídica é necessariamente complexa, *e.g.* VON TUHR, Andreas. **Derecho Civil**. Traducción de Tito Rava. Barcelona: Marcial Pons, 1998. v. 1. p. 129-130. ("Sin embargo, el concepto de relación jurídica también puede recibir una extensión mayor que el de derecho; significa, entonces, el conjunto de consecuencias jurídicas que fluyen de una relación entre dos personas, o de una persona con una cosa, ya sea que consistan en un derecho subjetivo, o en la posibilidad de que surja, ya en otros efectos jurídicos. Bajo el aspecto sistemático, es indispensable un término para designar este conjunto de efectos jurídicos, en contraposición a cada uno de los diversos derechos; emplearemos en adelante la expresión 'relación jurídica' en tal sentido.").

130 Como não há repositório unificado para essas decisões que permita o resgate por palavras-chave, elas foram mapeadas através de citações feitas pela doutrina, geralmente em

espécie de aquisição derivada tem suscitado diferentes discussões, embora haja pontos de contato. Em síntese:

a) na sucessão universal, discute-se se a cláusula compromissória é personalíssima (*intuitu personae*);
b) na cessão de posição contratual, *(i)* se a transmissão por consentimento é automática; *(ii)* se consentimento pode se exteriorizar de qualquer forma; *(iii)* quem pode excepcionar a transmissão da cláusula compromissória; *(iv)* como eventual invalidade da cessão de posição contratual repercute sobre a transmissão da cláusula compromissória;
c) na sub-rogação, *(i)* se o sub-rogado é parte ou terceiro; *(ii)* se o sub-rogado demanda direito próprio contra o terceiro; *(iii)* qual é, exatamente, a eficácia do pagamento com sub-rogação; *(iv)* se a ineficácia de ato do segurado que limite o direito da seguradora na sub-rogação afasta a cláusula compromissória;
d) na cessão de crédito, *(i)* se a cláusula compromissória é um acessório do crédito (ou do direito de ação, o qual seria acessório do direito de crédito); *(ii)* se a cláusula compromissória é exceção do devedor;
e) na assunção de dívida, *(i)* se a cláusula compromissória é uma obrigação acessória; *(ii)* se a cláusula compromissória é uma exceção do assuntor; *(iii)* se a cláusula compromissória cria um estado de sujeição conexo à dívida assumida.

Cada subcapítulo obedece à seguinte estrutura: primeiro, há um resumo das principais características do respectivo modo de aquisição derivada; segundo, há um panorama da jurisprudência e da doutrina, nacional e estrangeira, naquela hipótese de transmissão da cláusula compromissória;[131] terceiro, analisam-se as principais questões relacionadas àquela hipótese, tantas quantas houver.

notas de rodapé. Identificada a existência de uma decisão relevante, buscou-se o inteiro teor. No trabalho, são citados diretamente apenas decisões e textos doutrinários a cujo inteiro teor se teve acesso.

[131] A consulta ao direito estrangeiro é feita não para aclamá-lo como orientação, mas para buscar subsídios à discussão.

Há questões que são comuns, embora na prática apareçam em discussões sobre um modo específico de aquisição derivada. Por exemplo, a qualificação da cláusula compromissória como acessório do crédito aparece em casos de cessão de crédito, mas a questão também interessa ao pagamento com sub-rogação. Sempre que possível a transposição das questões, isso está indicado na respectiva seção.

Como novação e estipulação em favor de terceiro não configuram aquisição derivada, as figuras não são examinadas neste trabalho.[132] Também não se examina a cláusula compromissória nas relações societárias (*e.g.*, cláusula compromissória estatutária, prevista, desde 2001, no art. 109, §3º da Lei 6.404/76), tema que, por suas particularidades, tem sido objeto de estudos específicos.[133]

2.1. Sucessão universal

A sucessão universal transmite um complexo de relações jurídicas com valor econômico (2.1.1). A tese de que a cláusula compromissória se

[132] Sobre eficácia subjetiva da cláusula compromissória na novação, *vide* ANCEL, Pascal. Arbitrage et novation. **Revue de l'Arbitrage**, Paris, n. 1, p. 3-32, 2002; FRANÇA. Corte de Apelação de Paris. Cosiac v. consorts Luchetti et al. 4 março 1986. O acórdão foi comentado por Charles Jarrosson na *Revue de l'Arbitrage* (1987, p. 167); FRANÇA. Corte de Cassação. *Cosiac v. consorts Luchetti et al.* 10 maio 1988. O acórdão foi comentado por Charles Jarrosson na *Revue de l'Arbitrage* (1988, p. 639); e Seller v Buyer, Final Award, ICC Case No. 6962, 1992. In: VAN DEN BERG, Jan (org.). **Yearbook Commercial Arbitration**. The Hague: Kluwer, 1994. [v. 19]. Sobre eficácia subjetiva da cláusula compromissória na estipulação em favor de terceiro, *vide* LARROUMET, Christian. Promesse pour autrui, stipulation pour autrui et arbitrage. **Revue de l'Arbitrage**, Paris, n. 4, p. 903-915, 2005; LOQUIN, Eric. Stipulation pour autrui et arbitrage. **Revue Trimestrielle de Droit Commercial**, Paris, p. 773, 2006; BARBIER, Hugo. Le pouvoir de compromettre pour autrui en arbitrage international: l'extension de la règle matérielle et sa nécessaire mise en ordre. **Cahiers de l'arbitrage**, Paris, n. 2, p. 441, 2016; e MARINO, Francisco. Eficácia da convenção de arbitragem perante terceiros: o caso do terceiro beneficiário. In: BENETTI, Giovana et al. (Org.). **Direito, cultura, método:** leituras da obra de Judith Martins-Costa. Rio de Janeiro: GZ, 2019. p. 859-876.

[133] Sobre eficácia subjetiva da cláusula compromissória nas relações societárias, *vide* PELA, Juliana Krueger. Notas sobre a eficácia da cláusula compromissória estatutária. **Revista de Direito Mercantil, Industrial, Econômico e Financeiro**, ano XLI, n. 126, p. 129-140, abr./jul. 2002; MARTINS, Pedro Antonio Batista. **Arbitragem no Direito Societário.** Rio de Janeiro: GZ, 2018; TELLECHEA, Rodrigo. **Arbitragem nas Sociedades Anônimas:** Direitos Individuais e Princípio Majoritário. São Paulo: Quartier Latin, 2016; FRANZONI, Diego. **Arbitragem Societária.** São Paulo: RT, 2015.

transmite automaticamente ao sucessor universal é amplamente aceita (2.1.2). A transmissão seria afastada apenas por eventual natureza personalíssima da cláusula compromissória, que não se presume (2.1.3).

2.1.1. *Características da sucessão universal*

A mais conhecida classificação dos tipos de sucessão diferencia sucessão universal de singular conforme o objeto. O objeto da sucessão singular são direitos ou obrigações e o objeto da sucessão universal é o patrimônio.[134] Pode haver sucessão universal no patrimônio tanto de pessoas naturais (por *mortis causa*, nunca por ato *inter vivos*)[135] quanto jurídicas (por cisão, fusão ou incorporação).[136]

A definição de patrimônio advém do esforço teórico. A palavra, no direito romano primitivo, designava bens de família.[137] No final do século XIX, o conceito moderno de patrimônio foi criado para resolver problemas relacionados, principalmente, à sucessão e à garantia de credores.[138] Nos comentários ao Código Civil anterior, Bevilaqua explicou que patrimônio era o "complexo de relações jurídicas de uma pessoa, que tiverem valor econômico."[139]

[134] Miranda, Francisco Cavalcanti Pontes de. **Tratado de direito privado:** parte geral. Atualizado por Marcos Bernardes de Mello [e] Marcos Ehrhardt Jr. São Paulo: Revista dos Tribunais, 2013. t. 5. p. 121-122; SÁ, Fernando Augusto Cunha de. Transmissão das Obrigações. In: Albuquerque, Ruy de; Cordeiro, António Menezes (Coord.). **Estudos em memória do professor doutor José Dias Marques.** Coimbra: Almedina, 2007. p. 806-870. p. 809.

[135] *"La successione universale, data la sua natura e il meccanismo attraverso il quale opera, trova possibilità di applicazione solo nella successione mortis causa in quanto l'acquisto di un titolo che produce e giustifichi la successione in tutti i rapporti di un soggetto, presuppone la estinzione del soggetto medesimo."* (Nicolò, Rosario. Successione nei diritti. In: azara, Antonio; Eula, Ernesto (Dir.). **Novissimo digesto italiano**. 3. ed. Torino: UTET, 1971. v. 18. p. 613).

[136] Lei n. 6404/76, artigos 227 ("A incorporação é a operação pela qual uma ou mais sociedades são absorvidas por outra, que lhes sucede em todos os direitos e obrigações.") e 228 ("A fusão é a operação pela qual se unem duas ou mais sociedades para formar sociedade nova, que lhes sucederá em todos os direitos e obrigações."). Na doutrina: Lamy Filho, Alfredo; Pedreira, José Luiz Bulhões (Coord.). **Direito das companhias**. Rio de Janeiro: Forense, 2009. v. 2. p. 1753-1754.

[137] Bevilaqua, Clóvis. **Theoria geral do direito civil**. Rio de Janeiro: F. Alves, 1908. p. 215.

[138] Díez-Picazo, Luis; Gullón, Antonio. **Sistema de derecho civil:** introducción, derecho de la persona, autonomía privada e persona jurídica. 11. ed. Madrid: Tecnos, 2005. v. 1.

[139] Bevilaqua, Clóvis. **Código civil dos Estados Unidos do Brasil comentado.** 12. ed. atual. por Achilles Bevilaqua e Isaias Bevilaqua. Rio de Janeiro: F. Alves, 1959. v. 1. p. 231.

Essa definição foi acolhida, quase à literalidade, no artigo 91 do Código Civil para as universalidades de direito em geral.[140] Há doutrina em sentido contrário,[141] mas o patrimônio é classificado como *universitas juris*[142] – uma unidade abstrata distinta da soma dos elementos que a compõem. Alguns autores, sobretudo na doutrina germânica, entendem que apenas direitos compõem o patrimônio,[143] mas prevalece a definição de que o patrimônio é formado por posições jurídicas ativas (*e.g.*, direitos) e passivas (*e.g.*, deveres).[144] As duas principais características do patrimônio decorrem dessa definição geral.

Primeiro, o patrimônio não é formado por coisas ou prestações. Embora a elipse seja comum na linguagem cotidiana (*e.g.*, o patrimônio de Fulano é uma casa e um automóvel), muito já se escreveu sobre isso.[145] O patrimônio é, essencialmente, formado por direitos sobre coisas (*e.g.*, direito de propriedade sobre o imóvel), direito a prestações

[140] Código Civil, "Art. 91. Constitui universalidade de direito o complexo de relações jurídicas, de uma pessoa, dotadas de valor econômico." A adoção do conceito oferecido por Bevilaqua no art. 91 do Código Civil também foi observada por NORONHA, Fernando. Patrimônios especiais: sem titular, autônomos e coletivos. **Revista dos Tribunais**, ano 87, v. 747, p. 11-34, jan./1998. p. 13; OLIVEIRA, Eduardo Ribeiro de. **Comentários ao novo código civil**: arts. 79 a 137. Coordenador Sálvio de Figueiredo Teixeira. 2. ed. rev. e atual. Rio de Janeiro: Forense, 2012. v. 2. p. 81.

[141] PINTO, Carlos Alberto da Mota. **Teoria geral do direito civil**. 4. ed. por António Pinto Monteiro e Paulo Mota Pinto. Coimbra: Coimbra Ed., 2012. p. 346.

[142] BEVILAQUA, Clóvis. **Teoria Geral do Direito Civil**. Campinas: Red Livros, 2001. p. 236; AMARAL NETO, Francisco dos Santos. **Direito civil**: introdução. 8. ed. Rio de Janeiro: Renovar, 2014. p. 401; OLIVEIRA, Eduardo Ribeiro de. **Comentários ao novo código civil**: arts. 79 a 137. Coordenador Sálvio de Figueiredo Teixeira. 2. ed. rev. e atual. Rio de Janeiro: Forense, 2012. v. 2. p. 86.

[143] LARENZ, Karl. **Derecho Civil**: Parte General. Tradução e notas de Miguel Izquierdo y Macías-Picavea. Jaén: EDERSA, 1978. p. 408.

[144] BEVILAQUA, Clóvis. **Teoria Geral do Direito Civil**. Campinas: Red Livros, 2001. p. 235-236; OLIVEIRA, Eduardo Ribeiro de. **Comentários ao novo código civil**: arts. 79 a 137. Coordenador Sálvio de Figueiredo Teixeira. 2. ed. rev. e atual. Rio de Janeiro: Forense, 2012. v. 2. p. 86; AMARAL NETO, Francisco dos Santos. **Direito civil**: introdução. 8. ed. Rio de Janeiro: Renovar, 2014. p. 401.

[145] LARENZ, Karl. **Derecho Civil**: Parte General. Tradução e notas de Miguel Izquierdo y Macías-Picavea. Jaén: EDERSA, 1978. p. 405-406; AMARAL NETO, Francisco dos Santos. **Direito civil**: introdução. 8. ed. Rio de Janeiro: Renovar, 2014. p. 401.

(*e.g.*, direito de receber uma coisa) e deveres de prestar (*e.g.*, dever de pagar uma quantia).

O patrimônio, no entanto, não é formado apenas por direitos e deveres. Assim como a personalidade, normalmente simplificada como 'aptidão à titularidade de direitos e deveres', também abrange a capacidade de ser titular de pretensões, obrigações, ações e exceções,[146] o patrimônio é formado por *todas* as posições jurídicas, ativas e passivas, independente da espécie, desde que tenham valor econômico.

Essa é a segunda característica do patrimônio: ele abrange apenas relações jurídicas com valor econômico. Dessa exigência decorrem as exclusões: não compõem o patrimônio, por exemplo, os direitos de personalidade, os direitos políticos e os estados pessoais, como nacionalidade e parentesco.

A ligação entre patrimônio e pessoa – isto é, definir se a cada pessoa necessariamente corresponde um patrimônio – é um tema que dividiu a doutrina. De um lado, considerava-se que uma pessoa poderia ter vários patrimônios, afetados para fins específicos (teoria moderna). De outro, considerava-se que cada pessoa tem apenas um patrimônio (teoria clássica).[147] A definição do art. 91 do Código Civil acolhe a segunda interpretação, mas há patrimônios especiais, absoluta ou relativamente separados do patrimônio geral do titular (*e.g.*, patrimônio de afetação na incorporação imobiliária, herança, bem de família).

Em resumo, o objeto do patrimônio é o conjunto de relações jurídicas, suscetíveis de apreciação pecuniária, de uma pessoa.

2.1.2. *O tema na jurisprudência e na doutrina*

Como o objeto da sucessão universal é o patrimônio, a posição criada pela cláusula compromissória (sujeição de uma relação jurídica à jurisdição arbitral), que faz parte do patrimônio, transmite-se ao sucessor universal desde que não seja personalíssima.

146 Miranda, Francisco Cavalcanti Pontes de. **Tratado de direito privado:** parte geral. Atualizado por Judith Martins-Costa, Gustavo Haical e Jorge Cesa Ferreira da Silva. São Paulo: Revista dos Tribunais, 2012. t. 1. p. 245.

147 Para uma síntese das diferentes posições, *v.* Noronha, Fernando. Patrimônios especiais: sem titular, autônomos e coletivos. **Revista dos Tribunais**, ano 87, v. 747, p. 11-34, jan./1998. p. 15-19.

Para a Corte de Cassação italiana, "é incontroverso que o sucessor universal de uma das partes contratantes se torna, conjuntamente, titular do contrato e do negócio compromissório que a ele se refere."[148] A decisão proferida pela Corte Suprema da Suécia em 1997, em um caso de cessão de posição contratual (*MS Emja v. Wärtsilä* Diesel),[149] parece ser a mais citada pela doutrina.[150] Isso provavelmente se deve a uma passagem do acórdão, que muito destaque recebeu:

> se, e em que medida, uma cláusula compromissória tem efeito vis-à-vis um terceiro é questão muito controversa. Deve se admitir, de modo geral, que nos casos em que a mudança de parte decorre de uma transmissão a título universal, o sucessor universal está vinculado à cláusula compromissória.[151]

No direito brasileiro, o STJ já analisou a transmissão tanto a sucessores *mortis causa*, quanto a sucessores por incorporação, concluindo pela vinculação destes sucessores universais à cláusula compromissória.

[148] No original: "È invece incontroverso che diviene congiuntamente titolare del contratto e del negozio compromissorio che a quello aderisce il successore a titolo universale di una delle parti contraenti." (ITÁLIA. Corte de Cassação. Sezioni Unite. **Sentenza n. 12.616.** Sofal v. Mondo. 17 dezembro 1998). O acórdão foi publicado no *Il Foro Italiano* (1999, n. 10, p. 2979-2984). Também é essa a opinião da doutrina (Redenti, Enrico. **El compromiso y la cláusula compromisoria**. Santiago: Olejnik, 2018. p. 68).

[149] SUÉCIA. Suprema Corte. MS Emja Braack Shiffahrts KG v. Wärtsilä Diesel Aktiebolag. 15 outubro 1997. O acórdão foi comentado por Anne-Cécile Hansson Lecoanet e Sigvard Jarvin na *Revue de l'Arbitrage* (1998, p. 434).

[150] *E.g.*, Butti, referindo *Derains&Schwartz* e *Fouchard Gaillard Goldman*, já relatou o caso (Butti, Paula Cardoso. Limites subjetivos da convenção de arbitragem. Dissertação (Mestrado em Direito Processual Civil) – Universidade de São Paulo, São Paulo, 2013. p. 159).

[151] A decisão, em francês, foi publicada na *Revue de l'Arbitrage* (1998, p. 431): "*Le fait de savoir si, et dans quelle mesure, une clause compromissoire a un effet vis-à-vis d'un tiers est une question très controversée. Il devrait être admis d'une façon générale que, dans le cas où un changement de partie est intervenu par une transmission à titre universel, le successeur universel se trouve lié par la clause d'arbitrage.*" (SUÉCIA. Suprema Corte. MS Emja Braack Shiffahrts KG v. Wärtsilä Diesel Aktiebolag. 15 outubro 1997). Mais adiante, a mesma decisão, em passagem menos conhecida, observou que nas sucessões a título particular o estado do direito não seria tão claro – faltariam regras jurídicas e a opinião da doutrina seria dividida ("*Il s'agit cependant en l'espèce d'une transmission à titre particulier. L'état des droits n'est pas très clair. Les règles juridiques manquent et les points de vue de la doctrine sont partagés.*").

No Recurso Especial 1.727.979/MG, decidido em junho de 2018, o espólio de sócio falecido ingressara, no Poder Judiciário, com ação de dissolução parcial e apuração de haveres, embora no contrato social houvesse cláusula compromissória. Para afirmar a competência estatal, nas razões de recurso o espólio alegou que se tratava de matéria inarbitrável, pois o direito sucessório seria indisponível, e que os sucessores do falecido sócio não haviam anuído expressamente à cláusula compromissória.

Em relação à arbitrabilidade, o acórdão concluiu que a matéria na ação de dissolução parcial era "estrita e eminentemente societária" (subsistência da sociedade; alteração do quadro social; composição do capital social; apuração de haveres etc.), ainda que os direitos tivessem sido adquiridos por sucessão. A falta de anuência expressa dos herdeiros foi considerada alegação "meramente retórica", uma vez que os sócios fundadores estabeleceram cláusula compromissória no contrato social. Para o acórdão, o consentimento à cláusula, que tem necessário rigor formal, fora exarado no contrato social, vinculando a sociedade e todos os sócios, atuais ou futuros, e seus sucessores.[152]

No SEC 4.213/GB, decidido em junho de 2013, a sentença arbitral fora proferida contra o espólio da parte contratante. No processo de homologação, nem se argumentou a intransmissibilidade da cláusula compromissória.[153]

A sucessão por incorporação foi discutida nas homologações de sentença arbitral estrangeira SEC 894/UY (2008) e SEC 831/FR (2007).[154]

[152] BRASIL. Superior Tribunal de Justiça. **Recurso Especial 1.727.979/MG.** Recorrente: Espólio de Marco Antônio Rodrigues Diniz. Requerido: Promass Agropecuária Ltda. e Sonia Maria Rodrigues Diniz. Relator: Min. Marco Aurélio Bellizze. Terceira Turma. Julgado em 12 junho 2018.

[153] BRASIL. Superior Tribunal de Justiça. **SEC 4.213/GB.** Requerente: Weil Brothers Cotton Inc. Requerido: Pedro Ivo de Freitas – Espólio. Relator: Min. João Otávio Noronha. Corte Especial. Julgado em 19 junho 2013.

[154] No processo SEC 3035/FR, o STJ homologou sentença arbitral estrangeira a requerimento de ATECS Mannesmann GmbH, sucessor universal de Mannesmann Dematic AG, extinta por incorporação. Nesse caso, o STJ apenas apreciou a legitimidade ativa do sucessor universal para pedir a homologação (BRASIL. Superior Tribunal de Justiça. **SEC 3035/FR.** Requerente: ATECS Mannesmann GmbH. Requerido: Rodrimar S.A. Transportes Equipamentos Industriais e Armazéns Gerais. Relator: Min. Fernando Gonçalves. Corte Especial. Julgado em 19 agosto 2009).

No SEC 894/UY, tratava-se de sentença arbitral que condenara SV Engenharia e Inepar ao pagamento de certa quantia. O pedido de homologação fora contestado, dentre outras razões, pela "impossibilidade de se admitir ter a co-requerida Inepar assumido as obrigações e direitos das empresas que incorporou", Sade Industrial e Serviços e Sade Montajes. O acórdão rejeitou a alegação, tendo na ementa constado que "[a] requerida Inepar, ao incorporar duas outras empresas contratantes, assumiu todos os direitos e obrigações das cedentes, inclusive a cláusula arbitral em questão." [155]

O SEC 831/FR também é um requerimento de homologação de sentença contra a Inepar, que, por incorporação, sucedeu Sade Industrial e Serviços, por sua vez cessionária de Sade Vigesa, parte contratante em acordo de consórcio com cláusula compromissória. Na contestação, Inepar alegou, dentre outros argumentos, que a arbitragem seria direito personalíssimo; a cláusula arbitral, intransferível; a expressa declaração de vontade, necessária. Nesse caso, o STJ reconheceu a transmissão da cláusula compromissória tanto por cessão (em virtude do acordo entre Sade Vigesa e Sade Industrial e Serviços), quanto por incorporação (em virtude da incorporação de Sade Industrial e Serviços pela Inepar). Na ementa, constou "[a] empresa requerida, ao incorporar a original contratante, assumiu todos os direitos e obrigações da cedente, inclusive a cláusula arbitral em questão, inserida no Acordo de Consórcio que restou por ela inadimplido."[156]

***

Embora a sujeição do sucessor universal à jurisdição arbitral seja amplamente aceita, é preciso examinar a possibilidade de existir uma exceção, ligada à eventual natureza personalíssima da cláusula compromissória (2.1.3).

[155] BRASIL. Superior Tribunal de Justiça. **SEC 894/UY**. Requerente: Litsa Líneas de Transmisión del Litoral S.A. Requeridas: SV Engenharia S.A. e Inepar S.A. Indústria e Construções. Relator: Min. Nancy Andrighi. Corte Especial. Julgado em 20 agosto 2008.

[156] BRASIL. Superior Tribunal de Justiça. **SEC 831/FR**. Requerente: SPIE Enertrans S.A. Requerida: Inepar S.A. Indústria e Construções. Relator: Min. Arnaldo Esteves Lima. Corte Especial. Julgado em 03 outubro 2007.

2.1.3. *Se a cláusula compromissória é personalíssima*

A cláusula compromissória transmite-se ao sucessor universal por fazer parte do patrimônio do sucedido. Há uma exceção possível, que afastaria a transmissão em qualquer modo de aquisição derivada de posição jurídica – caso a cláusula compromissória seja personalíssima, ela é intransmissível.

Essa qualificação encontra algum amparo na doutrina nacional[157] e já foi acolhida em um acórdão do TJSP.[158] Entretanto, embora não seja uma situação impossível,[159] uma cláusula compromissória personalíssima seria excepcional – uma "hipótese puramente teórica"[160] ou "raríssima"[161] – por duas razões.

Primeiro, a impessoalidade preside os negócios jurídicos em geral – ou seja, "a pessoa concreta do contratante é, de regra, juridicamente indiferente."[162] Há certos negócios jurídicos que, por natureza, são personalíssimos (*e.g.*, mandato), entretanto essa característica está associada a obrigações de fazer infungíveis, que podem ser adimplidas apenas pelo próprio contratante, seja por só ele ser objetivamente capaz (por identidade e qualidades pessoais), seja por interessar legitimamente à outra parte que só ele o faça (por confiança pessoal).[163]

[157] DELGADO, José Augusto. **Comentários ao novo código civil**: arts. 803 a 853. Coordenador Sálvio de Figueiredo Teixeira. Rio de Janeiro: Forense, 2004. v. 11, t. 2. p. 365.

[158] BRASIL. Tribunal de Justiça de São Paulo. **Apelação 990.09.373821-0**. Unibanco – AIG Seguros e Previdência S.A. v. Panalpina Ltda. Relator: Des. Gilberto dos Santos. 11ª Câmara de Direito Privado. Julgado em 11 março 2010. p. 3.

[159] Como observou a Corte de Cassação francesa, em 2002: *"[l]a clause d'arbitrage est différente, autonome de la convention principale qui la contient. Cela étant, elle ne sera transmise que si elle n'a pas été conclue 'intuitu personae'."* (FRANÇA. Corte de Cassação. Sté Burkinabe des ciments et matériaux v. SA des Ciments d'Abidjan. 28 maio 2002. O acórdão foi divulgado no *Recueil Dalloz*, 2003, p. 2471).

[160] RACINE, Jean-Baptiste. **Droit de l'arbitrage**. Paris: Puf, 2016. p. 256.

[161] CLAY, Thomas. Qui arrêtera la circulation de la clause compromissoire?. **Recueil Dalloz**, Paris, 2003, p. 2471. No mesmo sentido, ZERBINI, Eugenia C. G. de Jesus. Cláusulas arbitrais: transferência e vinculação de terceiros à arbitragem. In: JOBIM, Eduardo; MACHADO, Rafael Bicca (Coord.). **Arbitragem no Brasil:** aspectos jurídicos relevantes. São Paulo: Quartier Latin, 2008. p. 141-151. p. 148.

[162] GOMES, Orlando. **Contratos.** 26. ed. Rio de Janeiro: Forense, 2008. [v. 3]. p. 98.

[163] GOMES, Orlando. **Contratos.** 26. ed. Rio de Janeiro: Forense, 2008. [v. 3]. p. 98. No mesmo sentido: MESSINEO, Francesco. **Doctrina general del contrato**. Traducción de R. O. Fontanarrosa, S. Sentís Melendo, M. Volterra. Santiago: Olejnik, 2018. p. 602.

A própria origem da afirmação de que a cláusula compromissória é personalíssima parece ser a antiga distinção entre compromisso, que constituía juízo arbitral, e cláusula compromissória, que criava uma obrigação de fazer (celebrar o compromisso):

> A natureza jurídica da cláusula compromissória é de uma *obrigação de fazer, com caráter personalíssimo*, pelo que não pode ser transferido a terceiro.[164]

No regime atual, estabelecido pela Lei de Arbitragem, a cláusula compromissória não cria obrigação de fazer,[165] mas sujeita a relação jurídica à jurisdição arbitral. Mesmo que criasse uma obrigação de fazer (instituir a arbitragem), como alguns autores sustentam, seria passível de execução específica em caso de inadimplemento, porque não é *intuitu personae* por natureza.[166] A presunção, portanto, como acontece nos negócios jurídicos em geral, é pela impessoalidade da cláusula compromissória.[167]

Segundo, embora as partes possam atribuir pessoalidade a um negócio jurídico que, em regra, não o tem (natureza personalíssima acidental ou circunstancial),[168] isso deve ser depreendido do negócio por meio de

[164] Delgado, José Augusto. **Comentários ao novo código civil:** arts. 803 a 853. Coordenador Sálvio de Figueiredo Teixeira. Rio de Janeiro: Forense, 2004. v. 11, t. 2. p. 365. Esse mesmo trecho é reproduzido no acórdão do Tribunal de Justiça de São Paulo, referido no início da seção.

[165] "Antes do advento da Lei de Arbitragem, era corrente em nosso país a ideia de que a cláusula compromissória criava apenas uma obrigação de fazer, [...]." (Carmona, Carlos Alberto. **Arbitragem e processo.** 3. ed. São Paulo: Atlas, 2009. p. 100).

[166] Nanni, Giovanni Ettore. **Direito civil e arbitragem.** São Paulo: Atlas, 2014. p. 13

[167] Vetta, Maddalena. Cessazione del contratto, cessione del credito e circolazione della clausola compromissioria. Tese (Doutorado em Direito) – Luiss Guido Carli, Roma, 2014. p. 141-142. Disponível em: <http://eprints.luiss.it/id/eprint/1320>. Acesso em 24 nov. 2020; Gaillard, Emmanuel; Savage, John (eds.). **Fouchard Gaillard Goldman on International Commercial Arbitration**. The Hague: Kluwer, 1999. p. 433-434; Chupronov, Ivan. The Arbitration Agreement and Arbitrability: Effects of Contractual Assignment on an Arbitration Clause – Substantive and Private International Law Perspectives. In: Klausegger, Christian; Klein, Peter et al. (eds.). **Austrian Yearbook on International Arbitration.** Viena: Manz'sche Verlags und Universitätsbuchhandlung, 2012, p. 31-61. p. 47.

[168] Gomes, Orlando. **Contratos.** 26. ed. atual. de acordo com o código civil de 2002, por Antonio Junqueira de Azevedo e Francisco Paulo De Crescenzo Marino. Rio de Janeiro: Forense, 2008. [v. 3]. p. 98.

declarações expressas ou tácitas.[169] Não há, na jurisprudência, exemplo de tal situação;[170] apenas se pode conjeturar qual seria a feição de uma cláusula compromissória personalíssima.

Para que a pessoalidade seja expressa, a redação da cláusula compromissória seria peculiar – por exemplo, referindo-se às pessoas pelo nome ("Fulano e Beltrano acordam que disputas relacionadas [...]"), e não pela posição contratual ("Partes" ou "Comprador e Vendedor"). A pessoalidade tácita parece ainda mais improvável, pois seria necessário inferir um legítimo interesse em sujeitar a relação jurídica à jurisdição arbitral apenas se determinada pessoa fosse a contraparte. Como a arbitragem não é um modo de autocomposição, em que características pessoais podem ter grande relevância, é difícil visualizar circunstâncias em que esse legítimo interesse exista.

Gaillard e Savage fundamentam a excepcionalidade da pessoalidade tácita da cláusula compromissória de modo diferente. Admitem a importância de características pessoais, mas entendem que seria necessário demonstrar que o sucessor não tem a boa-fé e a lealdade processual necessárias à condução ordenada da arbitragem, "o que seria, é claro, muito difícil de estabelecer, considerando que a arbitragem é um modo comum de resolução de disputas internacionais."[171]

[169] ALMEIDA, Carlos Ferreira de. **Contratos:** conteúdo, contratos de troca. 3. ed. Coimbra: Almedina, 2012. v. 2. p. 31.

[170] Problema diverso é saber se, caso *o contrato* seja intransmissível (porque *intuitu personae* ou por pacto de *non cedendo*), a cláusula compromissória, qualquer que seja a sua redação, também o será. Essa questão já foi apreciada por tribunais estrangeiros (TSCHANZ, Pierre Yves. Note – Tribunal Fédéral Suisse (1re Cour civile) 9 avril 1991 – Clear Star Limited v. Centrala Morska Importowo Eksportova «Centromor» et Centromor SA. **Revue de l'Arbitrage**, Paris, n. 4, p. 709-719, 1991 e FRANÇA. Corte de Cassação. Sté Burkinabe des ciments et matériaux v. SA des Ciments d'Abidjan. 28 maio 2002), tendo recebido soluções diversas. Neste trabalho, é examinada adiante, na seção relativa à cessão de posição contratual.

[171] No original: "*As a general rule, this will require the initial co-contractor to show that it viewed the assignor as possessing the good faith and procedural loyalty necessary for an arbitration to run smoothly, and that the assignee may not share those qualities. That will of course be very difficult to establish, given that arbitration is a common means of resolving international disputes.*" (GAILLARD, Emmanuel; SAVAGE, John (eds.). **Fouchard Gaillard Goldman on International Commercial Arbitration**. The Hague: Kluwer, 1999. p. 434. §721).

Em síntese, a cláusula compromissória, que faz parte do patrimônio do sucedido, transmite-se na sucessão universal, salvo natureza personalíssima expressa ou tácita, o que não é juridicamente impossível, mas seria deveras excepcional.

2.2. Cessão de posição contratual

A cessão de posição contratual transmite uma relação jurídica complexa (2.2.1). Na doutrina e na jurisprudência, há pouca controvérsia em torno da ideia de que o cessionário do contrato está sujeito à cláusula compromissória (2.2.2). Persistem dúvidas quanto às exatas razões e eventuais exceções.[172]

A posição deste trabalho é que a transmissão por consentimento não é automática (2.2.3), mas que a sujeição do cessionário do contrato à jurisdição arbitral pode ocorrer por razões ligadas às características da relação jurídica complexa na qual ele ingressou. Para que a transmissão ocorra por consentimento, ele precisa se exteriorizar por escrito, conquanto não precise ser específico, pois o mesmo instrumento pode documentar dois negócios (2.2.4). A causa da sujeição do cessionário do contrato à jurisdição arbitral repercute sobre as exceções à transmissão (2.2.5) e sobre as consequências de eventual invalidade da cessão de posição contratual (2.2.6).

2.2.1. *Características da cessão de posição contratual*

O código civil italiano, primeiro a positivar o instituto, adotou a expressão "cessão de contrato"[173] e o código civil português, "cessão de posição contratual".[174] Embora a segunda expressão seja preferível, porque mais

[172] Como observou Chupronov, "*Though such general consensus both in scholarly works and arbitral and court practice seems to be plausible, there are still some points on which various authors tend to disagree – in particular, the exact reasons behind the automatic assignment of an arbitration clause as well as potential restrictions on such automatic assignment (such as assignee's unawareness of existence of the arbitration clause or formal requirements for the conclusion of arbitration agreements under the applicable law*)." (Chupronov, Ivan. The Arbitration Agreement and Arbitrability: Effects of Contractual Assignment on an Arbitration Clause – Substantive and Private International Law Perspectives. In: Klausegger et al. (eds). **Austrian Yearbook on International Arbitration.** Vienna: Manz'sche Verlags, 2012. p. 31-61. p. 31.).

[173] Código Civil italiano, Livro IV, Título II, Capítulo VIII, artigos 1406 a 1410.

[174] Código Civil português, Livro II, Título II, Capítulo II, Seção I, Subseção IV, artigos 424 a 427.

precisa,[175] no cotidiano elas são usadas como equivalentes.[176] O Código Civil brasileiro, como muitas legislações, não tem regra específica, mas, de longa data, admite-se o negócio como reflexo da autonomia privada. Em síntese, a posição contratual de uma das partes (cedente) é transferida a um terceiro (cessionário), com o consentimento do outro contratante, que permanece na relação (cedido).

Quanto à natureza, a cessão de posição contratual não se confunde com cessão de crédito ou assunção de dívida, nem é a soma desses dois negócios diferentes.[177] Na visão da teoria unitária, que predomina,[178] transfere-se a posição contratual por inteiro, globalmente considerada.[179] Como resumiu Mota Pinto, o objeto da cessão de posição contratual

> compreende créditos, débitos, direitos potestativos, sujeições, deveres laterais de comportamento, independentes do dever principal de pres-

[175] Menezes Leitão, citando Galvão Telles, explica: "Não está em causa, portanto, a transmissão do próprio contrato, o qual como facto jurídico situado em determinado momento histórico é intransmissível." (LEITÃO, Luís Manuel Teles de Menezes. **Direito das obrigações**. 3. ed. Coimbra: Almedina, 2005. v. 2. p. 74).

[176] Por exemplo, a Tese de Doutoramento de Carlos Alberto da Mota Pinto foi publicada em Portugal como *Cessão de Posição Contratual* (Almedina, 1982) e, no Brasil, como *Cessão de Contrato* (Saraiva, 1985). O próprio Mota Pinto, embora tenha observado que a expressão 'cessão de contrato' é metafórica e imprecisa, concluiu que a questão terminológica é secundária (PINTO, Carlos Alberto da Mota. **Cessão da Posição Contratual**. Reimpressão. Coimbra: Almedina, 2003. p. 75-76).

[177] A versão clássica da doutrina atomística concebe a cessão de posição contratual como coligação de cessão de créditos (posição ativa) e assunção de dívidas (posição passiva) (PINTO, Carlos Alberto da Mota. **Cessão da Posição Contratual**. Reimpressão. Coimbra: Almedina, 2003. p. 221 e ss.). Como explicou Mota Pinto, a soma (cessão de todos os créditos, assunção de todas as dívidas) não abrange todo o conteúdo da posição contratual (PINTO, Carlos Alberto da Mota. **Cessão da Posição Contratual**. Reimpressão. Coimbra: Almedina, 2003. p. 282-283).

[178] "A teoria unitária (*Einheitstheorie*) foi defendida inicialmente por Siber na Alemanha e por Mossa na Itália. Atualmente, esta constitui a posição maioritária na doutrina, dando-lhe a sua adesão Larenz e Fikentscher e, entre nós, Carlos Alberto da Mota Pinto, Antunes Varela, Menezes Cordeiro e Ribeiro de Faria. [...] Pensamos que é a teoria unitária que se apresenta correcta." (LEITÃO, Luís Manuel Teles de Menezes. **Direito das obrigações**. 3. ed. Coimbra: Almedina, 2005. v. 2. p. 94). No Brasil, também prevalece a teoria unitária (a ela aderiram, dentre outros, Orlando Gomes, Antonio Junqueira de Azevedo, Luiz Gastão Paes de Barros Leães e Luis Renato Ferreira da Silva).

[179] GOMES, Orlando. **Contratos**. 26. ed. Rio de Janeiro: Forense, 2008. [v. 3]. p. 176.

tação, exceções, expectativas, ônus, etc., numa palavra, todas as posições subjetivas em que uma parte contratual estava constituída por força do contrato.[180]

Em síntese, transfere-se ao cessionário a relação contratual (também chamada de relação obrigacional complexa ou em sentido amplo),[181] que não corresponde apenas a uma soma de débitos e créditos, mas ao "complexo de posições ativas e passivas criadas por um contrato."[182] O principal efeito é a substituição do cedente pelo cessionário, que se torna parte da relação contratual.[183]

Quanto aos requisitos, a cessão de posição contratual pressupõe um contrato que ainda não foi de todo executado.[184] Constitui um negócio

[180] Pinto, Carlos Alberto da Mota. **Cessão da Posição Contratual**. Reimpressão. Coimbra: Almedina, 2003. p. 284-285.

[181] "Na cessão de contrato, pessoa alheia à sua formação entra na relação contratual para substituir uma das partes primitivas." (Gomes, Orlando. **Contratos**. 26. ed. Rio de Janeiro: Forense, 2008. [v. 3]. p. 175); "A relação contratual que tinha como um dos titulares o cedente é a mesma de que passa a ser sujeito, após o novo negócio, o cessionário." (Varela, João de Matos Antunes. **Das obrigações em geral**. 7. ed. Coimbra: Almedina, 1999. v. 2. p. 386); "O efeito típico principal da cessão de contrato, caracterizador da sua função económico-social, é a transferência da posição contratual, [...]. Verifica-se a extinção subjetiva da relação contratual, quanto ao cedente, sendo a mesma relação adquirida pelo cessionário e permanecendo idêntica, apesar desta modificação de sujeitos." (Pinto, Carlos Alberto da Mota. **Cessão da Posição Contratual**. Reimpressão. Coimbra: Almedina, 2003. p. 450).

[182] Pinto, Carlos Alberto da Mota. **Cessão da Posição Contratual**. Reimpressão. Coimbra: Almedina, 2003. p. 72; p. 290-291.

[183] "A cessão consiste [...] na substituição de um dos contratantes por outra pessoa que passa a figurar na relação jurídica como se fora a parte de quem tomou o lugar." (Gomes, Orlando. **Contratos**. 26. ed. atual. de acordo com o Código Civil de 2002, por Antonio Junqueira de Azevedo e Francisco Paulo De Crescenzo Marino. Rio de Janeiro: Forense, 2008. [v. 3]. p. 175); Penteado, Luciano de Camargo. **Efeitos contratuais perante terceiros**. São Paulo: Quartier Latin, 2007. p. 36-37; p. 47; Pinto, Carlos Alberto da Mota. **Cessão da Posição Contratual**. Reimpressão. Coimbra: Almedina, 2003. p. 72. É possível a cessão sem liberação do cedente, se assim expressamente pactuado.

[184] Para a maioria dos autores, o contrato deve ser bilateral. *E.g.*, Gomes, Orlando. **Contratos**. 26. ed. Rio de Janeiro: Forense, 2008. [v. 3]. p. 176-177. Messineo, Francesco. **Doctrina general del contrato**. Traducción de R. O. Fontanarrosa, S. Sentís Melendo, M. Volterra. Santiago: Olejnik, 2018. p. 634; Trabucchi, Alberto. **Istituzioni di diritto civile.** 40. ed. Padova: CEDAM, 2001. p. 616; Costa, Mário Júlio de Almeida. **Direito das obrigações**. 12. ed. rev. e actual. Coimbra: Almedina, 2009. p. 833-834. Esses requisitos estão positivados

trilateral, cuja formação requer o consentimento de cedente, cessionário e cedido.[185]

Alguns autores consideram que a forma da cessão de posição contratual é livre, na ausência de disposição legal em sentido contrário (artigo 107 do Código Civil; princípio da liberdade de forma),[186] mas o tema divide opiniões. Para outra parcela da doutrina, por ser um negócio jurídico de segundo grau, que modifica o anterior do ponto de vista subjetivo, a forma deve ser a mesma do contrato cedido.[187] A terceira corrente entende que a forma da cessão depende da sua causa (*causa donandi, causa vendendi* etc.).[188]

no artigo 1406 do Código Civil italiano. Mota Pinto, Menezes Cordeiro e Menezes Leitão, dentre outros, criticam essa definição e consideram possível a cessão de contrato unilateral ou de contrato bilateral já executado (Leitão, Luís Manuel Teles de Menezes. **Direito das obrigações**. 3. ed. Coimbra: Almedina, 2005. v. 2. p. 80-81).

185 Azevedo, Antonio Junqueira de. Novos estudos e pareceres de direito privado. São Paulo: Saraiva, 2009. p. 324; LEÃES, Luiz Gastão Paes de Barros. **Novos pareceres**. São Paulo: Singular, 2018. p. 1042.

186 Pinto, Carlos Alberto da Mota. **Cessão da Posição Contratual**. Reimpressão. Coimbra: Almedina, 2003. p. 186; Bdine Júnior, Hamid Charaf. **Cessão da posição contratual**. São Paulo: Saraiva, 2007. p. 68. Por analogia ao artigo 288 do Código Civil, a forma escrita seria necessária apenas para eficácia perante terceiros. Sobre a liberdade da forma como princípio, *v*. Zanetti, Cristiano de Sousa. **A conservação dos contratos nulos por defeito de forma**. São Paulo: Quartier Latin, 2013. p. 189-192.

187 Díez-Picazo, Luis. **Fundamentos del derecho civil patrimonial:** las relaciones obligatorias. 6. ed. Madrid: Civitas, 2008. v. 2. p. 1051-1052. Ferreira da Silva considera a identidade de forma necessária mesmo quando se trate de forma eleita pelos contratantes originais (Silva, Luis Renato Ferreira da. **Cessão de posição contratual**. In: Lotufo, Renan; Nanni, Giovanni Ettore (Coord.). Teoria geral dos contratos. São Paulo: Atlas, 2011, p. 394-408. p. 405). Mota Pinto noticia que essa solução é "amplamente, embora não unanimemente, propugnada em Itália." (Pinto, Carlos Alberto da Mota. **Cessão da Posição Contratual**. Reimpressão. Coimbra: Almedina, 2003. p. 186).

188 O artigo 425 do Código Civil português estabelece que a forma da cessão depende do "tipo de negócio que serve de base à cessão." Bianca refere a causa da cessão (*e.g.*, doação) como uma das situações que pode tornar necessária uma forma específica para a cessão (a outra seria a natureza do direito transferido; *e.g*, direito à aquisição de bem imóvel). (Bianca, C. Massimo. **Diritto civile:** il contratto. 2. ed. Milano: A. Giuffrè, 2000. v. 3. p. 718).

2.2.2. *O tema na jurisprudência e na doutrina*

Em janeiro de 1988, em CCC Filmkunst v. EDIF, a Corte de Apelação de Paris adotou uma fundamentação que até hoje reverbera: "a cessão necessariamente implica a transmissão, pelo cedente ao cessionário, do benefício da cláusula compromissória indissociável da economia do contrato."[189] O tribunal reiterou esse raciocínio em 1999, aplicando-o igualmente a uma cessão de crédito (CIMAT v. SCA).[190] Nunes Pinto, em texto de 2004, assim referiu: "vale lembrar a lição da Corte de Apelação de Paris que estabelece que a cláusula compromissória constitui elemento importante de conteúdo econômico da relação jurídica presente no contrato, devendo ser igualmente transferida ao sucessor ou cessionário."[191] Essa noção parece descender do caso Lena Goldfields, célebre arbitragem internacional decidida em 1930. O tribunal arbitral concluiu que a empresa britânica jamais teria celebrado contrato de concessão com o governo soviético caso não houvesse cláusula compromissória, daí sua qualificação como elemento essencial do contrato.[192]

Tschanz reporta que um acórdão de 1977 do Tribunal Federal suíço consagrou a natureza acessória da cláusula compromissória em relação ao contrato em que está inserida, com base em duas teorias: (a) a cláusula compromissória é uma modalidade do crédito cedido; (b) a cláu-

[189] FRANÇA. Corte de Apelação de Paris. CCC Filmkunst v. Société EDIF. 28 janeiro 1988. O acórdão foi comentado por J.L. Goutal na *Revue de l'Arbitrage* (1988, p. 565) e por E. Loquin no *Journal du droit international* (1989, p. 1021). No original: "*une telle cession implique nécessairement transmission par le cédant au cessionnaire du bénéfice de la clause d'arbitrage indissociable de l'économie du contrat.*"

[190] O primeiro acórdão foi comentado por Jean-Claude Dubarry na *Revue Trimestrielle de Droit Commercial* (1999, p. 377) (FRANÇA. Corte de Apelação de Paris. Sté Burkinabe des ciments et matériaux v. SA des Ciments d'Abidjan. 17 novembro 1999). O segundo acórdão foi comentado por Daniel Cohen na *Revue de l'Arbitrage* (2001, p. 165) (FRANÇA. Corte de Apelação de Paris. Sté Burkinabe des ciments et matériaux v. SA des Ciments d'Abidjan. 25 novembro 1999). Em ambos, constou: "*cession de contrat ou de créance impliquait nécessairement la transmission par le cédant au cessionnaire du bénéfice de la clause compromissoire laquelle était indissociable de l'économie du contrat initial.*"

[191] PINTO, José Emílio Nunes. Convenção arbitral: justiça deve reconhecer convenção arbitral em casos de sucessão. **Consultor Jurídico**, São Paulo, 3 julho 2004.

[192] LALIVE, Pierre. Problèmes relatifs à l'arbitrage international commercial. **Collected Courses of the Hague Academy of International Law**. Brill Nijhoff: Leiden, 1967. v. 120. p. 592. Nota 22.

sula compromissória é assimilável a um direito acessório, no sentido do artigo 170(1) do Código de Obrigações.[193]

Em 1991, o Tribunal Federal suíço enfrentou outro caso relacionado à cessão de posição contratual, com uma peculiaridade: no contrato, havia pacto de *non cedendo* ("nenhuma parte deverá ceder ou subcontratar este Contrato sem prévio consentimento por escrito da outra parte"). A cessionária primeiro demandou perante o tribunal arbitral, que se declarou incompetente. Ou seja, a decisão do tribunal arbitral, mantida pelo Tribunal Federal suíço, aplicou a intransmissibilidade do contrato à cláusula compromissória. Essa conclusão foi criticada por Tschanz, que a considera incompatível com o princípio da autonomia.[194]

Na Itália, em 2009, Galletto relatou que a posição da Corte de Cassação era inconstante[195] – opinião compartilhada, em 2015, por Putortì.[196] Na jurisprudência italiana, há um movimento pendular. Inicialmente, entendia-se que era necessária a expressa aceitação do cessionário.[197] Nas décadas de 1980 e 1990, vinha se consolidando a transmissão auto-

[193] TSCHANZ, Pierre Yves. Note – Tribunal Fédéral Suisse (1re Cour civile) 9 avril 1991 – Clear Star Limited v. Centrala Morska Importowo Eksportova «Centromor» et Centromor SA. **Revue de l'Arbitrage**, Paris, n. 4, p. 709-719, 1991. O acórdão referido é de 25 de janeiro de 1977 (ATF 103 II 75; *Muller v. Brossard*) e foi comentado por R. Budin na *Revue de l'Arbitrage* (1979, p. 440).

[194] *"Par conséquent, le transfert de la clause compromissoire doit être examiné pour lui-même et ne saurait découler déjà de la réponse donnée au transfert du contrat principal. Sinon, le raisonnement violerait le principe d'autonomie [...] Le principe d'autonomie impose au contraire de vérifier si la clause compromissoire a pu néanmoins être transférée."* (TSCHANZ, Pierre Yves. Note – Tribunal Fédéral Suisse (1re Cour civile) 9 avril 1991 – Clear Star Limited v. Centrala Morska Importowo Eksportova «Centromor» et Centromor SA. **Revue de l'Arbitrage**, Paris, n. 4, p. 709-719, 1991. p. 718). Na França, o entendimento é diverso – o tribunal arbitral teria competência para declarar inválida a cessão do contrato (*v.* decisão da Corte de Cassação em *CIMAT v. SCA*; item 2.4.2., abaixo).

[195] GALLETTO, Tomaso. La clausola compromissoria e il compromisso. In: SAMMARTANO, Mauro Rubino (dir.). **Arbitrato, ADR, Conciliazione.** Bologna: Zanichelli, 2009, p. 109-140.

[196] PUTORTÌ, Vincenzo. La circolazione della clausola compromissoria: profili critici e soluzioni giurisprudenziali. **Le Corti Fiorentine**, Napoli, ano II, n. 1, p. 3-20, abril 2015. p. 13-14.

[197] Cf. Galletto, citando a Sentenza n. 1525 da Corte de Cassação italiana, de 17 de setembro de 1970 (GALLETTO, Tomaso. La clausola compromissoria e il compromisso. In: SAMMARTANO, Mauro Rubino (dir.). **Arbitrato, ADR, Conciliazione**. Bologna: Zanichelli, 2009, p. 109-140).

mática.[198] Em 1998, essa tendência foi interrompida pelo acórdão n. 12.616, proferido pelo plenário da Corte de Cassação.[199] Constou, em *obiter dictum*:

> Da afirmada autonomia do negócio compromissório decorre, segundo a jurisprudência prevalente, que a sucessão a título particular na relação substancial, por efeito da cessão, nos termos do artigo 1406 e seguintes do Código Civil, do contrato em que a cláusula compromissória está inserta, em virtude do acordo trilateral entre cedente, cessionário e outro contraente, não importa automaticamente na sucessão no conexo mas autônomo negócio compromissório, ocorrendo, para isso, uma ulterior e específica manifestação de vontade de todas as partes.[200]

A necessidade de consentimento específico foi reiterada, em 2003, pelo acórdão n. 13.893,[201] e, em 2005, pelo acórdão n. 28.497.[202]

[198] Cf. Galletto, citando as Sentenzas n. 965, de 14 de fevereiro de 1979, e 5761, de 21 de junho de 1996, ambas da Corte de Cassação italiana (Galletto, Tomaso. La clausola compromissoria e il compromisso. In: Sammartano, Mauro Rubino (dir.). **Arbitrato, ADR, Conciliazione**. Bologna: Zanichelli, 2009, p. 109-140).

[199] Na opinião de Putortì, antes da decisão da Corte de Cassação, "*si era formato un ampio e consolidato orientamento che ammetteva il trasferimento ipso iure della clausola compromissoria in capo al cessionario.*" (Putortì, Vincenzo. La circolazione della clausola compromissoria: profili critici e soluzioni giurisprudenziali. **Le Corti Fiorentine**, Napoli, ano II, n. 1, p. 3-20, abril 2015. p. 13-14. p. 13).

[200] No original: "*Dalla affermata autonomia del negozio compromissorio consegue, secondo la prevalente giurisprudenza, che la successione a titolo particolare nel rapporto sostanziale, per effetto della cessione, ai sensi degli artt. 1406 e seguenti c.c., del contratto nel quale la clausola compromissoria è inserita, in virtù dell'accordo trilaterale tra cedente, cessionario ed altro contraente, non comporta automaticamente la successione nel connesso ma autonomo negozio compromissorio, occorrendo a tal fine una ulteriore specifica manifestazione di volontà di tutte le parti suddette.*" (ITÁLIA. Corte de Cassação. Sezioni Unite. **Sentenza n. 12.616**. Sofal v. Mondo. 17 dezembro 1998. p. 6).

[201] "È dunque escluso che la cessione del contrato contenente la clausola comporti altresì, in difetto di specifico accordo delle parti, automatica cessione della clausola stessa." (ITÁLIA. Corte de Cassação. Sezione Prima Civile. **Sentenza n. 13.893/03**. Impregilo v. Ministerio Degli Esteri. 7 março 2003.). Em *obiter dictum*, pois o caso trata de uma cessão de crédito.

[202] Sentenza n. 22.497, de 22 dezembro 2005. A informação é de Putortì (Putortì, Vincenzo. La circolazione della clausola compromissoria: profili critici e soluzioni giurisprudenziali. **Le Corti Fiorentine**, Napoli, ano II, n. 1, p. 3-20, abril 2015. p. 13-14. p. 14).

Há doutrina favorável à transmissão automática e crítica à posição da Corte de Cassação.[203]

No Brasil, a questão foi apreciada incidentalmente pelo STJ em juízo de delibação no SEC 831/FR, que envolvia uma cessão de posição contratual seguida de incorporação,[204] e no SEC 11.969/EX, em que cedente (Multiner) e cessionária do contrato (Termelétrica Itapebi) foram solidariamente condenadas a indenizar o cedido (Caterpillar).[205]

A doutrina converge na afirmação de que a cláusula compromissória transmite-se ao cessionário do contrato, com alguma divergência em relação aos requisitos. A maioria entende que a transmissão é automática. Para Batista Martins, "a extensão dos efeitos da convenção de arbitragem atinge, de pleno direito, o cessionário do contrato que contenha cláusula compromissória."[206] Para Nunes Pinto, a arbitragem é um direito do cedente e uma obrigação em relação ao cedido, pelo que, quer esteja inserida no mesmo contrato, quer não, transmite-se ao cessionário.[207] Para Fonseca, "embora não tenha havido a pactuação expressa da cláusula compromissória, a nova parte da relação contratual a recebe no estado em que ela se encontrava."[208] Para Jabardo, seria

[203] Verde, Giovanni. **Lineamenti di diritto dell'arbitrato**. 4. ed. Torino: G. Giappichelli, 2013. p. 69.

[204] BRASIL. Superior Tribunal de Justiça. **SEC 831/FR**. Requerente: SPIE Enertrans S.A. Requerida: Inepar S.A. Indústria e Construções. Relator: Min. Arnaldo Esteves Lima. Corte Especial. Julgado em 03 outubro 2007.

[205] Constou na ementa: "3. No juízo de delibação próprio do processo de homologação de sentença estrangeira, não é cabível debate acerca de questões de mérito, tampouco averiguação de eventual injustiça do decisum, conforme aqui pretendido pelas requeridas que visam a rediscutir a responsabilidade solidária da cedente e da cessionária pelo contrato cedido e a data inicial de incidência dos juros moratórios contratuais." (BRASIL. Superior Tribunal de Justiça. **SEC 11.969/EX**. Requerente: C M G C K. Requeridas: M S.A e T I S.A. Relator: Min. Raul Araújo. Corte Especial. Julgado em 15 dezembro 2015. Acórdão de 2 fevereiro 2016).

[206] Martins, Pedro Antonio Batista. Arbitragem. Capacidade, Consenso e Intervenção de Terceiros: Uma Sobrevista. In: Ferraz, Rafaella; Muniz, Joaquim de Paiva (Coord.). **Arbitragem Doméstica e Internacional:** estudos em homenagem ao Professor Theóphilo de Azeredo Santos. Rio de Janeiro: Forense, 2008, p. 291-308. p. 299-300.

[207] Pinto, José Emílio Nunes. Convenção arbitral: justiça deve reconhecer convenção arbitral em casos de sucessão. **Consultor Jurídico**, São Paulo, 3 julho 2004.

[208] Fonseca, Rodrigo Garcia da. Os contratos conexos, as garantias e as arbitragens na indústria do petróleo e do gás natural. **Revista de Arbitragem e Mediação**, São Paulo, v. 29, p. 165-180, abr./jun. 2011. p. 173.

ilógico sustentar que o contrato seja cedido e a cláusula compromissória, que regra eventuais disputas oriundas do contrato, não.[209] Para Sperandio, sequer é preciso aferir o consentimento do cessionário.[210] Para Mercereau, a transmissão "opera-se de forma automática, dispensado o exame da vontade das partes, com algumas exceções."[211] Para Recena Costa, "doutrina e jurisprudência são, mundo afora, praticamente uníssonas ao reconhecer que, havendo sucessão no contrato, a cláusula compromissória vincula tanto o cedido quanto o cessionário", dispensada a anuência específica do cessionário.[212] Para Spínola Gomes, "diante da construção unitária da cessão de posição contratual, [...] não faz sentido qualquer discriminação entre as cláusulas materiais e a cláusula arbitral, que traduz um negócio jurídico processual."[213]

Baptista parece divergir, dando a entender ser necessário consentimento específico. Em parecer no qual concluiu não ter havido a cessão do contrato, ressalvou que, ainda que fosse o caso, "seria preciso encarar outro aspecto da questão – a autonomia da cláusula compromissória ou arbitral face ao contrato, e a exigência de manifestação de vontade escrita para que ela exista."[214]

De modo geral, a forma escrita não é considerada necessária, embora Spínola Gomes tenha observado que "o ideal é que toda cessão de

[209] Jabardo, Cristina Saiz. "Extensão" da cláusula compromissória na arbitragem comercial internacional: o caso dos grupos societários. Dissertação (Mestrado em Direito Internacional) – Universidade de São Paulo, São Paulo, 2009. p. 12.

[210] Sperandio, Felipe Vollbrecht. Transmissão de cláusula compromissória à seguradora por força de sub-rogação legal. Arbitragem, direito securitário e consentimento no direito brasileiro. In: Carmona, Carlos Alberto; Lemes, Selma Ferreira; Martins, Pedro Batista (Coord.). **20 anos da Lei de Arbitragem:** homenagem a Petrônio R. Muniz. São Paulo: Atlas, 2017. p. 795-846. p. 797.

[211] Mercereau, Ana Gerdau de Borja. Arbitragem e Contrato. In: Levy, Daniel; Pereira, Guilherme Setoguti J. (org.). **Curso de Arbitragem**. São Paulo: Revista dos Tribunais, 2018. p. 657-687. p. 659.

[212] Costa, Guilherme Recena. Partes e Terceiros na Arbitragem. Tese (Doutorado em Direito Processual Civil) – Universidade de São Paulo, São Paulo, 2015. p. 80.

[213] Gomes, Técio Spínola. A transmissibilidade da cláusula arbitral diante da cessão de posição contratual. **Revista de Direito Civil Contemporâneo**, São Paulo, v. 5, p. 69-81, out./dez. 2015. p. 75.

[214] Baptista, Luis Olavo. Cessão de contrato e autonomia da cláusula arbitral. In: Basso, Maristela; Carvalho, Patrícia Luciane de (Org.). **Lições de direito internacional:** estudos e pareceres de Luiz Olavo Baptista. Curitiba: Juruá, 2009. p. 17-38. p. 30.

posição contratual que envolver uma cláusula arbitral seja feita por escrito, mesmo que a espécie contratual cedida não tenha forma prescrita em lei."[215]

Quanto às exceções, para Mazzonetto, o cessionário, assumindo a posição contratual do antecessor, sujeita-se à arbitragem, "a menos que tenha excepcionado no momento da sucessão."[216] Para Butti, a transmissão ao cessionário não ocorre de modo automático se cedente e cessionário expressamente estipularem que a cessão não abrange a cláusula compromissória.[217] Para Spínola Gomes, a menos que haja ressalva expressa, tudo é transmitido.[218] Para Mercereau, a natureza *intuitu personae* da relação contratual, eventuais restrições contratuais à transferência da convenção de arbitragem e desconhecimento ou ignorância razoável do cessionário seriam exceções à transmissão automática.[219] Para Coutinho, as exceções seriam a natureza *intuitu personae* da cláusula compromissória e o eventual acordo das partes envolvidas na cessão.[220]

O efeito da invalidade da cessão de posição contratual sobre a transmissão da cláusula compromissória é pouco discutido. Kohlbach de Faria opinou que uma disputa relacionada ao contrato de cessão envolveria apenas cedente e cessionário, sendo o interesse jurídico do cedido apenas indireto.[221] Para Mercereau, caso haja pacto de *non cedendo* no

[215] Gomes, Técio Spínola. A transmissibilidade da cláusula arbitral diante da cessão de posição contratual. **Revista de Direito Civil Contemporâneo**, São Paulo, v. 5, p. 69-81, out./dez. 2015. p. 75.

[216] Mazzonetto, Nathalia. Partes e Terceiros na Arbitragem. Dissertação (Mestrado em Direito Processual Civil) – Universidade de São Paulo, São Paulo, 2012. p. 273.

[217] Butti, Paula Cardoso. Limites subjetivos da convenção de arbitragem. Dissertação (Mestrado em Direito Processual Civil) – Universidade de São Paulo, São Paulo, 2013. p. 157-158.

[218] Gomes, Técio Spínola. A transmissibilidade da cláusula arbitral diante da cessão de posição contratual. **Revista de Direito Civil Contemporâneo**, São Paulo, v. 5, p. 69-81, out./dez. 2015. p. 72.

[219] Mercereau, Ana Gerdau de Borja. Arbitragem e Contrato. In: Levy, Daniel; Pereira, Guilherme Setoguti J. (org.). **Curso de Arbitragem**. São Paulo: Revista dos Tribunais, 2018. p. 657-687. p. 659.

[220] Coutinho, Renato Fernandes. **Convenção de arbitragem:** vinculação de não signatários. São Paulo: Almedina, 2020. p. 150-151.

[221] Faria, Marcela Kohlbach de. **Participação de Terceiros na Arbitragem**. São Paulo: Quartier Latin, 2019. p. 62.

contrato original, "o cessionário não poderá beneficiar-se da cláusula arbitral do contrato cedido, eis que a própria cessão seria inválida."[222]

***

Considerando o modo como se discute o tema na jurisprudência e na doutrina, a transmissão da cláusula compromissória na cessão de posição contratual desdobra-se em várias questões: se a transmissão por consentimento é automática (2.2.3); se, não sendo automática a transmissão por esse fundamento, o consentimento pode se manifestar de qualquer forma (2.2.4); quem pode excepcionar a transmissão da cláusula compromissória (2.2.5); como eventual invalidade da cessão da posição contratual repercute sobre a transmissão da cláusula compromissória (2.2.6).

2.2.3. *Se a transmissão por consentimento é automática*

A conclusão de que a transmissão por consentimento é automática liga-se à caracterização da cláusula compromissória como parte da "economia do contrato"[223]. Entretanto, não se pode conceber contrato e convenção de arbitragem como dois negócios jurídicos distintos na gênese e amalgamados na eficácia a ponto de existir apenas *uma* cessão, em que o consentimento seria aferido de modo unitário e abrangeria a posição criada pelo contrato e o estado de sujeição à jurisdição arbitral criado pela cláusula compromissória.

[222] Mercereau, Ana Gerdau de Borja. Arbitragem e Contrato. In: Levy, Daniel; Pereira, Guilherme Setoguti J. (org.). **Curso de Arbitragem**. São Paulo: Revista dos Tribunais, 2018. p. 657-687. p. 661.

[223] Parece ser este o entendimento de Nunes Pinto: "a opção pela arbitragem tem uma dimensão mais ampla e um conteúdo econômico. Defendemos a tese de que a opção pela arbitragem é um dos elementos que integram a equação de equilíbrio econômico da relação contratual." (Pinto, José Emílio Nunes. A cláusula compromissória à luz do Código Civil. **Revista de Arbitragem e Mediação**, São Paulo, v. 4, p. 34-47, jan./mar. 2005). No mesmo sentido: FRANÇA. Corte de Apelação de Paris. CCC Filmkunst v. Société EDIF. 28 janeiro 1988. O acórdão foi comentado por J.L. Goutal na *Revue de l'Arbitrage* (1988, p. 565) e por E. Loquin no *Journal du droit international* (1989, p. 1021); Lalive, Pierre. Problèmes relatifs à l'arbitrage international commercial. **Collected Courses of the Hague Academy of International Law**. Brill Nijhoff: Leiden, 1967. v. 120. p. 592. Nota 22 (sobre o caso *Lena Goldfields*).

Há autores que definem a transmissão como automática por existir "presunção relativa de consentimento das partes nesse sentido"[224], ou admitem a transmissão automática, mas a excepcionam caso haja ignorância razoável do cessionário,[225] mas isso é contraditório. Se a transmissão por consentimento ocorresse de modo automático, seria irrelevante o conhecimento do cessionário sobre a cláusula compromissória.

Embora a transmissão da cláusula compromissória ao cessionário do contrato por consentimento não seja automática, é possível que ela ocorra. Assim, na seção seguinte, examinam-se os requisitos para exteriorização desse consentimento.

2.2.4. *Se o consentimento pode se exteriorizar de qualquer forma*

A transmissão da cláusula compromissória ao cessionário do contrato por consentimento sofre de dupla indeterminação, pois nem os requisitos do negócio trilateral de cessão, nem os da cláusula compromissória são unânimes.

Quem considera que a forma da cessão é livre pode admitir que o consentimento à transmissão da cláusula compromissória exteriorize-se de qualquer modo.[226] No entanto, a noção de liberdade da forma precisa ser conciliada com a de paralelismo ou simetria das formas.

A cessão é um negócio jurídico de segundo grau, que modifica o anterior no aspecto subjetivo. Quando o negócio original tiver forma exigida por lei, a cessão deve observá-la. Isso não se aplica à forma eleita pelas partes (*e.g.*, contrato de prestação de serviço celebrado por escrito pode ser verbalmente cedido). À semelhança do que ocorre no distrato, a cessão de posição contratual deve observar a forma exigida para

[224] López, Carlos Matheus. **La extensión del convenio arbitral a partes no signatarias**. San Sebastian: Instituto Vasco de Derecho Procesal, 2018. p. 41. Grifou-se.

[225] Mercereau, Ana Gerdau de Borja. Arbitragem e Contrato. In: Levy, Daniel; Pereira, Guilherme Setoguti J. (org.). **Curso de Arbitragem**. São Paulo: Revista dos Tribunais, 2018. p. 657-687. p. 659.

[226] Nesse sentido, a opinião de Recena Costa: "O negócio jurídico de cessão não precisa atender, necessariamente, aos requisitos impostos ao contrato cedido." (Costa, Guilherme Recena. Partes e Terceiros na Arbitragem. Tese (Doutorado em Direito Processual Civil) – Universidade de São Paulo, São Paulo, 2015. p. 79).

o negócio original, não a eventualmente empregada, por eleição, pelos contratantes.[227]

Isso suscita três questões na transmissão por consentimento da cláusula compromissória. Primeiro, se a cessão deve ser escrita (em outras palavras, pode-se transmitir a cláusula compromissória por cessão verbal?). Segundo, se o consentimento pode ser tácito. Terceiro, se há necessidade de uma manifestação específica, à semelhança da que se exige para que o mandatário receba poderes especiais. A resposta, desenvolvida na sequência, é que a transmissão da cláusula compromissória por consentimento deve ser escrita, mas não precisa ser específica.

O artigo 4º, §1º da Lei de Arbitragem define: "a cláusula compromissória deve ser estipulada por escrito, podendo estar inserta no próprio contrato ou em documento apartado que a ele se refira." Interpretando-o, parte da doutrina considera que a forma é requisito de validade (forma *ad substantiam*);[228] parte que é requisito de validade, mas que o consentimento pode se manifestar de outras formas;[229] parte que é requisito de prova (forma *ad probationem*).[230] A opinião majoritária considera que a cláusula compromissória precisa ser escrita, mas o consentimento pode ser tácito.[231]

[227] Em sentido contrário, para Ferreira da Silva, por se tratar da continuidade de um negócio, "a identidade de forma deverá ocorrer mesmo que se trate de forma eleita pelos contratantes originais." (Silva, Luis Renato Ferreira da. Cessão de posição contratual. In: Lotufo, Renan; Nanni, Giovanni Ettore (Coord.). **Teoria geral dos contratos**. São Paulo: Atlas, 2011, p. 394-408. p. 405).

[228] Zanetti, Cristiano de Sousa. **A conservação dos contratos nulos por defeito de forma**. São Paulo: Quartier Latin, 2013. p. 199; Lobo, Carlos Augusto da Silveira. Cláusula compromissória e grupo de sociedades. **Revista de Arbitragem e Mediação**, v. 48, p. 33-52, jan./mar. 2016.

[229] Nanni, Giovanni Ettore. **Direito civil e arbitragem**. São Paulo: Atlas, 2014. p. 40.

[230] Melo, Leonardo de Campos. **Extensão da cláusula compromissória e grupos de sociedades:** a prática arbitral CCI e sua compatibilidade com o direito brasileiro. De acordo com o Regulamento CCI-2012. Rio de Janeiro: Forense, 2013. p. 28-29; Tiburcio, Carmen. Cláusula compromissória em contrato internacional: interpretação, validade, alcance objetivo e subjetivo. **Revista de Processo**, v. 241, mar. 2015, p. 521-566.

[231] *E.g*, "Embora a Lei de Arbitragem determine dever ser a cláusula compromissória estipulada por escrito (art. 4º, §1º), tal exigência não tem o condão de eliminar o texto do Código Civil, posterior no tempo, relativamente à interpretação dos contratos. [...] O critério adequado para avaliar inclusão de terceiro no processo arbitral baseia-se na averiguação do consentimento (expresso ou tácito) para participar da arbitragem." (Martins-Costa, Judith.

Essa proposição (a cláusula deve ser escrita, o consentimento pode ser tácito) cinde forma e vontade. Admite-se que uma coisa é a forma da cláusula; outra, o consentimento do sujeito. Entretanto, na teoria do negócio jurídico, forma é meio de expressão da vontade:

> Forma do negócio jurídico é o meio pelo qual o agente expressa sua vontade.[232]
>
> ---
>
> Forma é o [...] revestimento jurídico, a exteriorizar a declaração da vontade.[233]
>
> ---
>
> A expressão é a forma; só se levam em conta as vontades que se enformaram. A forma é a da vontade e dos outros elementos do suporte fático, que precisem exteriorizar-se, como fatos da psique. A forma mesma é elemento do suporte fático, razão para se preferir falar de forma da manifestação de vontade, de conhecimento ou de sentimento, em vez de forma do ato jurídico.[234]
>
> ---

A boa-fé no direito privado: critérios para a sua aplicação. 2. ed. São Paulo: Saraiva, 2018. p. 547-548); "A previsão de forma escrita para a convenção arbitral não constitui óbice à sua extensão a partes não signatárias no âmbito do grupo de sociedades. [...] A conclusão não se choca com o espírito da Lei de Arbitragem, já que a extensão da cláusula compromissória se justifica, repita-se à exaustão, somente quando demonstrada implicitamente a vontade de levar ao tribunal arbitral os futuros conflitos de interesses." (Tepedino, Gustavo. Consensualismo na arbitragem e teoria do grupo de sociedades. **Revista dos Tribunais**, v. 100, n. 903, p. 1-25, jan./2011. p. 24); "A manifestação de vontade das partes contratantes, destinada especificamente a anuir com a convenção de arbitragem, pode se dar, de igual modo, de inúmeras formas [...]. Absolutamente possível, por conseguinte, a partir do contexto das negociações entabuladas entre as partes, aferir se elas, efetivamente, assentiram com a convenção de arbitragem." (BRASIL. Superior Tribunal de Justiça. **Recurso Especial 1.569.422/RJ**. Relator: Min. Marco Aurélio Bellizze. Recorrentes: Haakon Lorentzen et al. Recorrido: Hugo Pedro de Figueiredo. Terceira Turma. Julgado em 27 abril 2016).

232 Azevedo, Antonio Junqueira de. **Negócio jurídico:** existência, validade e eficácia. 4. ed. atual. de acordo com o novo Código Civil. São Paulo: Saraiva, 2010. p. 129.

233 Bevilaqua, Clóvis. **Código civil dos Estados Unidos do Brasil comentado**. 12. ed. atual. por Achilles Bevilaqua e Isaias Bevilaqua. Rio de Janeiro: F. Alves, 1959. v. 1. p. 129.

234 Miranda, Francisco Cavalcanti Pontes de. **Tratado de direito privado:** parte geral. Atualizado por Marcos Bernardes de Mello [e] Marcos Ehrhardt Jr. São Paulo: Revista dos Tribunais, 2012. t. 3. p. 443.

> *El concepto legal de forma se refiere exclusivamente [...] a la declaración de voluntad.*[235]

Isto é, a vontade do sujeito sempre se exterioriza de alguma forma. Livre, na maioria dos casos; prescrita, excepcionalmente. A separação entre cláusula (forma escrita) e vontade (forma livre) cria incerteza sobre a qualificação jurídica da cláusula, que teria existência própria, insulada da vontade.

Aceitando-se a separação, a cláusula não pode exteriorizar vontade bi ou plurilateral, já que a vontade de, pelo menos, uma parte pode se enformar de modo diverso, sobretudo por meio da participação nas negociações ou na execução do contrato.[236] A cláusula também não pode ser uma declaração unilateral de vontade (oferta): não existem negócios jurídicos meio formais, com oferta e aceitação submetidas a diferentes exigências de forma.

Admitir que a forma (da cláusula) não exterioriza a vontade (do sujeito) – e, portanto, que a cláusula precisa ser escrita, mas que o consentimento pode ser tácito – é incompatível com o postulado de que forma é *meio* de expressão da vontade. O artigo 4º, §1º da Lei de Arbitragem, interpretado conforme esse postulado (forma é meio), exige que as declarações de vontade no suporte fático da cláusula compromissória sejam enformadas por escrito.

A exigência de que o consentimento seja enformado por escrito não se confunde com exigência de assinatura,[237] daí a sutil impropriedade da expressão 'não signatários'. A cláusula compromissória não está cercada de solenidades, como o compromisso arbitral extrajudicial (artigo 9º,

[235] Flume, Werner. **El negocio jurídico:** parte general del derecho civil. 4. ed. Madrid: Fundación Cultural Del Notariado, 1998. t. 2. p. 301.

[236] Na jurisprudência nacional, *v.* BRASIL. Tribunal de Justiça de São Paulo. **Apelação 267.450.4/6-00.** Trelleborg do Brasil Ltda. e Telleborg Industri AB v. Anel Empreendimentos Participações e Agropecuária Ltda. Relator: Des. Constança Gonzaga. 7ª Câmara de Direito Privado. Julgado em 24 maio 2006; BRASIL. Tribunal de Justiça de São Paulo. **Apelação 0035404-55.2013.8.26.0100.** GP Capital Partners et al. v. Fernando Correa Soares et al. Relator: Des. Manoel de Queiroz Pereira Calças. 1ª Câmara Reservada de Direito Empresarial. Julgado em 26 agosto 2015.

[237] Tiburcio, Carmen. Cláusula compromissória em contrato internacional: interpretação, validade, alcance objetivo e subjetivo. **Revista de Processo**, v. 241, mar. 2015, p. 521-566.

§2º da Lei de Arbitragem). Sua exigência formal preconiza tão somente que se manifeste por escrito a vontade.

A cisão entre forma e vontade, concebida no interior da discussão sobre o alcance subjetivo da cláusula compromissória, revela sua atipicidade quando levada a outros negócios jurídicos. Sequer se tem notícia de que argumento equivalente seja feito em relação à fiança (art. 819 do Código Civil: "a fiança dar-se-á por escrito [...]") ou à reserva de domínio (art. 522 do Código Civil: "a cláusula de reserva de domínio será estipulada por escrito [...]"). Apesar das redações semelhantes, a interpretação desses artigos não suscita a mesma divergência que o artigo 4º, §1º da Lei de Arbitragem ("a cláusula compromissória deve ser estipulada por escrito").

A experiência estrangeira, nesse ponto em especial, precisa ser mais estudada. *Dow Chemical v. Isover Saint Gobain,* referência em matéria de sujeição à jurisdição arbitral por consentimento tácito, é um exemplo de decisão que, apesar de muito aclamada, parece pouco analisada.[238] Proferida, em 1982, por um tribunal arbitral de composição ilustre (Pieter Sanders, Berthold Goldman e Michel Vasseur), publicada em 1984[239] e republicada muitas vezes desde então,[240] as conclusões de *Dow Chemical*

[238] Não é algo endêmico ao Brasil ou exclusivo de decisões sobre eficácia subjetiva da cláusula compromissória. Exemplo 1: a sentença proferida por Gunnar Lagergren no Caso ICC n. 1110, em 1963, relativa à jurisdição arbitral sobre disputas relacionadas à corrupção, foi tão erradamente citada, que, em 1994, foi publicado um artigo acautelatório em periódico de grande circulação, com a sentença de Lagergren como anexo (Wetter, J. Gilles. Issues of Corruption before International Arbitral Tribunals: The Authentic Text and True Meaning of Judge Gunnar Lagergren's 1963 Award in ICC Case No. 1110. **Arbitration International**, v. 10, n. 3, p. 277-297, 1994). Exemplo 2: Veeder observou que o caso *Lena Goldfields* (1930) "põe cores falsas sobre a doutrina da separabilidade para a qual é frequentemente citada [como precursora]", porque a questão lá decidida era outra. No entanto, concluiu: "como o falecido professor Berthold Goldman costumava dizer: na arbitragem comercial internacional, a única realidade é a percepção. Se o caso Lena Goldfields foi mal interpretado nos últimos 65 anos, essa realidade nos serviu bem." (Veeder, Van Vechten. The Lena Goldfields Arbitration: The Historical Roots of Three Ideas. **The International and Comparative Law Quarterly**, v. 47, n. 4, p. 747-792, out./1998. p. 785).

[239] The Dow Chemical Company Et Al. V. Isover Saint Gobain. Caso ICC No. 4131. Sentença Parcial. 23 set. 1982. In: Sanders, Pieter (ed). **Yearbook of Commercial Arbitration 1984**. The Hague: Kluwer: 1984. p. 131-137.

[240] Inclusive no Brasil: **Revista Brasileira de Arbitragem**, v. 5, n. 2, p. 199-206, 2008.

não podem ser apenas vertidas para o direito brasileiro, como se o conteúdo da lei aplicável fosse parecido.

Os fatos do caso são simples. Quatro empresas do mesmo grupo econômico (The Dow Chemical Company, a controladora, e três subsidiárias – Dow Chemical France, Dow Chemical Europe e Dow Chemical A.G.) requereram arbitragem contra Isover Saint Gobain com base em dois contratos de distribuição, celebrados em 1965 e 1968. Os contratos estabeleciam que as entregas poderiam ser feitas por Dow Chemical France, como efetivamente foram, ou por qualquer outra empresa do grupo, mas nem a subsidiária francesa, nem a controladora haviam assinado os contratos. Isover alegou a falta de jurisdição do tribunal arbitral para decidir a disputa com Dow Chemical France e The Dow Chemical Company no polo ativo.

Diante da objeção à jurisdição, o tribunal arbitral decidiu, primeiro, a lei aplicável à cláusula compromissória. Embora a lei francesa fosse aplicável ao mérito da disputa, concluiu que, em virtude da completa autonomia da cláusula compromissória, não decidiria sua jurisdição com base em uma lei nacional. Consideraria a intenção comum das partes, demonstrada pelas circunstâncias em que foram feitas a negociação, a execução e o término do contrato, e também os usos e práticas do comércio internacional, em especial a existência de um grupo econômico. Em nenhum momento, o tribunal arbitral de *Dow Chemical* precisou analisar uma exigência de forma semelhante à que existe no art. 4º, §1º da Lei de Arbitragem.

O Tribunal Federal suíço, porém, analisou.[241] O art. 178(1) da lei suíça de direito privado internacional (LDIP) estabelece: "quanto à forma, a convenção de arbitragem é válida se for feita por escrito, telegrama, telex, fax ou qualquer outro meio de comunicação que permita comprová-la por escrito."[242] Apesar de sua conclusão ser a mesma de *Dow Chemical* (*i.e.*, a cláusula compromissória pode sujeitar inclusive não

[241] SUÍÇA. Tribunal Fédéral. **X Sal. Y. Sal et A v. Z. SARL (4P.115/2003)**. 16 outubro 2003. A decisão foi publicada na *Revue de l'Arbitrage* (n. 3, 2004, p. 695-707).

[242] No original, Art. 178, 1: "*Quant à la forme, la convention d'arbitrage est valable si elle est passée par écrit, télégramme, télex, télécopieur ou tout autre moyen de communication qui permet d'en établir la preuve par un texte.*" (SUÍÇA. **Loi fédérale sur le droit international privé**, publicada em 18 de dezembro de 1987. Disponível em: <https://www.admin.ch/opc/fr/classified-compilation/19870312/index.html>. Acesso em 24 nov. 2020).

signatários do contrato à jurisdição arbitral), a fundamentação – criticada por alguns,[243] aceita por outros[244] – é completamente diferente.

O caso, de 2003, é conhecido como "Caso Libanês", por ser esta a nacionalidade das partes.[245] Perante o tribunal suíço, discutia-se a jurisdição *ratione personae* do tribunal arbitral sobre o "Sr. A", que não assinara o contrato de empreitada com cláusula compromissória, celebrado em 1997, pelas sociedades "X" e "Y" com a sociedade "Z". O tribunal arbitral havia decidido que tinha jurisdição e, como em *Dow Chemical*, que o fundamento para isso eram os usos do comércio internacional, razão pela qual a participação na conclusão ou na execução do contrato era determinante. Como o Sr. A participava da gestão das sociedades X e Y e do desenvolvimento do projeto imobiliário, a que a execução do contrato de empreitada servia, teria manifestado sua intenção de ser parte da convenção de arbitragem. Sr. A, X e Y foram conjuntamente condenados na sentença arbitral, cuja anulação requeria-se, por alegada violação ao art. 178(1) da LDIP.

O Tribunal Federal suíço rejeitou o pedido, inserindo uma distinção. Consentimento escrito seria exigido para a formação da cláusula compromissória (*i.e.*, para a manifestação de vontade das partes iniciais; naquele caso, X, Y e Z), mas não para determinar a eficácia da cláusula compromissória, já formalmente válida, sobre um terceiro (naquele caso, Sr. A). O âmbito da eficácia *ratione personae* seria regrada pelo artigo 178(2) da LDIP, que trata da substância da convenção de arbitragem.[246]

[243] Poudret, Jean-François. Note – Tribunal fédéral, Ire Cour Civile, 16 octobre 2003, (4P.115/2003). Un statut privilégié pour l'arbitrage aux tiers?. **ASA Bulletin**, v. 22, n. 2, p. 390-397, 2004; Habegger, Philipp A. Note – Federal Tribunal (1st Civil Court), 16 October 2003 (4P.115/2003); Extension of arbitration agreements to non-signatories and requirements of form. **ASA Bulletin**, v. 22, n. 2, p. 398-410, 2004.

[244] Lévy, Laurent; Stucki, Blaise. Note – Tribunal fédéral, 16 octobre 2003. **Revue de l'Arbitrage**, n. 3, p. 707-718, 2005; Besson, Sébastien. Extension de la convention d'arbitrage et élargissement de la procédure arbitrale à des tiers selon la jurisprudence du Tribunal fédéral suisse. **Cahiers de l'arbitrage**, n. 3, p. 833-843, 2010.

[245] Voser, Nathalie. The Swiss Perspective on Parties in Arbitration: "Traditional Approach With a Twist regrading Abuse of Rights" or "Consent Theory Plus". In: Brekoulakis, Stavros; Lew, Julian; Mistelis, Loukas (eds.). **The Evolution and Future of International Arbitration**. The Hague: Kluwer, 2016. p. 161-182. p. 170.

[246] No original: "*Art. 178, 2. Quant au fond, elle est valable si elle répond aux conditions que pose soit le droit choisi par les parties, soit le droit régissant l'objet du litige et notamment le droit applicable au contrat principal, soit encore le droit suisse.*"

É como se o Tribunal Federal suíço, usando uma distinção semelhante à que organiza o negócio jurídico em plano da validade e em plano da eficácia, tivesse criado dois regimes de sujeição à cláusula compromissória, sendo que o aplicável a não signatários – terceiros, na linguagem do acórdão – é mais flexível quanto à forma.[247] Esse acórdão e a sentença de *Dow Chemical* ilustram como a mesma conclusão já foi fundamentada de modos diferentes, nenhum dos quais satisfatório, embora a decisão suíça tenha tentado estabelecer um ponto de partida compatível com a exigência de forma positivada na legislação.

Há quem prefira classificar a forma estabelecida pelo art. 4º, §1º da Lei de Arbitragem como *ad probationem*.[248] Apesar de não unânime, a distinção entre forma *ad substantiam*, necessária à validade do negócio jurídico, e *ad probationem*, necessária à prova, faz parte da tradição jurídica.[249]

A distinção poderia ser redundante, já que um negócio válido, o qual apenas mediante certa forma pode ser provado, "ficaria em tudo

[247] É possível ver, nessa fundamentação, um possível diálogo entre diferentes culturas jurídicas. Sem tratar desse acórdão, mas comentando o significado da expressão 'extensão da eficácia da convenção de arbitragem', Marino observou: "[isso] parece pressupor a existência de *dois momentos distintos*: no primeiro, o acordo produziria efeitos no tocante à esfera jurídica de determinados figurantes; no segundo, sua eficácia viria a ser subjetivamente ampliada, de modo a projetar-se também sobre a esfera jurídica de outro ou de outros figurantes, até então terceiros em relação a ela. Essa ampliação eficacial remete aos fatores de dilatação de eficácia, de que fala Antonio Junqueira de Azevedo." (Marino, Francisco. Eficácia da convenção de arbitragem perante terceiros: o caso do terceiro beneficiário. In: Benetti, Giovana et al. (Org.). **Direito, cultura, método:** leituras da obra de Judith Martins-Costa. Rio de Janeiro: GZ, 2019. p. 859-876. p. 860).

[248] Melo, Leonardo de Campos. **Extensão da cláusula compromissória e grupos de sociedades**. Rio de Janeiro: Forense, 2013. p. 28-29; Tiburcio, Carmen. Cláusula compromissória em contrato internacional: interpretação, validade, alcance objetivo e subjetivo. **Revista de Processo**, v. 241, p. 521-566, mar. 2015.

[249] Raó comentou a controvérsia em torno da utilidade da distinção (Raó, Vicente. **Ato jurídico**. 3.ed. São Paulo: Saraiva, 1981. p. 175-176). Por um lado, alguns autores a defendiam – *e.g.*, Josserand, Louis. **Derecho Civil**. Buenos Aires: Bosch y Cia., 1950. Tomo 2, v. 1. p. 114-115. Por outro, a distinção era considerada inútil: "Não há, na sistemática do Código Civil, formas somente para a prova dos atos. Estes ou têm uma forma especial exigida por lei ou se provam pelos meios admitidos em direito. A forma ou é preestabelecida ou é livre." (Bevilaqua, Clóvis. **Código civil dos Estados Unidos do Brasil comentado**. 12. ed. Rio de Janeiro: F. Alves, 1959. v. 1. p. 310-311). No mesmo sentido: Santos, J. M. de Carvalho. **Código civil brasileiro interpretado**. 7. ed. Rio de Janeiro: Freitas Bastos, 1958. v. 3. p. 118.

assimilado ao negócio nulo."[250] No entanto, a legislação implicitamente a acolhe em diferentes passagens e admite-se que, quando a forma é requisito de prova, a execução espontânea é plenamente eficaz e o negócio pode ser provado por outros meios (*e.g.*, confissão).[251]

Por um lado, qualificar a cláusula compromissória como *ad probationem* explicaria, por exemplo, a sujeição à jurisdição arbitral da parte que participou do procedimento sem impugnar a validade da cláusula compromissória, sem recorrer a outras normas (*e.g.*, boa-fé objetiva e tutela da confiança).[252] Por outro, é difícil deduzir essa qualificação do art. 4º, §1º da Lei de Arbitragem. O caminho da fundamentação não pode ser percorrido ao contrário.

A discussão sobre forma entrelaça-se com a discussão sobre consentimento à jurisdição arbitral, a respeito da qual muito já foi escrito.[253] Como consentimento é a pedra angular da sujeição à jurisdição arbitral, as explicações oferecidas para justificar a eficácia subjetiva da cláusula compromissória, sobretudo nas hipóteses de extensão, tendem a con-

[250] CORDEIRO, António Menezes. **Tratado de direito civil português:** parte geral: introdução, doutrina geral, negócio jurídico. 2. ed. Coimbra: Almedina, 2000. v. 1, t. 1. p. 566.

[251] CORDEIRO, António Menezes. **Tratado de direito civil português:** parte geral: introdução, doutrina geral, negócio jurídico. 2. ed. Coimbra: Almedina, 2000. v. 1, t. 1. p. 566-567; COSTA, Mário Júlio de Almeida. **Direito das obrigações**. 12. ed. rev. e actual. Coimbra: Almedina, 2009. p. 284; PEREIRA, Caio Mário da Silva. **Instituições de direito civil:** introdução ao direito civil, teoria geral de direito civil. 24. ed. Rio de Janeiro: Forense, 2011. v. 1. p. 412.

[252] Em juízo de delibação (isto é, em processo de homologação da sentença arbitral estrangeira, sem se pronunciar sobre a interpretação do art. 4º, §1º da Lei de Arbitragem), o STJ já admitiu essa solução: BRASIL. Superior Tribunal de Justiça. **SEC 856/GB**. Relator: Min. Carlos Alberto Menezes Direito. Requerente: L'Aiglon S.A. Requerido: Têxtil União S.A. Corte Especial. Julgado em 18 maio 2005. O acórdão foi comentado por BRAGHETTA, Adriana. Cláusula Compromissória - Contrato não assinado - Participação no Procedimento Arbitral - SEC 856 - STJ. **Revista Brasileira de Arbitragem**, n. 7, p. 103-122, jul./set. 2005.

[253] *E.g.*, STEINGRUBER, Andrea Marco. **Consent in International Arbitration**. Oxford: Oxford University Press, 2012. Em especial, p. 69-96 (sobre as "múltiplas facetas do consentimento à arbitragem") e HANOTIAU, Bernard. Consent to Arbitration: Do We Share a Common Vision?. **Arbitration International**, v. 27, n. 4, p. 539-554, dez./2011 (argumentando que o conceito de consentimento não foi marginalizado, mas adaptado; a abordagem moderna, mais pragmática, enfatizaria a prática comercial, a realidade econômica e os usos comerciais e atribuiria mais importância à conduta).

vergir nele. Fala-se muito em consentimento tácito, por participação nas negociações, na execução ou na resolução do contrato, mas ainda há pouca clareza sobre quais são os critérios para aferição de consentimento.[254] A noção tornou-se tão elástica que há quem considere ser a sujeição de não signatários à cláusula compromissória por consentimento uma ficção jurídica: um artifício conveniente para acomodar uma realidade complexa na estrutura normativa.[255] A persistência das respostas insatisfatórias sugere que, talvez, a pergunta esteja errada ou, pelo menos, incompleta.

No direito brasileiro, como no sistema romano-germânico em geral, a autonomia privada tem lugar central na eficácia dos negócios, mas não é seu fundamento exclusivo. A eficácia jurídica também se baseia na tutela da confiança.[256] Em que medida e mediante quais critérios a inci-

[254] Um caso citado para ilustrar isso é *Dallah Real Estate v. Paquistão.* Aplicando a mesma lei (francesa), diferentes tribunais chegaram a conclusões opostas. Em novembro de 2010, no Reino Unido, o pedido de execução da sentença arbitral feito por Dallah foi negado. A Suprema Corte entendeu que o Paquistão, que não era parte do Memorando de Entendimentos (MoU), celebrado em 1995, não consentira à arbitragem. Na França, sede da arbitragem, o pedido de anulação da sentença feito pelo Paquistão foi negado, em fevereiro de 2011. A Corte de Apelação de Paris entendeu que a participação de oficiais do governo nas negociações e na execução do contrato mostravam que o Paquistão comportara-se como parte da transação econômica – e, portanto, estava sujeito à jurisdição arbitral. Comentando esse e outros casos, Mayer classificou as diferentes abordagens como irreconciliáveis (MAYER, Pierre. The Extension of the Arbitration Agreement to Non-Signatories: The Irreconcilable Positions of French and English Courts. **American University International Law Review**, v. 27, n. 4, p. 831-836, 2012). Para outra análise comparativa (Reino Unido, Suécia, Suíça, Espanha e França), *v.* SILVA ROMERO, Eduardo; VELARDE SAFFER, Luis Miguel. The Extension of The Arbitral Agreement to Non-Signatories in Europe: A Uniform Approach?. **American University Business Law Review**, v. 5, n. 3, p. 371-385, 2016.

[255] BREKOULAKIS, Stavros. Parties in International Arbitration: Consent v. Commercial Reality. In: BREKOULAKIS, Stavros; LEW, Julian; MISTELIS, Loukas (eds.). **The Evolution and Future of International Arbitration**. The Hague: Kluwer, 2016. p. 119-160. p. 121. O autor propõe que o fundamento à vinculação de não signatários não seja a ideia, que considera equivocadamente aplicada, de consentimento implícito e que encobre considerações as quais, na verdade, são de *equity* (*e.g.*, *estoppel*), e sim o conceito de disputa. *Vide*, também, BREKOULAKIS, Stavros. Rethinking Consent in International Commercial Arbitration: A General Theory for Non-signatories. **Journal of International Dispute Settlement**, v. 8, n. 4, p. 610-643, 2017.

[256] VICENTE, Dário Moura. A autonomia privada e os seus diferentes significados à luz do Direito Comparado. **Revista de Direito Civil Contemporâneo**, ano 3, v. 8. p. 275-302, jul./set. 2016.

dência da boa-fé objetiva, que tutela a confiança, justifica o afastamento da exigência de forma e a sujeição à jurisdição arbitral, é uma questão suscitada por Wald, admitindo a possiblidade, mas para a qual ainda não há resposta na doutrina brasileira.[257] Na experiência estrangeira, há antecedentes na jurisprudência, sobretudo suíça,[258] e legislações que positivaram essa possibilidade.[259]

Em síntese, como *(i)* a cessão é negócio de segundo grau, que modifica o original do ponto de vista subjetivo e deve seguir a forma exigida para ele; *(ii)* o art. 4º, §1º da Lei de Arbitragem estabelece uma exigência de forma escrita para a cláusula compromissória; *(iii)* forma exterioriza vontade (forma é meio), pelo que não se pode separar a forma da cláusula da vontade do sujeito, como se aquela tivesse existência jurídica insulada dessa, o consentimento precisa se exteriorizar por escrito. Isso não significa, porém, que sejam necessários dois instrumentos (um para a cessão do contrato, outro para a cessão da cláusula compromissória), nem que o consentimento à transmissão da cláusula compromissória precise ser especificado, recebendo destaque.

No acórdão n. 12.616, a Corte de Cassação italiana concluiu que seria necessária "ulterior e específica manifestação de vontade de todas as partes" para a cessão da cláusula compromissória.[260] No entanto, como contrato e cláusula compromissória podem ser pactuados no mesmo

[257] "O princípio da boa-fé se tornou, com a entrada em vigor do Código Civil de 2002, uma cláusula-geral de aplicação em todas as áreas inclusive no tocante à arbitragem. Pode, pois, em determinados casos, considerando as circunstâncias, justificar a extensão da cláusula compromissória." (Wald, Arnoldo. A arbitragem, os grupos societários e os conjuntos de contratos conexos. **Revista de Arbitragem e Mediação**, v. 2, p. 31-59, mai./ago. 2004. §111).

[258] Para uma síntese da posição do Tribunal Federal suíço, *v.* Voser, Nathalie. The Swiss Perspective on Parties in Arbitration: "Traditional Approach With a Twist regrading Abuse of Rights" or "Consent Theory Plus". In: Brekoulakis, Stavros; Lew, Julian; Mistelis, Loukas (eds.). **The Evolution and Future of International Arbitration**. The Hague: Kluwer, 2016. p. 161-182.

[259] *E.g.*, "*Artículo 14. Extensión del convenio arbitral. El convenio arbitral se extiende a aquellos cuyo consentimiento de someterse a arbitraje, según la buena fe, se determina por su participación activa y de manera determinante en la negociación, celebración, ejecución o terminación del contrato que comprende el convenio arbitral o al que el convenio esté relacionado. Se extiende también a quienes pretendan derivar derechos o beneficios del contrato, según sus términos.*" (PERU. **Decreto Legislativo n. 1071**, em vigor desde 1º de setembro de 2008).

[260] ITÁLIA. Corte de Cassação. Sezioni Unite. **Sentenza n. 12.616**. Sofal v. Mondo. 17 dezembro 1998.

instrumento, eles também podem ser transmitidos no mesmo instrumento. Pela simetria das formas, o negócio de segundo grau não pode ser mais rigoroso do que o originário.

As partes podem, inclusive, não diferenciar os negócios no instrumento, tratando-os de modo unitário. A estipulação, que pode variar em sofisticação e extensão, na essência seria algo como 'Fulano (Cedente), Sicrano (Cessionário) e Beltrano (Cedido) acordam a cessão da posição de Beltrano no Contrato XYZ – celebrado à data tal, entre Fulano e Beltrano – para Sicrano, que o sucederá em todos os direitos e obrigações [...].' Nessa situação em que a vontade exterioriza-se de modo genérico, interpretação e presunção explicam a sujeição do cessionário à cláusula compromissória por consentimento, em substituição ao cedido.[261]

Por interpretação, considera-se que, quando as partes, mesmo as sofisticadas, referem-se a 'todos os direitos e obrigações' decorrentes de um contrato, sem inserir qualificações ou restrições, elas também se referem à cláusula compromissória. Apesar de sua qualificação (negócio jurídico), é, inclusive, o que seu nome (cláusula) sugere. Assim, a regra de interpretação positivada no art. 112 do Código Civil preceitua que a intenção das partes deve prevalecer sobre o sentido literal da linguagem usada por elas.

Tendo as partes exteriorizado vontade por escrito e de modo genérico, fica presumido o acordo de vontades para transmissão da cláusula compromissória. Presunção significa "um processo racional de intelecto, pelo qual do conhecimento de um fato infere-se com razoável probabi-

[261] Em um caso envolvendo relação de consumo, o TJSP decidiu em sentido contrário: "Diante dessa realidade, a questão que se põe é analisar se a observância do requisito legal no contrato original e a menção genérica a que o cessionário assume todos os direitos e obrigações previstos na compra e venda são suficientes a vinculá-lo à previsão de julgamento por arbitragem. E a resposta é negativa." Nesse caso, porém, a questão examinada não era a exigência de forma do art. 4º, §1º da Lei de Arbitragem, e sim se os requisitos do art. 4º, §2º (cláusula compromissória com destaque nos contratos por adesão, com assinatura ou visto específico) devem ser observados tanto no contrato original quanto no de cessão (BRASIL. Tribunal de Justiça de São Paulo. **Apelação 1110278-23.2015.8.26.0100**. Relatora: Des. Mariella Ferraz de Arruda Pollice Nogueira. Apelante: José Renato Lemos Júnior. Apelado: EGB 3 Empreendimento Imobiliário Ltda. 9ª Câmara de Direito Privado. Julgado em 19 junho 2019. p. 6).

lidade a existência de outro."[262] Isto é, de um negócio conhecido (a cessão de posição contratual), documentado em um instrumento, infere-se a existência de outro (a cessão da cláusula compromissória), documentado no mesmo instrumento, até prova em contrário. A justificativa para as presunções de fato, também chamadas de *hominis* ou judiciais, é a "ordem normal das coisas,"[263] daí se falar em presunção por máximas da experiência, colhidas do que ordinariamente acontece. Como técnica de facilitação probatória,[264] caberia à parte com objeções à jurisdição do tribunal arbitral demonstrar que não consentiu com o negócio cuja existência é presumida com base no que ordinariamente acontece. Em essência, a sujeição do cessionário por consentimento à jurisdição arbitral seria tendencial.

2.2.5. *Quem pode excepcionar a transmissão da cláusula compromissória*

Quem pode afastar a transmissão da cláusula compromissória é uma questão para a qual diferentes respostas já foram oferecidas – *e.g.*, ora o cessionário pode excepcionar,[265] ora cedente e cessionário devem fazê-lo.[266] A resposta depende do fundamento da sujeição do cessionário à jurisdição arbitral no caso concreto: se ocorre por consentimento ou por ser uma característica da relação jurídica complexa na qual ingressou (*e.g.*, ônus ou exceção).[267]

Na transmissão por consentimento, a trilateralidade estrutural do negócio de cessão exige a vontade de todos – cedente, cessionário e

[262] Dinamarco, Cândido Rangel. **Instituições de direito processual civil**. 6. ed. rev. e atual. São Paulo: Malheiros, 2009. v. 3. p. 113.

[263] "A presunção equivale, pois, a uma convicção fundada sobre a ordem normal das coisas e que dura até prova em contrário." (Chiovenda, Giuseppe. **Instituições de direito processual civil**. 2. ed. São Paulo: Saraiva, 1965. v. 3. p. 139).

[264] Dinamarco, Cândido Rangel. **Instituições de direito processual civil**. 6. ed. rev. e atual. São Paulo: Malheiros, 2009. v. 3. p. 114 e 119.

[265] Mazzonetto, Nathalia. Partes e Terceiros na Arbitragem. Dissertação (Mestrado em Direito Processual Civil) – Universidade de São Paulo, São Paulo, 2012. p. 273.

[266] Butti, Paula Cardoso. Limites subjetivos da convenção de arbitragem. Dissertação (Mestrado em Direito Processual Civil) – Universidade de São Paulo, São Paulo, 2013. p. 157-158.

[267] Examina-se a qualificação da cláusula compromissória como ônus na seção 2.3.5 e como exceção na seção 2.4.4.

cedido – para se perfectibilizar. Sendo a cessão um negócio trilateral, ela não se forma sem o consentimento de uma parte.

Ao mesmo tempo, pode-se considerar a sujeição à jurisdição arbitral uma característica da relação jurídica complexa na qual o cessionário ingressou. Nesse caso, ninguém – nem cedente, nem cessionário, nem cedido – pode, individualmente, afastá-la. Apenas todas as partes, conjuntamente, poderiam fazer isso, por ser uma modificação do objeto da cessão.

Em qualquer situação, há possibilidade de comportamento contraditório. Por exemplo, o cessionário, durante as negociações, unilateralmente declara não estar de acordo com a cláusula compromissória, mas, depois, consente em termos amplos com a cessão 'de todos os direitos e obrigações'. A solução de uma situação assim dependeria não só dos elementos de fato, mas também de outros juízos normativos – *e.g.*, incidência das regras de tutela de confiança e validade e eficácia de eventual cláusula de acordo integral (*entire agreement clause*).

2.2.6. *Como eventual invalidade da cessão de posição contratual atua sobre a transmissão da cláusula compromissória*

O princípio da autonomia impede que a cláusula compromissória seja afetada por eventuais vícios do contrato (*v.* item 1.2). Aqui, não se discute essa relação e sim qual a consequência da invalidade da cessão do contrato sobre a transmissão da cláusula compromissória.

No instrumento de cessão, pode-se ter pactuado cláusula compromissória, compatível ou não com a cláusula compromissória do contrato original, sujeitando a própria cessão à jurisdição arbitral. No aspecto processual, isso suscitaria várias questões, sobretudo eventual possibilidade de consolidação de procedimentos arbitrais.[268] A questão aqui examinada é diferente: se cedido e cessionário estão sujeitos à jurisdi-

[268] Para análise comparativa de como diferentes regulamentos disciplinam a matéria, *v.* Smith, Gordon. Comparative Analysis of Joinder and Consolidation Provisions Under Leading Arbitral Rules. **Journal of International Arbitration**, v. 35, n. 2, p. 173-202, 2018. Para análise mais extensa dos fundamentos e requisitos da consolidação, *v.* Kaufmann-Kohler, Gabrielle et al. Consolidation of Proceedings in Investment Arbitration: How Can Multiple Proceedings Arising from the Same or Related Situations Be Handled Efficiently? Final Report on the Geneva Colloquium held on 22 April 2006. **ICSID Review**, v. 21, n. 1, p. 59-125, 2006.

ção arbitral no que se refere à relação jurídica originária ("contrato cedido"), em caso de invalidade da cessão.

Em um caso levado à apreciação do Tribunal Federal suíço, entendeu-se que, nessa hipótese, não há sujeição à jurisdição arbitral. O cessionário (ClearStar Ltda.) havia requerido arbitragem contra o cedido (Centromor), pedindo indenização por inadimplemento contratual. No contrato celebrado entre Centromor e IWO Laminat AB (cedente), havia pacto de *non cedendo* (art. 13.3). O tribunal arbitral decidiu que, em razão disso, não tinha jurisdição para decidir a disputa e ClearStar requereu a anulação da sentença com base no art. 190(2)(b) da LDIP.[269]

A controvérsia, levada à apreciação do Tribunal Federal, era se a cláusula compromissória acordada entre IWO e Centromor se transmitira à ClearStar e, portanto, se o tribunal arbitral tinha jurisdição. O Tribunal Federal rejeitou o pedido de anulação, reconhecendo que o tribunal arbitral corretamente declarara-se incompetente, com o seguinte fundamento:

> Se a demandante não extraiu nenhum direito da cláusula compromissória, em razão da proibição total de cessão, o tribunal arbitral corretamente declarou-se incompetente. A questão em aberto é saber se a competência deve ser negada em razão da intransmissibilidade da cláusula compromissória, como o tribunal arbitral admite em sua segunda motivação. Essa motivação também é evidentemente correta. Se as partes originárias não queriam ficar diante de outra parte sem seu consentimento por escrito, também não o queriam em um procedimento arbitral. Se a cláusula compromissória do art. 11 do contrato for interpretada à luz da proibição de cessão do art. 13.3, que abrange todas as pretensões, a cláusula compromissória acaba sendo pessoalizada em função das partes iniciais e é, portanto, intransmissível.[270]

[269] No original, Art. 190(2)(b): "Elle [La sentence] ne peut être attaquée que: (b) lorsque le tribunal arbitral s'est déclaré à tort compétent ou incompétent." (SUÍÇA. **Loi fédérale sur le droit international privé**, publicada em 18 de dezembro de 1987. Disponível em: <https://www.admin.ch/opc/fr/classified-compilation/19870312/index.html>. Acesso em 24 nov. 2020).

[270] No original: "*Si la demanderesse ne tirait aucun droit de la clause compromissoire à cause de l'interdiction complète de cession, le tribunal arbitral s'est déclaré incompétent de manière correcte. La question peut dès lors rester ouverte de savoir si la compétence serait à nier à cause de l'incessibilité de la clause compromissoire ainsi que l'admet le tribunal arbitral dans sa deuxième motivation. Du reste, cette*

A decisão é antiga, mas o entendimento perdura. Em 2001, Scherer relatou que a posição do Tribunal Federal era que a cláusula compromissória não se transmite, caso isso contrarie restrições estipuladas no contrato original.[271] Na doutrina, também é essa a opinião de Mercereau, para quem o cessionário não pode se beneficiar da cláusula compromissória, quando a própria cessão for inválida.[272]

Por outro lado, em um caso de cessão de crédito – mas cujos fundamentos são aplicáveis à cessão de posição contratual – levado aos tribunais franceses, entendeu-se que, mesmo que a cessão seja inválida, pode haver sujeição à jurisdição arbitral.[273] Seriam duas questões separáveis: *(i)* se a transmissão da cláusula compromissória é válida e *(ii)* se a cessão da posição contratual (ou do crédito) é válida.

Segundo Loquin, "o tribunal arbitral pode, sem contradição, declarar-se competente porque a transmissão da cláusula compromissória é válida conforme as regras materiais a ela aplicáveis e decidir que a

motivation est aussi à l'évidence juste. Car si les parties initiales ne voulaient pas se retrouver en face d'une autre partie sans leur assentiment écrit, elles ne le voulaient pas non plus dans une procédure arbitrale. Si la clause compromissoire de l'art. 11 du contrat est interprétée à la lumière de l'interdiction de cession de l'art. 13.3, qui comprend toutes les prétentions, la clause compromissoire se révèle effectivement être personnalisée en fonction des parties initiales et ainsi incessible." (SUÍÇA. Tribunal Fédéral. **Clear Star Limited v. Centrala Morska Importowo-Eksportova "Centromor"**. 9 abril 1991). A decisão foi publicada na *Revue de l'Arbitrage* (n. 4, 1991, p. 709-713).

271 Scherer, Matthias. Three Recent Decisions of the Swiss Federal Tribunal Regarding Assignment and Transfer of Arbitration Agreements. **ASA Bulletin**, v. 20, n. 1, p. 109-120, 2002. §7.4.

272 Mercereau, Ana Gerdau de Borja. Arbitragem e Contrato. In: Levy, Daniel; Pereira, Guilherme Setoguti J. (org.). **Curso de Arbitragem**. São Paulo: Revista dos Tribunais, 2018. p. 657-687. p. 661.

273 O caso Sté Burkinabe des ciments et matériaux *v.* SA des Ciments d'Abidjan foi apreciado pela Corte de Apelação de Paris (1999 e 2001) e pela Corte de Cassação (2002). O primeiro acórdão da Corte de Apelação de Paris foi comentado por Jean-Claude Dubarry na *Revue Trimestrielle de Droit Commercial* (1999, p. 377) (FRANÇA. Corte de Apelação de Paris. Sté Burkinabe des ciments et matériaux v. SA des Ciments d'Abidjan. 17 novembro 1999). O segundo foi comentado por Daniel Cohen na *Revue de l'Arbitrage* (2001, p. 165) (FRANÇA. Corte de Apelação de Paris. Sté Burkinabe des ciments et matériaux v. SA des Ciments d'Abidjan. 25 novembro 1999). O acórdão da Corte de Cassação foi divulgado no *Recueil Dalloz* (2003, p. 2471) e comentado por Eric Loquin na *Revue Trimestrielle de Droit Commercial* (2002, p. 667) e por Nathalie Coipel-Cordonnier na *Revue critique de droit international privé* (2002, p. 758).

cessão dos direitos em disputa não é válida, com base na lei aplicável a esta cessão, conforme a regra de conflito de leis."[274]

É difícil vislumbrar quando o estado de sujeição à jurisdição arbitral seria validamente cedido e a posição contratual, não, assim como é difícil vislumbrar uma cláusula compromissória personalíssima. No entanto, o elemento-chave não é probabilidade da ocorrência e sim a viabilidade jurídica do resultado.

Segundo a posição suíça (*ClearStar v. Centromor*), a invalidade da cessão do contrato conduz à invalidade da transmissão da cláusula compromissória. Sendo inválida a cessão, não há sujeição à jurisdição arbitral. Essa orientação – há uma invalidade, que se espraia – é compatível com a sujeição do cessionário à jurisdição arbitral por razões ligadas às características da relação jurídica originária. Concluindo pela invalidade da cessão, que abrangeria a cláusula compromissória, o tribunal arbitral não teria jurisdição.

Segundo a posição francesa (*Cimat v. SCA*), a invalidade da cessão do contrato não conduz, necessariamente, à invalidade da transmissão da cláusula compromissória. O tribunal arbitral poderia concluir que tem jurisdição, porque a cláusula compromissória foi validamente transmitida e, exercendo jurisdição, declarar a invalidade da cessão do contrato. Essa orientação é compatível com os casos em que a transmissão ocorre por consentimento. Haveria duas cessões, a da posição contratual e a do estado de sujeição à jurisdição arbitral.

***

Em síntese, a cláusula compromissória não se transmite automaticamente por consentimento ao cessionário do contrato. Para que ocorra transmissão por consentimento, ele precisa se exteriorizar por escrito,

[274] No original: "*Le tribunal arbitral peut sans contradiction se déclarer compétent parce que la transmission de la clause compromissoire est valable aux regards des règle matérielles qui la régissent et juger que la cession des droits litigieux n'est pas valable par application de la loi applicable à la cession désignée par la règle de conflit de lois.*" (Loquin, Eric. Confirmation de l'application du principe de l'efficacité internationale de la clause compromissoire à la transmission de la convention d'arbitrage. **Revue Trimestrielle de Droit Commercial**, Paris, p. 667-668, 2002). No mesmo sentido: Costa, Guilherme Recena. Partes e Terceiros na Arbitragem. Tese (Doutorado em Direito Processual Civil) – Universidade de São Paulo, São Paulo, 2015. p. 77.

ainda que no mesmo instrumento e de modo genérico. Quando a transmissão ocorre por consentimento, há duas cessões – a da posição contratual e a da sujeição à jurisdição arbitral – e a invalidade da cessão de posição contratual não conduz, por si só, à invalidade da transmissão da cláusula compromissória; seriam duas invalidades separadamente apreciáveis.

Também é possível que a sujeição do cessionário do contrato à jurisdição arbitral ocorra por razões ligadas às características da relação jurídica complexa na qual ele ingressou (*e.g.*, exceção oponível ao cedente; *v.* seção 2.4.4). Embora os efeitos dessas duas causas para sujeição do cessionário à jurisdição arbitral pareçam semelhantes, a fundamentação é diversa e há duas notáveis diferenças (*v.* seções 2.2.5 e 2.2.6).

2.3. Pagamento com sub-rogação

O pagamento com sub-rogação transmite uma relação jurídica simples (2.3.1). No direito estrangeiro, a questão parece resolvida a favor da sujeição do credor sub-rogado à jurisdição arbitral, porém, no Brasil, há decisões judiciais divergentes e o tema suscita discussão na doutrina (2.3.2).

Neste trabalho, entende-se que o credor sub-rogado está sujeito à jurisdição arbitral em virtude da eficácia translativa do pagamento com sub-rogação. Argumenta-se que o sub-rogado é parte na relação de débito-crédito, pelo que é necessário examinar as características do crédito cuja titularidade mudou em razão do pagamento (2.3.3); que o credor sub-rogado não demanda direito próprio contra terceiro, e sim direito do credor originário que se transfere à sua esfera jurídica (2.3.4); que o pagamento com sub-rogação tem eficácia translativa material e processual, abrangendo a sujeição à jurisdição arbitral (2.3.5); e que o art. 786, §2º do Código Civil não impede a sujeição da seguradora sub-rogada à jurisdição arbitral (2.3.6).

2.3.1. *Características do pagamento com sub-rogação*

Sub-rogação é substituição.[275] Será *real*, quando o que se substitui é uma coisa (*e.g.*, artigo 1.425, §1º do CC: a indenização paga pelo seguro subs-

[275] Cordeiro, António Menezes. **Direito das obrigações**. Lisboa: Associação Académica da Faculdade de Direito de Lisboa, 2001. v. 2. p. 99; Delgado, José Augusto. **Comentá-**

titui a coisa dada em garantia que pereceu), ou *pessoal*, quando o que se substitui é uma pessoa (*e.g.*, artigo 831 do CC: o fiador que paga a dívida se sub-roga nos direitos do credor). Será *total* ou *parcial*, conforme "se tenha satisfeito integralmente ou só em parte o direito do credor."[276] A sub-rogação pessoal, cujo exame interessa a este trabalho, é a consequência do pagamento feito por terceiro interessado, que substitui o primitivo credor na relação obrigacional.[277]

A sub-rogação pessoal tem antecedentes distantes no direito romano,[278] mas a figura como hoje se conhece advém do trabalho de juristas que, influenciados pelos glosadores, conceberam um instituto para regrar o pagamento feito por terceiro com interesse jurídico na satisfação do débito.[279] A essência da sub-rogação "é ser um benefício concedido a certas pessoas por ocasião de um pagamento que tenham

rios ao novo código civil: arts. 757 a 802. Rio de Janeiro: Forense, 2007. v. 11, t. 1. p. 524; Martins-Costa, Judith. **Comentários ao novo código civil:** arts. 304 a 388. Rio de Janeiro: Forense, 2005. v. 5, t. 1. p. 426; Telles, Inocêncio Galvão. **Direito das obrigações**. 7 ed. rev. e actual. Coimbra: Coimbra Ed., 1997. p. 280.

[276] Costa, Mário Júlio de Almeida. **Noções fundamentais de direito civil**. 4. ed. rev. e actual. com a colaboração de Henrique Sousa Antunes. Coimbra: Almedina, 2001. p. 184.

[277] Varela comentou a classificação do instituto, que ocupa uma região fronteiriça entre pagamento e transmissão: "a localização doutrinária mais adequada à real complexidade do instituto é que distribui o seu estudo pelo capítulo do *pagamento* (cumprimento) e pelo capítulo da *transmissão* das obrigações." (Varela, João de Matos Antunes. **Direito das obrigações.** Rio de Janeiro: Forense, 1978. v. 2. p. 337). A hibridez também foi comentada por Galvão Telles: "A sub-rogação traduz-se numa modalidade de *transmissão* do crédito. [...] Mas a *sub-rogação está intimamente ligada ao cumprimento*, visto ser uma forma de transmissão que se dá por efeito deste." (Telles, Inocêncio Galvão. **Direito das obrigações**. 7 ed. rev. e actual. Coimbra: Coimbra Ed., 1997. p. 283).

[278] As fórmulas processuais *beneficium cedarum actionum* e *successio in locum creditoris*. A fusão dessas duas figuras está na origem da sub-rogação (Mestre, Jacques. **La subrogation personelle**. Paris: LGDJ, 1979. p. 22-25; Savaux, Eric. Subrogation personelle. In: Savaux, Eric (dir.). **Répertoire de droit civil**. Paris: Dalloz, junho 2017. §2; Bayo Recuero, Nieves. **El pago del tercero:** subrogación. Madrid: Dijusa, 2000. p. 115; Mendonça, Manuel Ignácio Carvalho de. **Doutrina e prática das obrigações ou tratado geral dos direitos de crédito**. 4. ed. aum. e atual. Rio de Janeiro: Forense, 1956. t. 1. p. 537; Simões, Marcel Edvar. Transmissão em direito das obrigações: cessão de crédito, assunção de dívida e sub-rogação pessoal. Dissertação (Mestrado em Direito Civil) – Universidade de São Paulo, São Paulo, 2011. p. 59.

[279] Bayo Recuero, Nieves. **El pago del tercero:** subrogación. Madrid: Dijusa, 2000. p. 116-117; Cordeiro, António Menezes. **Direito das obrigações**. Lisboa: Associação Académica da

efetuado com o fim de lhes auxiliar o recurso contra o devedor por elas liberado."[280] Positivado primeiro no Código Civil francês, o pagamento com sub-rogação espraiou-se e foi incorporado a inúmeras legislações.

A característica singular do pagamento com sub-rogação é a eficácia translativa.[281] Há um pagamento com satisfação do credor, mas sem liberação do devedor: o credor satisfeito sai da relação obrigacional e, em seu lugar, entra o sub-rogado.[282] O fato jurídico que irradia esse efeito é o pagamento:[283] "a sub-rogação pressupõe a satisfação do crédito, sendo essa satisfação do crédito a condição e a medida dos direitos do terceiro sub-rogado."[284] Da eficácia translativa, decorrem as consequências típicas,

Faculdade de Direito de Lisboa, 2001. v. 2. p. 100; Leitão, Luís Manuel Teles de Menezes. **Direito das obrigações**. 3. ed. Coimbra: Almedina, 2005. v. 2. p. 33-34.

[280] Mendonça, Manuel Ignácio Carvalho de. **Doutrina e prática das obrigações ou tratado geral dos direitos de crédito**. 4. ed. aum. e atual. Rio de Janeiro: Forense, 1956. t. 1. p. 534. No mesmo sentido, "Nasceu dessa necessidade [garantia ao terceiro pagante] a sub-rogação, pela qual o terceiro se poderá prevalecer do crédito originário e dos direitos do credor, a quem pagou e a quem passa a substituir, investido das mesmas garantias." (Bevilaqua, Clóvis. **Direito das Obrigações**. 5 ed. Rio de Janeiro: Freitas Bastos, 1940. p. 124).

[281] Miranda, Francisco Cavalcanti Pontes de. **Tratado de direito privado:** parte especial. Atualizado por Nelson Nery Jr. [e] Rosa Maria de Andrade Nery. São Paulo: Revista dos Tribunais, 2012. t. 25. p. 373; Martins-Costa, Judith. **Comentários ao novo Código Civil:** do direito das obrigações, do adimplemento e da extinção das obrigações: arts. 304 a 388. Coordenador Sálvio de Figueiredo Teixeira. Rio de Janeiro: Forense, 2005. v. 5, t. 1; Silva, Jorge Cesa Ferreira da. **Adimplemento e extinção das obrigações:** comentários aos arts. 304 a 388 do código civil. São Paulo: Revista dos Tribunais, 2007. p. 335; SÁ, Fernando Augusto Cunha de. Transmissão das Obrigações. In: Albuquerque, Ruy de; Cordeiro, António Menezes (Coord.). **Estudos em memória do professor doutor José Dias Marques**. Coimbra: Almedina, 2007. p. 806-870. p. 835.

[282] É o oposto do pagamento em consignação, em que há liberação do devedor, sem satisfação do credor (Miranda, Francisco Cavalcanti Pontes de. **Tratado de direito privado:** parte especial. Atualizado por Nelson Nery Jr. [e] Rosa Maria de Andrade Nery. São Paulo: Revista dos Tribunais, 2012. t. 25. p. 373).

[283] Telles, Inocêncio Galvão. **Direito das obrigações**. 7 ed. rev. e actual. Coimbra: Coimbra Ed., 1997. p. 289; Mestre, Jacques. **La subrogation personelle**. Paris: LGDJ, 1979. p. 373-376; Leitão, Luís Manuel Teles de Menezes. **Direito das obrigações**. 3. ed. Coimbra: Almedina, 2005. v. 2. p. 44.

[284] Costa, Mário Júlio de Almeida. **Noções fundamentais de direito civil**. 4. ed. rev. e actual. com a colaboração de Henrique Sousa Antunes. Coimbra: Almedina, 2001. p. 185.

positivadas no artigo 349 do Código Civil: "a sub-rogação transfere ao novo credor todos os direitos, ações, privilégios e garantias do primitivo."

A sub-rogação tem uma figura próxima: o direito de regresso.[285] Ambas pressupõem o pagamento, sendo nisso semelhantes, mas diferem no restante.[286] O regresso é um direito *ex novo* que nasce para o co-devedor, que pagou além de sua quota, de reaver o que pagou a mais – por exemplo, o devedor solidário, pagando a dívida por inteiro, tem direito de regresso contra seus codevedores, nos termos do artigo 283 do Código Civil. Por ser *ex novo*, o direito de regresso não tem os acessórios nem as garantias da relação jurídica original, extinta com o pagamento.[287] A sub-rogação é o direito preexistente que se transmite para terceiro interessado, que pagou no lugar do devedor, de reaver o que pagou – por exemplo, a seguradora, pagando a indenização, sub-roga-se nos direitos do segurado contra o causador do dano, nos termos do artigo 786 do Código Civil.[288] Como o pagamento com sub-rogação tem efeito translativo, persiste o vínculo obrigacional, com seus acessórios e garantias.

Sub-rogação também não se confunde com a cessão de crédito. Ambas resultam na transmissão de um direito, sendo nisso semelhantes, mas diferem no restante. Em especial, (i) na sub-rogação, o efeito trans-

[285] Menezes Cordeiro narra que, em alguns ordenamentos jurídicos, como o francês e o italiano, ainda há confusão entre essas duas figuras. (Cordeiro, António Menezes. **Direito das obrigações**. Lisboa: Associação Académica da Faculdade de Direito de Lisboa, 2001. v. 2. p. 100).

[286] Varela, João de Matos Antunes. **Direito das obrigações**. Rio de Janeiro: Forense, 1977. v. 1. p. 310-314.

[287] SÁ, Fernando Augusto Cunha de. Transmissão das Obrigações. In: Albuquerque, Ruy de; Cordeiro, António Menezes (Coord.). **Estudos em memória do professor doutor José Dias Marques**. Coimbra: Almedina, 2007. p. 806-870. p. 831.

[288] A lei concede o benefício da sub-rogação ao codevedor de obrigação indivisível que paga a dívida (artigo 259, § único, do Código Civil). Orosimbo Nonato explica a fundamento da regra, que à primeira vista pode causar estranheza: "Nas relações dos sujeitos passivos da obrigação [indivisível] entre si, a sub-rogação no solvente dos direitos do credor é imposição de elementar justiça para o restabelecimento da *par conditio creditorum* e pela consideração de não dever o sujeito passivo, o *solvens*, totalmente, embora deva o todo: *totum sed non totaliter*. [...] A sub-rogação é logo indicada em favor do devedor que pagou dívida não inteiramente sua: *in obligatione individua, totum debetur ex necessitate, sed non totaliter*." (Nonato, Orosimbo. **Curso de obrigações:** generalidades, espécies. Rio de Janeiro: Forense, 1959. parte 1, v. 2. p. 45-46).

lativo decorre do pagamento; na cessão do crédito, da vontade;[289] (ii) na sub-rogação, o credor não garante a existência jurídica do crédito; na cessão, sim.[290]

Em síntese, sub-rogação é consequência do pagamento feito por terceiro com interesse jurídico na satisfação do débito, que satisfaz o credor sem liberar o devedor, tendo como característica a entrada do terceiro na posição de credor da relação obrigacional.

2.3.2. *O tema na jurisprudência e na doutrina*

A questão foi enfrentada pela Corte de Cassação francesa em maio de 1966.[291] A mercadoria transportada pela Companhia de Navegação Fraissinet et Cypryen Fabre, de Montreal a Marselha, sofrera avarias. A Societé d'approvisionnements textiles (SAT), proprietária da carga, acionou suas seguradoras – La Capitale e outras. As seguradoras, sub-rogadas nos direitos da SAT, demandaram o armador perante o Tribunal de Comércio do Sena, em Paris, embora houvesse cláusula compromissória no conhecimento de embarque. Analisando a competência do poder judiciário para adjudicar a demanda, a Corte de Cassação assim se pronunciou:

> O segurador só está, em virtude da sub-rogação, habilitado a exercer contra o armador, com quem não tem relação jurídica, a ação direta pertencente a seu segurado em virtude do contrato de transporte, dentro dos limites prescritos por esse contrato. Ele não pode demandar perante

[289] Por mais que haja elemento volitivo no ato de pagar, não é isso o que caracteriza a sub-rogação. No suporte fático do *pagamento com sub-rogação*, necessariamente há mais do que vontade; há adimplemento. Sobre a adequada classificação da sub-rogação convencional (art. 347 do Código Civil) – se autêntica hipótese de sub-rogação pessoal ou se hipótese de cessão de crédito topologicamente deslocada – *v.* Simões, Marcel Edvar. Transmissão em direito das obrigações: cessão de crédito, assunção de dívida e sub-rogação pessoal. Dissertação (Mestrado em Direito Civil) – Universidade de São Paulo, São Paulo, 2011. p. 60-61.

[290] Costa, Mário Júlio de Almeida. **Noções fundamentais de direito civil**. 4. ed. rev. e actual. com a colaboração de Henrique Sousa Antunes. Coimbra: Almedina, 2001. p. 186; Leitão, Luís Manuel Teles de Menezes. **Direito das obrigações**. 3. ed. Coimbra: Almedina, 2005. v. 2. p. 34-35.

[291] FRANÇA. Corte de Cassação. Acórdão de 13 de maio de 1966. O acórdão foi comentado por E. Mezger na *Revue critique de droit international privé* (1967, p. 355).

um Tribunal de Comércio [...] se o contrato de transporte que vincula seu segurado contém uma cláusula de arbitragem.[292]

A Corte de Cassação reiterou essa conclusão em 2005 (*AXA Corp. v. Nemesis Shipping*).[293] A Corte de Apelação de Paris, em 1992 (*Casco Nobel France v. Sico et Kansa*), em 1997 (*Carter v. Alstom et AGF*) e em 2019 (*Generali v. AXA Corporate Solutions*).[294]

Na Espanha, o artigo 780 do Código de Comércio, que prevê a sub-rogação do segurador que paga a indenização nos direitos e ações do segurado,[295] é indicado como fundamento para a sujeição da seguradora à jurisdição arbitral. Assim ficou decidido nos acórdãos STS 4671/2003,

[292] No original: "*L'assureur [...] n'est, en vertu de la subrogation, habilite* à *exercer contre l'armateur, avec lequel il est sans lien de droit, que l'action directe appartenant à son assure en vertu du contrat de transport et ce, dans les limites prescrites par ce contrat. Il ne peut donc demander à un Tribunal de Commerce de connaitre de l'appel en garantie qu'il forme contre cet armateur des lors que le contrat de transport qui lie son assure contient une clause d'arbitrage.*" (FRANÇA. Corte de Cassação. 2ª Seção. Acórdão de 13 de maio de 1966).

[293] FRANÇA. Corte de Cassação. AXA Corporate Solutions v. Nemesis Shipping Corporate Ltd. 22 novembro 2005. O acórdão foi comentado por Philippe Delebecque na *Revue Trimestrielle de Droit Commercial* (2006, p. 251).

[294] FRANÇA. Corte de Apelação de Paris. Casco Nobel France v. Sico et Kansa. 13 novembro 1992. O acórdão foi comentado por J. L. Goutal na *Revue de l'Arbitrage* (1993, p. 632); FRANÇA. Corte de Apelação de Paris. Carter v. Alstom et AGF. 6 fevereiro 1997. O acórdão foi comentado por Pierre Mayer na *Revue de l'Arbitrage* (1997, p. 556); FRANÇA. Corte de Apelação de Paris. Generali e AXA France v. AXA Corporate Solutions. Arrêt n. 18/20873. 26 novembro 2019. Consta no acórdão: "*Il en résulte que l'assureur, Axa Corporate Solutions, qui a indemnisé son assuré, SBM, en vertu de la police le liant à ce dernier est légalement subrogée dans tous les droits de celle-ci, la créance lui étant transmise avec ses accessoires, ses modalités, ses exceptions ou ses limitations, et notamment avec la clause compromissoire, dont il est dès lors fondé à se prévaloir et qui s'impose à lui. De plus, dans le droit de l'arbitrage international, les effets de la clause compromissoire s'étendent aux parties directement impliquées dans l'exécution du contrat dès lors que leurs situations et leurs activités font présumer qu'elles avaient connaissance de l'existence et de la portée de cette clause.*"

[295] *Art. 780. Pagada por el asegurador la cantidad asegurada, se subrogará en el lugar del asegurado para todos los derechos y acciones que correspondan contra los que por malicia o culpa causaron la pérdida de los efectos asegurados.* (ESPANHA. **Código Comercial**, publicado por Decreto Real em 22 de agosto de 1885. Disponível em: <https://www.boe.es/eli/es/rd/1885/08/22/(1)/con>. Acesso em 24 nov. 2020).

STS 713/2003 e STS 6778/1993, do Tribunal Supremo, e SAP B 2518/2000, da Audiência Provincial de Barcelona.[296]

Em Portugal, o artigo 136.1 do DL 72/2008 (Regime Jurídico do Contrato de Seguro), que prevê a sub-rogação do segurador "nos direitos do segurado", foi referido pelo Tribunal de Relação de Lisboa para concluir que "se o contrato a que o seguro se refere tem uma cláusula atribuindo a um tribunal arbitral competência para dirimir os litígios emergentes desse contrato, não pode a seguradora invocar a sua qualidade de terceiro para obstar a jurisdição arbitral."[297]

No Brasil, das várias hipóteses de transmissão da cláusula compromissória, pagamento com sub-rogação é a que mais vezes foi levada à apreciação do Poder Judiciário. Apesar de serem casos com semelhanças nos fatos – a seguradora, tendo pago a indenização securitária, sub-roga-se na posição do segurado em contrato (usualmente de transporte) contendo cláusula compromissória, e passa a demandar o causador do dano – as decisões judiciais divergem:

[296] ESPANHA. Tribunal Supremo. STS 4671/2003. Ocean Marine Mutual Protection and Indemnity Association Ltd. v. Mapfre Industrial S.A. e Banco Vilaticio de España S.A. Julgado em 3 julho 2003; ESPANHA. Tribunal Supremo. STS 713/2003. Lavinia Corporation v. Banco Vitalicio, Companhia Anónima de Seguros y Reaseguros. Julgado em 06 fevereiro 2003; ESPANHA. Tribunal Supremo. STS 6778/1993. Agencia de Servicios de Contenedores, S.A – ASECO e Canada Maritime Ltd v. Winterthur Sociedad Suiza de Seguros. Julgado em 13 outubro 1993; ESPANHA. Audiencia Provincial de Barcelona. SAP B 2518/2000. AGF Unión Fénix Seguros y Reaseguros v. Transportes Ochoa S.A. Julgado em 01 mar. 2000.

[297] PORTUGAL. Tribunal de Relação de Lisboa. 25093/13.7T2SNT.L1-1. Relator: João Ramos de Sousa. 17 outubro 2017.

Quadro 1 – Decisões judiciais sobre transmissão da cláusula compromissória na hipótese de pagamento com sub-rogação

Sub-rogado está sujeito à jurisdição arbitral	Sub-rogado não está sujeito à jurisdição arbitral
i) TJSP, 2009, 14ª Câmara, Apelação 7307457-0 (*Armada v. Sul América*) ii) TJSP, 2015, 12ª Câmara, Apelação 0149349-88.2011.8.26.0100 (*Panalpina v. Bradesco Seguros*) iii) TJSP, 2016, 38ª Câmara, Apelação 1009026-77.2015.8.26.0002 (*Itaú Seguros v. BBC Chartering*) iv) TJRJ, 2019, 19ª Câmara, Apelação 0288184-47.2017.8.19.0001 (*Ementa disponível, processo em segredo de justiça*) v) TJSP, 2020, 12ª Câmara, Apelação 1011916-50.2018.8.26.0562 (*Thorco et al v. Mapfre*) vi) TJSP, 2020, 21ª Câmara, Apelação 1003181-61.2020.8.26.0011 (*A.S.B. v. Saga*) vii) TJSP, 2021, 21ª Câmara, Apelação 1072135-86.2020.8.26.0100 (*Argo v. Saga*) viii) TJSP, 2022, 21ª Câmara, Apelação 1010817-68.2021.8.26.0100 (*Argo v. Saga*) ix) TJSP, 2023, 21ª Câmara, Apelação 1107230-80.2020.8.26.0100 (*Argo v. Saga*) x) STJ, 2019, Corte Especial, SEC 14.930/US (*Alstom v. Mitsui*)* xi) STJ, 2023, 4ª Turma, REsp 1.988.894/SP (*Mapfre v. Thorco et al*) * Homologação de sentença arbitral estrangeira.	i) TACSP, 2004, 1º Tribunal, Agravo de Instrumento 1.257.807-7 (*Alstom v. Itaú Seguros*) ii) TJSP, 2010, 11ª Câmara, Apelação 990.09.373821-0 (*Unibanco-AIG v. Panalpina*) iii) TJSP, 2012, 13ª Câmara, Apelação 0000254-21.2010.8.26.0002 (*Itaú Seguros v. Aliança Navegação*) iv) TJSP, 2012, 23ª Câmara, Apelação 0030807-20.2010.8.26.0562 (*Itaú Seguros v. Odfjell*) v) TJRJ, 2019, 26ª Câmara, Apelação 0288717-06.2017.8.19.0001 (*Chubb v. SAGA*) vi) TJRJ, 2019, 15ª Câmara, Apelação 0283784-24.2016.8.19.0001 (*ACE v. Break Bulk Carriers*) vii) TJSP, 2020, 14ª Câmara, Apelação 1005569-68.2019.8.26.0011 (*SAGA v. Chubb*) viii) TJSP, 2021, 38ª Câmara, Apelação 1008265-44.2017.8.26.0562 (*Royal e Fertimport v. XL Seguros*) ix) TJSP, 2021, 23ª Câmara, Apelação 1048345-39.2021.8.26.0100 (*Starr v. Rhenus*) x) TJSP, 2022, 15ª Câmara, Apelação 1116255-54.2019.8.26.0100 (*Argo v. G2*)

Em todos os casos, o tema entrelaça-se com direito do seguro. Em especial com a interpretação do artigo 786 do Código Civil[298] e da Súmula 188 do STF,[299] editada na vigência do Código Civil de 1916.

A decisão do Tribunal de Alçada Civil de São Paulo (TACSP), que primeiro examinou a questão, em 2004, concluindo pela não sujeição da seguradora sub-rogada à cláusula compromissória, influenciou as decisões subsequentes.[300] Expressamente, inclusive, pois foi aclamada pela

[298] Código Civil, "Art. 768 – Paga a indenização, o segurador sub-roga-se, nos limites do valor respectivo, nos direitos e ações que competirem ao segurado contra o autor do dano. §1º. Salvo dolo, a sub-rogação não tem lugar se o dano foi causado pelo cônjuge do segurado, seus descendentes ou ascendentes, consangüíneos ou afins. §2º. É ineficaz qualquer ato do segurado que diminua ou extinga, em prejuízo do segurador, os direitos a que se refere este artigo."

[299] STF, "Súmula 188. O segurador tem ação regressiva contra o causador do dano, pelo que efetivamente pagou, até ao limite previsto no contrato de seguro."

[300] (i) BRASIL. Primeiro Tribunal de Alçada Civil de São Paulo. **Agravo de Instrumento 1.257.807-7**. Agravante: Alstom Power Sweden AB. Agravada: Itaú Seguros S.A. et al. Relator: Paulo Roberto de Santana. Quarta Câmara. Julgado em 11 agosto 2004 (*TACSP, 2004, Alstom v. Itaú Seguros*); (ii) BRASIL. Tribunal de Justiça de São Paulo. **Apelação 990.09.373821-0**. Apelante: Unibanco-AIG Seguros e Previdência S.A. Apelada: Panalpina Ltda. Relator: Des. Gilberto dos Santos. 11ª Câmara de Direito Privado. Julgado em 11 março 2010 (*TJSP, 2010, Unibanco-AIG v. Panalpina*); (iii) BRASIL. Tribunal de Justiça de São Paulo. **Apelação 0000254-21.2010.8.26.0002**. Apelante: Itaú Seguros S.A. Apelada: Aliança Navegação e Logística Ltda. Relator: Des. Heraldo de Oliveira. 13ª Câmara de Direito Privado. Julgado em 1 fevereiro 2012 (*TJSP, 2012, Itaú Seguros v. Aliança Navegação*); (iv) BRASIL. Tribunal de Justiça de São Paulo. **Apelação 0030807-20.2010.8.26.0562**. Apelante: Itaú Seguros S.A. Apelada: Odfjell Tankers S.A. Relator: Des. J.B. Franco de Godoi. 23ª Câmara de Direito Privado. Julgado em 13 junho 2012 (*TJSP, 2012, Itaú Seguros v. Odfjell*); (v) BRASIL. Tribunal de Justiça do Rio de Janeiro. **Apelação 0288717-06.2017.8.19.0001**. Apelante: Chubb Seguros Brasil. Apelada: SAGA Welco. Relator: Des. Sandra Santarém Cardinali. 26ª Câmara de Direito Privado. Julgado em 28 março 2019 (*TJRJ, 2019, Chubb v. SAGA*); (vi) BRASIL. Tribunal de Justiça do Rio de Janeiro. **Apelação 0283784-24.2016.8.19.0001**. Apelante: Ace Seguradora S.A. Apelada: Break Bulk Carriers Consultoria Marítima Ltda. Relator: Des. Maria Regina Fonseca Nova Alves. 15ª Câmara Cível. Julgado em 11 junho 2019 (*TJRJ, 2019, Ace v. Break Bulk*); (vii) BRASIL. Tribunal de Justiça de São Paulo. **Apelação 1005569-68.2019.8.26.0011**. Apelante: SAGA Welco. Apelada: Chubb Seguros Brasil. Relator: Des. Carlos Abrão. 14ª Câmara de Direito Privado. Julgado em 29 janeiro 2020 (*TJSP, 2020, SAGA v. Chubb*); (viii) BRASIL. Tribunal de Justiça de São Paulo. **Apelação 1008265-44.2017.8.26.0562.** Apelante: Royal Bulkship S.A. e Fertimport S.A. Apelada: XL Seguros Brasil S.A. Relator: Des. Flávio Cunha da Silva. 38ª Câmara de Direito Privado. Julgado em 22 setembro 2021 (*TJSP, 2021, Royal e Fertimport v. XL Seguros*);

"superioridade de [suas] razões"[301] e citada como entendimento anterior em caso análogo.[302] Três fundamentos da decisão do TACSP reverberam na jurisprudência.

Primeiro, a cláusula compromissória não tem eficácia sobre a seguradora sub-rogada, que é terceiro em relação ao contrato (*e.g.*, de transporte) celebrado pela segurada com outrem.[303]

Segundo, a seguradora sub-rogada demandaria direito próprio, decorrente do contrato de seguro, e não do contrato em que há cláusula compromissória.[304]

Terceiro, a sub-rogação ocorreria em relação à ação processual, entendida como direito de demandar em juízo, não ao direito material. Assim deveria ser interpretada a Súmula 188 do STF.[305]

A essas razões, somam-se outras duas, encontradas na jurisprudência mais recente: *(i)* a sub-rogação ocorreria apenas em relação às características materiais do crédito, não em relação às características processuais (*e.g.*, cláusula de eleição de foro e cláusula compromissória);[306] *(ii)* o artigo 786, §2º do Código Civil vedaria ao segurado diminuir ou

(ix) BRASIL. Tribunal de Justiça de São Paulo. **Apelação 1048345-39.2021.8.26.0100.** Apelante: Starr International Seguradora S.A. Apelada: Rhenus Warehousing Solutions Mia LLC. Relator: Des. Hélio Nogueira. 23ª Câmara de Direito Privado. Julgado em 17 novembro 2021 (*TJSP, 2021, Starr v. Rhenus*); (x) BRASIL. Tribunal de Justiça de São Paulo. **Apelação 1116255-54.2019.8.26.0100.** Apelante: Argo Seguros Brasil S.A. Apelada: G2 Ocean e outro. Relator: Des. Mendes Pereira. 15ª Câmara de Direito Privado. Julgado em 19 abril 2022 (*TJSP, 2022, Argo v. G2*).

[301] TJSP, 2010, Unibanco-AIG v. Panalpina, p. 4.

[302] TJSP, 2012, Itaú Seguros v. Odfjell, p. 4. O relator desse acórdão, Des. J. B. Franco de Godoi, participou o julgamento do caso do TACSP, em 2004.

[303] TACSP, 2004, Alstom v. Itaú Seguros, p. 2; TJSP, 2010, Unibanco-AIG v. Panalpina, p. 2; TJSP, 2012, Itaú Seguros v. Aliança Navegação, p. 5; TJSP, 2012, Itaú Seguros v. Odfjell, p. 1; TJRJ, 2019, Chubb v. SAGA, p. 9; TJRJ, 2019, Ace v. Break Bulk, p. 13; TJSP, 2020, SAGA v. Chubb, p. 9; TJSP, 2021, Royal e Fertimport v. XL Seguros, p. 11; TJSP, 2021, Starr v. Rhenus, p. 1.

[304] TACSP, 2004, Alstom v. Itaú Seguros, p. 2; TJSP, 2010, Unibanco-AIG v. Panalpina, p. 5; TJSP, 2012, Itaú Seguros v. Odfjell, p. 2; TJRJ, 2019, Chubb v. SAGA, p. 8-9, TJSP, 2022, Argo v. G2, p. 4.

[305] TACSP, 2004, Alstom v. Itaú Seguros, p. 3; TJSP, 2010, Unibanco-AIG v. Panalpina, p. 4-5; TJSP, 2012, Itaú Seguros v. Odfjell, p. 3; TJRJ, 2019, Chubb v. SAGA, p. 8-9.

[306] TJRJ, 2019, Chubb v. SAGA, p. 11-13; TJRJ, 2019, Ace v. Break Bulk, p. 13-17.

extinguir os direitos decorrentes do pagamento com sub-rogação, em prejuízo do segurador.[307]

Por outro lado, o fundamento comum às decisões que admitiram a sujeição à jurisdição arbitral é que a seguradora sub-roga-se nos direitos e nos deveres do segurado, o que abrangeria a cláusula compromissória.[308] Isto é, o pagamento com sub-rogação transfere "todas as obrigações, principais e acessórias, decorrentes do contrato."[309] Sub-

[307] TJRJ, 2019, Chubb v. SAGA, p. 8-9; voto vencido do Min. João Otávio Noronha no SEC 14.930/US.

[308] (i) BRASIL. Tribunal de Justiça de São Paulo. **Apelação 7307457-0**. Apelante: Armada (Holland) B.V. Apelada: Sul América Companhia Nacional de Seguros. Relator: Des. José Tarciso Beraldo. 14ª Câmara de Direito Privado. Julgado em 4 fevereiro 2009 (*TJSP, 2009, Armada v. Sul América*); (ii) BRASIL. Tribunal de Justiça de São Paulo. **Apelação 0149349-88.2011.8.26.0100**. Apelante: Panalpina World Transport Ltd. Apelada: Bradesco Auto/Re Companhia de Seguros. Relator: Des. Tasso Duarte de Melo. 12ª Câmara de Direito Privado. Julgado em 11 fevereiro 2015 (*TJSP, 2015, Panalpina v. Bradesco Seguros*); (iii) BRASIL. Tribunal de Justiça de São Paulo. **Apelação 1009026-77.2015.8.26.0002**. Apelante: Itaú Seguros Soluções Corporativas S.A. Apelada: BBC Chartering & Logistic GmbH & Co KG. Relator: Des. Cesar Peixoto. 38ª Câmara de Direito Privado. Julgado em 17 agosto 2016 (*TJSP, 2016, Itaú Seguros v. BBC Chartering*); (iv) BRASIL. Tribunal de Justiça do Rio de Janeiro. **Apelação 0288184-47.2017.8.19.0001**. Apelante: Sem identificação. Apelada: Sem identificação. Processo em segredo de justiça (Ementa disponível). Relator: Des. Guaraci de Campos Vianna. 19ª Câmara Cível. Julgado em 2 julho 2019 (*TJRJ, 2019, Em segredo de justiça*); (v) BRASIL. Tribunal de Justiça de São Paulo. **Apelação 1011916-50.2018.8.26.0562.** Apelante: Thorco Shipping S.A., Log Wisdom S.A. e Asia Shipping Transportes Internacionais Ltda. Apelada: Mapfre Seguros Generales de Colombia S.A. Relator: Des. Tasso Duarte de Melo. 12ª Câmara de Direito Privado. Julgado em 30 setembro 2020 (*TJSP, 2020, Thorco et al. v. Mapfre*); (vi) BRASIL. Tribunal de Justiça de São Paulo. **Apelação 1003181-61.2020.8.26.0011**. Apelante: A.S.B. Apelada: S.W.R.P.S.W. Relator: Des. Décio Rodrigues. 21ª Câmara de Direito Privado. Julgado em 20 novembro 2020 (*TJSP, 2020, A.S.B. v. Saga*); (vii) BRASIL. Tribunal de Justiça de São Paulo. **Apelação 1072135-86.2020.8.26.0100**. Apelante: Argo Seguros Brasil S.A. Apelada: Saga Welco. Relator: Des. Maia da Rocha. 21ª Câmara de Direito Privado. Julgado em 14 junho 2021 (*TJSP, 2021, Argo v. Saga*); (viii) BRASIL. Tribunal de Justiça de São Paulo. **Apelação 1010817-68.2021.8.26.0100**. Apelante: Argo Seguros Brasil S.A. Apelada: Saga Welco. Relator: Des. Régis Rodrigues Bonvicino. 21ª Câmara de Direito Privado. Julgado em 7 novembro 2022 (*TJSP, 2022, Argo v. Saga*); (ix) BRASIL. Tribunal de Justiça de São Paulo. **Apelação 1107230-80.2020.8.26.0100**. Apelante: Argo Seguros Brasil S.A. Apelada: Saga Welco. Relator: Des. Maia da Rocha. 21ª Câmara de Direito Privado. Julgado em 24 abril 2023, por maioria (*TJSP, 2023, Argo v. Saga*).

[309] TJSP, 2016, Itaú Seguros v. BBC Chartering, p. 3. No mesmo sentido: TJSP, 2020, A.S.B. v. Saga, p. 6; TJSP, 2021, Argo v. Saga, p. 1; TJSP, 2022, Argo v. Saga, p. 1; TJSP, 2023, Argo v. Saga, p. 8.

-rogando-se, a seguradora assumiria a posição jurídica do segurado "como se contratante fosse" e "por consequência, [estaria] submetida às regras contratuais adrede assumidas."[310] Cinco acórdãos do TJSP atribuem importância à presunção de que a seguradora conhecia a cláusula compromissória no momento da emissão da apólice, não havendo "surpresa ou novidade"[311], circunstância determinante na fundamentação do Recurso Especial 1.988.894/SP.[312]

No julgamento do SEC n. 14.930/US, em 2019, a Corte Especial do STJ, por maioria, deferiu a homologação de sentença arbitral estrangeira que decidira disputa entre a Mitsui (seguradora sub-rogada) e a Alstom (parte em contrato de fornecimento com a Alunorte, segurada da Mitsui, em que havia cláusula compromissória). Há votos escritos favoráveis à homologação do Min. Og Fernandes (relator), do Min. Mauro Campbell Marques e da Min. Nancy Andrighi.[313]

A fundamentação dos votos é semelhante: *(i)* no controle judicial de sentença arbitral estrangeira, não se reexamina o mérito da decisão;[314] *(ii)* a transmissão da cláusula compromissória à seguradora sub-rogada não ofende a ordem pública – não há norma proibitiva expressa, parte da doutrina entende isso possível, e, em questão similar (SEC

[310] TJSP, 2015, Panalpina v. Bradesco Seguros, p. 5. No mesmo sentido: TJSP, 2020, Thorco et al. v. Mapfre, p. 20.

[311] TJSP, 2015, Panalpina v. Bradesco Seguros, p. 7; TJSP, 2020, A.S.B. v. Saga, p. 10; TJSP, 2021, Argo v. Saga, p. 5; TJSP, 2022, Argo v. Saga, p. 5; TJSP, 2020, Thorco et al. v. Mapfre, p. 24.

[312] BRASIL. Superior Tribunal de Justiça. **Recurso Especial 1.988.894/SP.** Recorrente: Mapfre Seguros Generales de Colombia S.A. Recorridos: Log Wisdom S.A. e outros. Relator: Min. Maria Isabel Gallotti. Quarta Turma. Julgado em 9 maio 2023.

[313] BRASIL. Superior Tribunal de Justiça. **SEC 14.930/US.** Requerentes: Alstom Brasil Energia e Transporte Ltda. e Alstom Power Inc. Requerida: Mitsui Sumimoto Seguros S.A. Relator: Min. Og Fernandes. Corte Especial. Julgado em 15 maio 2019. Voto do Min. Og. Fernandes (p. 12-16; 31-47); Voto do Min. Mauro Campbell Marques (p. 60-67); voto da Min. Nancy Andrighi (p. 70-79).

[314] Voto do Min. Og. Fernandes, p. 12 e p. 34; Voto do Min. Mauro Campbell Marques, p. 65; voto da Min. Nancy Andrighi, p. 72. Na retificação de voto do Min. Og Fernandes, consta: "não está firmando neste voto precedente sobre a ampliação ou a restrição dos direitos do sub-rogado em contratos de seguro, em função do disposto no §2º do art. 786 do Código Civil, até porque este não é o objeto desta lide e nem a tanto se poderia chegar neste procedimento, cujo exame é restrito, como citado alhures." (p. 46-47).

11.969/EX[315]), a homologação de sentença estrangeira foi deferida;[316] *(iii)* o alcance da sub-rogação é amplo. Para o Min. Fernandes, "parte da doutrina civilista afirma que a sub-rogação tem o condão de atrair para o segurador também as obrigações e seus acessórios."[317] Para a Min. Andrighi, pagando a indenização, "a seguradora sub-rogada resta automaticamente vinculada ao contrato sub-rogado, com todas as suas limitações, defeitos, qualidades, termos e condições."[318]

O Min. João Otávio de Noronha, em voto vencido acompanhado pelo Min. Luis Felipe Salomão e pelo Min. Benedito Gonçalves, indeferiu o pedido de homologação de sentença arbitral estrangeira por entender que havia violação à ordem pública. O voto tem por fundamentação: *(i)* a possibilidade de transmissão da cláusula compromissória é uma questão ligada à garantia constitucional de inafastabilidade da jurisdição estatal e de acesso à justiça (art. 5º, inciso XXXV, da Constituição Federal) e à competência do juízo prolator da decisão (art. 5º, inciso LIII, da Constituição Federal, e art. 15 da Lei de Introdução às Normas de Direito Brasileiro), que são matéria de ordem pública; *(ii)* sub-rogação é substituição de uma pessoa por outra, mas não tem "caráter universal para abranger tudo aquilo que envolve o negócio jurídico celebrado originariamente"; *(iii)* a sub-rogação transfere o crédito apenas com suas características materiais – aspectos processuais ou personalíssimos não se transmitem ao sub-rogado; *(iv)* a jurisdição arbitral é consensual por natureza; *(v)* a cláusula compromissória "implica renúncia à garantia fundamental de acesso à jurisdição estatal" e renúncia não pode ser presumida, nem atingir ou prejudicar terceiros; *(vi)* "qualquer indagação sobre a possibilidade de transmissão ou extensão da cláusula compromissória haverá de perpassar pela investigação da vontade das partes"; *(vii)* a sub-rogação abrange direitos e ações, não ônus ou obrigações, sobretudo se personalíssimos, "como parece ocorrer com a cláusula

[315] O SEC 11.969/EX é um caso de cessão de posição contratual. A cedente (Multiner) e a cessionária do contrato (Termelétrica Itapebi) foram solidariamente condenadas pela sentença arbitral estrangeira a indenizar o cedido (Caterpillar). (BRASIL. Superior Tribunal de Justiça. **SEC 11.969/EX**. Requerente: C M G C K. Requeridas: M S.A e T I S.A. Relator: Min. Raul Araújo. Corte Especial. Julgado em 15 dezembro 2015. Acórdão de 2 fevereiro 2016).

[316] Voto do Min. Og. Fernandes, p. 44-45.

[317] Voto do Min. Og. Fernandes, p. 45.

[318] Voto da Min. Nancy Andrighi, p. 78.

compromissória"; *(viii)* a sujeição à cláusula compromissória restringe o exercício do direito de ação da seguradora, o que é vedado pelo art. 786, §2º do Código Civil; *(ix)* a cláusula compromissória é autônoma e a sub-rogação transfere apenas "os direitos em conexão com o crédito."[319]

No julgamento do Recurso Especial 1.988.894/SP, em maio de 2023, a Quarta Turma do STJ, por unanimidade, concluiu pela sujeição da seguradora sub-rogada à cláusula compromissória. Na fundamentação do voto, rejeitou-se a "submissão à cláusula arbitral como efeito direto e automático da sub-rogação legal"[320], mas atribuiu-se relevância à ciência, por parte da seguradora, de que havia uma cláusula compromissória no contrato de transporte marítimo garantido. Como ele fora enviado à seguradora previamente à aceitação do risco, a sujeição à arbitragem foi considerada "um dos elementos essenciais do interesse a ser garantido e do risco predeterminado."[321]

Na doutrina brasileira, vários autores concluíram que a cláusula compromissória transmite-se ao sub-rogado. As posições não são idênticas. Há gradação, conforme o peso atribuído ao papel do consentimento do sub-rogado.

A primeira corrente afirma ser irrelevante o consentimento do sub-rogado. Para Sperandio, "o julgador não deve investigar o consentimento da parte substituta aos termos da relação jurídica originária, sob pena de ensejar a ruptura dos termos nela previstos."[322] "Como o substituto [na cessão de contrato, na sucessão e na sub-rogação] passa a

[319] BRASIL. Superior Tribunal de Justiça. **SEC 14.930/US.** Requerentes: Alstom Brasil Energia e Transporte Ltda. e Alstom Power Inc. Requerida: Mitsui Sumimoto Seguros S.A. Relator: Min. Og Fernandes. Corte Especial. Julgado em 15 maio 2019. Voto divergente do Min. João Otávio Noronha.

[320] BRASIL. Superior Tribunal de Justiça. **Recurso Especial 1.988.894/SP.** Recorrente: Mapfre Seguros Generales de Colombia S.A. Recorridos: Log Wisdom S.A. e outros. Relator: Min. Maria Isabel Gallotti. Quarta Turma. Julgado em 9 maio 2023. p. 29.

[321] STJ, 2023, Mapfre v. Log et al., p. 30.

[322] Sperandio. Felipe Vollbrecht. Transmissão de cláusula compromissória à seguradora por força de sub-rogação legal. Arbitragem, direito securitário e consentimento no direito brasileiro. In. Carmona, Carlos Alberto; Lemes, Selma Ferreira; Martins, Pedro Batista (Coord.). **20 anos da Lei de Arbitragem:** homenagem a Petrônio R. Muniz. São Paulo: Atlas, 2017. p. 795-843. p. 799.

compor a relação jurídica originária no lugar da parte substituída, a vinculação a todos os termos do contrato é automática."[323]

A segunda corrente, sem afirmar expressamente a irrelevância do consentimento, enfatiza o alcance da sub-rogação. Para Verçosa, "a relação jurídica travada entre o segurado e terceiro causador do sinistro transmite-se à seguradora com todas as suas características."[324] Recena Costa sublinha que a sub-rogação também transfere "os remédios de natureza processual", razão pela qual a seguradora sub-rogada torna-se parte "de eventual cláusula compromissória que alcance a relação jurídica daquele [o segurado] com o causador do dano."[325]

A terceira corrente enfatiza que a seguradora conhece ou deveria conhecer a cláusula compromissória. Para Butti, "a seguradora, ao garantir a obrigação decorrente do contrato principal, tem ciência, ou deveria ter ciência, de que naquele contrato as partes inseriram cláusula compromissória."[326] Para Kohlback de Faria, o terceiro que, pagando, sub-roga-se na posição de credor "conhece ou deveria conhecer os termos das relações jurídicas das partes originárias." Ciente disso, a prática de um ato que implique sub-rogação – isto é, pagamento – constitui aceitação, ainda que tácita, da cláusula compromissória.[327]

Por outro lado, Fernandes e Merlo consideram que a sub-rogação transfere o crédito apenas com suas características de direito material. Entendem que se nem a cláusula de eleição de foro, que modifica a competência relativa do Poder Judiciário, transmite-se à seguradora, menos razão há para que isso ocorra com a cláusula compromissória,

[323] SPERANDIO. Felipe Vollbrecht. Transmissão de cláusula compromissória à seguradora por força de sub-rogação legal. Arbitragem, direito securitário e consentimento no direito brasileiro. In. CARMONA, Carlos Alberto; LEMES, Selma Ferreira; MARTINS, Pedro Batista (Coord.). **20 anos da Lei de Arbitragem:** homenagem a Petrônio R. Muniz. São Paulo: Atlas, 2017. p. 795-843. p. 798.

[324] VERÇOSA, Fabiane. Arbitragem e Seguros: Transmissão da Cláusula Compromissória à Seguradora em Caso de Sub-Rogação. **Revista Brasileira de Arbitragem**, São Paulo, v. III, n. 11, p. 46-55, 2006. p. 53.

[325] COSTA, Guilherme Recena. Partes e Terceiros na Arbitragem. Tese (Doutorado em Direito Processual Civil) – Universidade de São Paulo, São Paulo, 2015. p. 83.

[326] BUTTI, Paula Cardoso. Limites subjetivos da convenção de arbitragem. Dissertação (Mestrado em Direito Processual Civil) – Universidade de São Paulo, São Paulo, 2013. p. 166.

[327] FARIA, Marcela Kohlbach de. **Participação de Terceiros na Arbitragem**. São Paulo: Quartier Latin, 2019. p. 69.

que afasta a competência do Poder Judiciário.[328] Para Oliveira e Prado, a natureza contratual da arbitragem impediria a imposição dos deveres da cláusula compromissória à seguradora sub-rogada.[329] Didier Jr. e Bomfim, analisando o tema no âmbito do seguro garantia, enfatizam que há dois contratos diferentes (entre segurado-tomador e entre segurado-seguradora) e concluem que a seguradora não está sujeita à jurisdição arbitral por força do pagamento com sub-rogação, que transfere apenas a "situação jurídica ativa (direito de ser indenizado)."[330]

Lemes, em artigo dedicado à arbitragem e ao seguro, examinou situação diferente: se a seguradora não sub-rogada poderia intervir no procedimento arbitral como terceiro.[331]

***

Considerando o modo como se discute o tema na jurisprudência e na doutrina, a transmissão da cláusula compromissória no pagamento com sub-rogação desdobra-se em quatro questões: posição do sub-rogado, se parte ou terceiro (2.3.3); origem do direito do credor sub-rogado (2.3.4); eficácia da sub-rogação, se material, processual ou ambas (2.3.5); interpretação do artigo 786, §2º do Código Civil (2.3.6).

[328] FERNANDES, Júlio César; MERLO, Melina Martins. Panalpina World Transport (PRC) Ltd. v. Bradesco Auto/RE Companhia de Seguros, Tribunal de Justiça de São Paulo (12ª Câmara de Direito Privado), Recurso de Apelação nº 0149349-88.2011.8.26.0100, 11 fevereiro 2015 (Comentário). **Revista Brasileira de Arbitragem**, São Paulo, v. XII, n. 47, p. 153-162, 2015.

[329] OLIVEIRA, Marcia Cicarelli Barbosa de; PRADO, Camila Affonso. Arbitragem nos contratos de seguro e resseguro. **Revista do Advogado**, São Paulo, ano XXXIII, n. 119, p. 119-125, abr./2013. p. 123.

[330] DIDIER JÚNIOR, Fredie; BOMFIM, Daniela Santos. A sub-rogação prevista no art. 786 do Código Civil e a convenção de arbitragem celebrada pelo segurado. **Revista de Direito Civil Contemporâneo**, v. 24, p. 95-116, jul./set. 2020.

[331] O exemplo oferecido pela autora, o qual pauta sua análise, evidencia a diferença: "uma empresa A (adquirente) e uma empresa B (vendedora) questionam um problema ocorrido (sinistro), por exemplo, num maquinário industrial, que está segurado. Surge a controvérsia, a empresa A institui uma arbitragem contra a empresa B, pois no contrato de venda e compra do equipamento há cláusula compromissória. Surge, por consequência, a indagação: pode a seguradora ingressar no procedimento arbitral, mesmo não sendo parte no contrato e não tendo firmado a cláusula compromissória?" (LEMES, Selma Maria Ferreira. Arbitragem e seguro. **Revista de Arbitragem e Mediação**, São Paulo, v. 27, p. 56-69, out./dez. 2010).

2.3.3. *Se o sub-rogado é parte ou terceiro da relação jurídica de crédito*

Há acórdãos que rejeitam a sujeição do credor sub-rogado à jurisdição arbitral, pois ele seria terceiro.[332] Por exemplo:

> Indenizatória – Ação regressiva decorrente de contrato de seguro – Cláusula arbitral instituída com a segurada e não com a seguradora – Hipótese em que a resolução de conflitos por arbitragem só obriga as partes contratantes e não terceiros.[333]

> Apelação Cível. Ação regressiva. Sub-rogação da seguradora. [...] Cláusula de arbitragem. Resolução de conflitos por arbitragem só obriga as partes contratantes e não terceiros. Extinção afastada.[334]

A qualificação do sub-rogado como terceiro não é inverídica, pois ele não participou da formação do contrato com cláusula compromissória, mas é incompleta, pois omite o referencial. O sub-rogado é terceiro em relação ao contrato e é parte da relação jurídica simples (crédito-débito), como novo credor, já que o pagamento com sub-rogação transfere a titularidade de um crédito. A transformação subjetiva da relação jurídica, que permanece a mesma, é a característica que unifica o fenômeno transmissivo.

A qualificação do credor sub-rogado como terceiro também não responde se ele está, ou não, sujeito à jurisdição arbitral, pois a questão depende da eficácia da sub-rogação. A sujeição do credor sub-rogado à jurisdição arbitral deve ser examinada por um ângulo objetivo, analisando-se as características do crédito que entra na esfera jurídica do sub-rogado por força do efeito translativo do pagamento. Antes, porém, de examinar a eficácia da sub-rogação (2.3.5), é preciso examinar a origem do direito do credor sub-rogado (2.3.4).

[332] TACSP, 2004, Alstom v. Itaú Seguros, p. 2; TJSP, 2010, Unibanco-AIG v. Panalpina, p. 2; TJSP, 2012, Itaú Seguros v. Aliança Navegação, p. 5; TJSP, 2012, Itaú Seguros v. Odfjell, p. 1; TJRJ, 2019, Chubb v. SAGA, p. 9; TJRJ, 2019, Ace v. Break Bulk, p. 13; TJSP, 2020, SAGA v. Chubb, p. 9; TJSP, 2021, Royal e Fertimport v. XL Seguros, p. 11; TJSP, 2021, Starr v. Rhenus, p. 1.

[333] TJSP, 2012, Itaú Seguros v. Odfjell, p. 1.

[334] TJSP, 2021, Starr v. Rhenus, p. 1.

2.3.4. *Se o sub-rogado demanda direito próprio*

Alguns acórdãos afirmam que a seguradora sub-rogada não está sujeita à jurisdição arbitral porque demandaria direito próprio, decorrente do contrato de seguro:[335]

> *As seguradoras vieram a juízo pleitear direito próprio decorrente do contrato de seguro* e não do contrato de prestação de serviços firmado pela ARACRUZ com a agravante e a co-ré A B LTDA. A sub-rogação da seguradora não é do mesmo direito material, por óbvio, porque *a origem do seu direito de regresso é o contrato de seguro*, enquanto que o direito da segurada resulta do descumprimento do contrato de prestação de serviços, ou de negligência, imprudência ou imperícia (art. 159, CC de 1916).[336]

> Isso porque, *a apelante veio a juízo pleitear direito próprio decorrente do contrato de seguro* e não do contrato de transporte marítimo, que possui a cláusula de compromisso arbitral. *A sub-rogação da seguradora não é do mesmo direito material que emerge do contrato de transporte marítimo, mas sim do contrato de seguro.*[337]

Nesse tema, confunde-se sub-rogação e regresso, um problema agravado pela redação da Súmula 188 do STF, que fala em "ação regressiva", embora a expressão "direito de regresso do segurador" seja algo "sem total rigor dogmático."[338] A isso soma-se a confusão quanto à eficácia translativa do pagamento.

O contrato de seguro não cria direito algum à seguradora contra o terceiro que causa o dano por ela indenizado (nos casos examinados, o contratante do segurado). Ele cria, para a seguradora, uma obrigação de garantia contra riscos predeterminados, devida ao segurado ou beneficiário, e um direito ao recebimento do prêmio, que pode ser devido pelo próprio segurado, pelo estipulante (*e.g.*, seguro de vida em grupo) ou pelo tomador (*e.g.*, seguro garantia).[339]

[335] TACSP, 2004, Alstom v. Itaú Seguros, p. 2; TJSP, 2010, Unibanco-AIG v. Panalpina, p. 5; TJSP, 2012, Itaú Seguros v. Odfjell, p. 2; TJRJ, 2019, Chubb v. SAGA, p. 8-9.

[336] 1º TACSP, 2004, Alstom v. Itaú Seguros, p. 2.

[337] TJSP, 2012, Itaú Seguros v. Odfjell, p. 2.

[338] CORDEIRO, António Menezes. **Direito dos seguros**. Coimbra: Almedina, 2013. p. 703.

[339] TZIRULNIK, Ernesto; CAVALCANTI, Flávio de Queiroz B.; PIMENTEL, Ayrton. **O contrato de seguro de acordo com o Código Civil brasileiro**. 3. ed. São Paulo: Roncarati, 2016. p. 43-45, p. 60.

Nas cláusulas relativas a riscos assegurados e excluídos, o contrato de seguro determina quais fatos interessam àquela relação; ocorrendo esses fatos, a regra contratual incide, colorindo-os; o fato juridiciza-se e nasce, assim, o sinistro.[340] Ocorrido o sinistro, a seguradora deve indenizar os danos. Para isso, paga. Pagando, sub-roga-se nos direitos do segurado contra quem causou os danos, na medida do que indenizou, nos termos do art. 786 do Código Civil. Com o pagamento, não surge um direito *ex novo*, de regresso, para a seguradora. Ela tão somente torna-se titular do direito contra o causador do dano que antes estava na esfera jurídica do segurado. Tem as mesmas garantias e a ela podem ser opostas as mesmas exceções.[341]

Em resumo, a seguradora não tem direito próprio, decorrente do contrato de seguro, contra o causador do dano. O direito pertence ao segurado e, no pagamento com sub-rogação, transfere-se à esfera jurídica da seguradora. Assim, a pergunta central é se a sujeição à jurisdição arbitral é uma característica do crédito abrangida pela eficácia translativa do pagamento com sub-rogação.

2.3.5. *Se o pagamento com sub-rogação tem eficácia material, processual ou material e processual*

Vários acórdãos afirmam que o pagamento com sub-rogação transfere obrigações criadas pelo contrato, dentre as quais estaria a cláusula compromissória.[342] Por exemplo:

> Entre as obrigações assumidas pela segurada, está a cristalizada naquela cláusula compromissória. [...] Para a solução da controvérsia posta no

[340] "A juridicização é o processo peculiar ao direito; noutros termos: o direito adjetiva os fatos para que sejam jurídicos (= para que entrem no mundo jurídico)." (Pontes de Miranda, Francisco Cavalcanti. **Tratado de direito privado:** parte geral. Atualizado por Judith Martins-Costa, Gustavo Haical e Jorge Cesa Ferreira da Silva. São Paulo: Revista dos Tribunais, 2012. t. 1. p. 65).

[341] Leitão, Luís Manuel Teles de Menezes. **Direito das obrigações**. 3. ed. Coimbra: Almedina, 2005. v. 2. p. 42-43; Martins-Costa, Judith. **Comentários ao novo código civil:** arts. 304 a 388. Rio de Janeiro: Forense, 2005. v. 5, t. 1. p. 461.

[342] TJSP, 2015, Panalpina v. Bradesco Seguros, p. 5; TJSP, 2015, Panalpina v. Bradesco Seguros, p. 5, TJSP, 2015, Panalpina v. Bradesco Seguros, p. 5; TJSP, 2016, Itaú Seguros v. BBC Chartering, p. 3; TJRJ, 2019, Em segredo de justiça; STJ, SEC 14.930/US, 2019, voto do Min. Og. Fernandes, p. 45 e voto da Min. Nancy Andrighi, p. 78.

> recurso importa saber, apenas, que, em tendo ajustado a cláusula compromissória, "ficam os contratantes vinculados à solução extrajudicial da pendência", vinculação a que se deve sujeitar também a apelada, *sub-rogada tanto nos direitos como nos deveres de sua segurada.*[343]

> É do dispositivo legal e da sua melhor interpretação doutrinária que a seguradora assume a posição jurídica do segurado, ou seja, *passa a ser visto como se contratante do transporte marítimo fosse* e, por consequência, *submetido às regras contratuais adrede assumidas.*[344]

Contradiz a finalidade da sub-rogação, concebida como vantagem ao terceiro interessado que paga o débito, que ele fique, em razão do pagamento, na posição passiva de outras obrigações contratuais. O devedor tem exceções contra o sub-rogado, não pretensões (sobre a qualificação da cláusula compromissória como exceção do devedor, *v.* seção 2.4.4).[345]

Ao mesmo tempo, embora a sub-rogação não transfira obrigações, transfere o crédito com as "vantagens [e] também os inconvenientes."[346] Isto é, o direito de crédito "se transfere de armas e bagagens para a esfera jurídica do *solvens*."[347] Como diz uma conhecida decisão do STJ: "o sub-rogado adquire o crédito com os seus acessórios, mas também com os inconvenientes, não ficando desobrigado de satisfazer as exigências legais para poder recebê-lo. Em outras palavras, não terá o sub-rogado contra o devedor mais direitos do que o primitivo credor."[348]

[343] TJSP, 2009, Armada v. Sul América Seguros, p. 3-5. Grifou-se.

[344] TJSP, 2015, Panalpina v. Bradesco Seguros, p. 5. Grifou-se.

[345] O tema é examinado na seção relativa à cessão de crédito, embora seja pertinente ao pagamento com sub-rogação também, para evitar repetição. A jurisprudência, embora devesse, não analisa a sujeição do sub-rogado à jurisdição arbitral com fundamento na regra de oponibilidade das exceções, que ocupa lugar central nos casos de cessão de crédito. As conclusões lá apresentadas sobre a qualificação da cláusula compromissória como exceção do devedor são aqui igualmente aplicáveis.

[346] Martins-Costa, Judith. **Comentários ao novo código civil:** do direito das obrigações, do adimplemento e da extinção das obrigações: arts. 304 a 388. Coordenador Sálvio de Figueiredo Teixeira. Rio de Janeiro: Forense, 2005. v. 5, t. 1. p. 461.

[347] Varela, João de Matos Antunes. **Direito das obrigações**. Rio de Janeiro: Forense, 1978. v. 2. p. 349.

[348] BRASIL. Superior Tribunal de Justiça. **Recurso Especial 174.353/RJ**. Recorrente: Santa Cruz Seguros S.A. Recorrido: Itaipark Estacionamentos Ltda. Relator: Min. Salvio de

Nesse caso decidido pelo STJ, a seguradora demandara o causador do dano juntando apenas prova do pagamento de indenização ao segurado. Duas exigências legais deveriam ter sido demonstradas por ela, e não o foram: *(i)* a prova da ocorrência do furto de um veículo no estacionamento da recorrida; *(ii)* a prova de que o veículo não fora recuperado.[349] Isto é, a seguradora precisava se desincumbir do mesmo ônus de prova (exigências legais, na linguagem do acórdão) que caberia ao segurado na ação de reparação civil.

No Código Civil, há dois artigos sobre a eficácia do pagamento com sub-rogação. O art. 349, que trata da sub-rogação em geral, estabelece: "a sub-rogação transfere ao novo credor todos os direitos, ações, privilégios e garantias do primitivo, em relação à dívida, contra o devedor principal e os fiadores." O art. 786, que trata da sub-rogação no contrato de seguro, estabelece: "paga a indenização, o segurador sub-roga-se, nos limites do valor respectivo, nos direitos e ações que competirem ao segurado contra o autor do dano."

Na jurisprudência, duas posições antagônicas convivem. Em uma, a sub-rogação ocorreria apenas em relação à ação, não ao direito material.[350] Em outra, a sub-rogação transferiria o crédito apenas com suas características de direito material, não com as processuais.[351] Ambas são equivocadas. A primeira é herdeira da concepção de que a seguradora sub-rogada tem um direito próprio contra o causador do dano, decorrente do contrato de seguro. A segunda é herdeira de um mal-entendido na jurisprudência do STJ.

Os acórdãos do STJ que primeiro rejeitaram a transmissão de "questões processuais" ao sub-rogado foram proferidos em um contexto

Figueiredo Teixeira. Quarta Turma. Julgado em 9 novembro 1999. Acórdão de 17 dezembro 1999. Grifou-se.

349 BRASIL. Superior Tribunal de Justiça. **Recurso Especial 174.353/RJ**. Recorrente: Santa Cruz Seguros S.A. Recorrido: Itaipark Estacionamentos Ltda. Relator: Min. Salvio de Figueiredo Teixeira. Quarta Turma. Julgado em 9 novembro 1999. Acórdão de 17 dezembro 1999. p. 2.

350 *E.g.*, "Sub-rogação da seguradora que *se limita ao direito à ação processual* que teria a segurada, mas não do direito material." (1º TACSP (2004), Alstom v. Itaú Seguros. Grifou-se).

351 *E.g.*, "Como dito anteriormente, a sub-rogação, que decorre da lei civil, transfere ao sub-rogado *apenas as características de direito material do crédito.*" (TJRJ, 2019, Ace v. Break Bulk, p. 13. Grifou-se).

específico: acidentes de trânsito. A questão examinada era se as seguradoras sub-rogadas beneficiavam-se da prerrogativa processual do art. 100, parágrafo único, do Código de Processo Civil de 1973,[352] que previa a competência do foro de domicílio do autor para ações de reparação de dano sofrido em delito ou acidente de trânsito. Concluiu-se que não, pois o foro excepcional do domicílio seria uma prerrogativa processual intransmissível, ligada a condições personalíssimas da vítima do acidente de trânsito:

> Refere o Código Civil que se transferem as ações do credor primitivo. Cumpre ter em conta, porém, que existem *determinadas prerrogativas processuais que têm caráter pessoal e, em virtude do seu subjetivismo, não se transmitem.* [...] Considero que a hipótese é dessas intransferíveis. O foro excepcionalíssimo é assegurado à vítima do acidente, a quem se garante demandar em seu próprio domicílio, em homenagem a sua situação pessoal.[353]

> A excepcionalidade do foro da vítima de acidente é concedida em homenagem a sua situação personalíssima e, por isso mesmo, não é passível de transmissão à sub-rogada.[354]

> A ação de regresso é movida pela seguradora com base no pagamento feito ao segurado e no direito que, em consequência, se sub-rogou – e não na qualidade de vítima do dano resultante do acidente de veículos. *[...] Não há como, pois, assegurar-se à sub-rogada o privilégio previsto na lei processual, já que não detém ela a mesma qualidade do autor vitimado.*[355]

[352] Código de Processo Civil de 1973, "Art. 100. É competente o foro: [...] Parágrafo único. Nas ações de reparação do dano sofrido em razão de delito ou acidente de veículos, será competente o foro do domicílio do autor ou do local do fato."

[353] BRASIL. Superior Tribunal de Justiça. **Recurso Especial 17.794/RS**. Recorrente: Sul América Terrestres Marítimos e Acidentes Cia. de Seguros. Recorrido: Rofel Rodovias e Obras Fernandes Ltda. Relator: Min. Nilson Naves. Relator designado: Min. Eduardo Ribeiro. Terceira Turma. Julgado em 31 agosto 1992.

[354] BRASIL. Superior Tribunal de Justiça. **Recurso Especial 35.500/MG**. Recorrente: Porto Seguro Companhia de Seguros Gerais. Recorrido: João Cardoso de Oliveira. Relator: Min. Claudio Santos. Terceira Turma. Julgado em 9 agosto 1993.

[355] BRASIL. Superior Tribunal de Justiça. **Recurso Especial 19.767/CE**. Recorrente: Sul América Terrestres Bandeirante Seguros S.A. Recorrido: Empresa de Transportes Rio Anil Ltd. Relator: Min. Barros Monteiro. Quarta Turma. Julgado em 23 novembro 1993.

> O art. 100, § único dá uma prerrogativa processual ao autor. [...] A mesma prerrogativa processual, entretanto, não se reconhece às seguradoras que se sub-rogam no direito do segurado-credor. [...] *A finalidade da norma não a alcança como o faz com a vítima, em cujo benefício personalíssimo a regra foi disposta.*[356]

Os acórdãos, examinando essa questão pontual, concluíram que o foro excepcional do domicílio da vítima de acidente de trânsito não se transmite ao sub-rogado. A fundamentação realça o aspecto personalíssimo do foro excepcional, não o processual.

Em 2008, examinando a sujeição da seguradora sub-rogada ao foro eleito no contrato de transporte entre segurado e terceiro causador do dano indenizado, a 3ª Turma do STJ afirmou a intransmissibilidade de questões processuais em geral. Embora a fundamentação das decisões anteriores não se estenda à cláusula de eleição de foro, elas foram referidas como precedentes. Concluiu-se que a sub-rogação "transfere o crédito apenas com suas características de direito material"[357].

Em 2022, a 3ª Turma do STJ – em acórdão relatado pela Min. Andrighi, que votou favoravelmente à homologação da sentença arbitral estrangeira no SEC 14.930/US – reafirmou a eficácia material do pagamento com sub-rogação ao examinar a sujeição da seguradora sub-rogada à cláusula de eleição de foro. Apenas o acórdão de 2008 foi mencionado, destacando-se a semelhança entre os casos. Em ambos, o segurado celebrou contrato de transporte com cláusula de eleição de foro; a mercadora foi danificada durante o transporte; a seguradora indenizou o segurado e, sub-rogando-se, demandou o transportador, que opôs exceção de incompetência com base na cláusula de eleição de foro prevista no contrato de transporte.[358]

[356] BRASIL. Superior Tribunal de Justiça. **Conflito de Competência 21.289/SP**. Suscitante: Juízo Federal da 16ª Vara Cível da Seção Judiciária do Estado de São Paulo. Suscitado: Juízo Federal da 1ª Vara da Seção Judiciária do Estado do Amazonas. Relator: Min. Nancy Andrighi. Primeira Seção. Julgado em 7 abril 2000.

[357] BRASIL. Superior Tribunal de Justiça. **Recurso Especial 1.038.607/SP**. Recorrente: Aliança Navegação e Logística Ltda. Recorrido: Unibanco AIG Seguros S.A. Relator: Min. Massami Uyeda. Terceira Turma. Julgado em 20 maio 2008.

[358] BRASIL. Superior Tribunal de Justiça. **Recurso Especial 1.962.113/RJ**. Recorrente: Waiver Arts Logística de Precisão Ltda. Recorrido: Allianz Seguros S.A. Relator. Min. Nancy

A conclusão de que a sub-rogação não alcança "questões processuais" ecoa na jurisprudência,[359] mas a dicotomia material – processual na eficácia da sub-rogação decorre de um equívoco.

Características personalíssimas são intransmissíveis quer sejam materiais, quer sejam processuais. A intransmissibilidade decorre da natureza *intuitu personae* e não da materialidade ou processualidade do atributo. Como o credor sub-rogado fica na mesma posição jurídica do anterior, o crédito transfere-se a ele com todas as suas características.[360]

Analisando a situação do terceiro beneficiário, que, como o sub-rogado, não tem obrigações decorrentes do contrato, Marino concluiu que ele está sujeito à jurisdição arbitral, independente de aceitação específica, porque a posição criada pela cláusula compromissória é um ônus processual. A conduta seria prescrita para "fazer valer o direito que o contrato lhe confere."[361]

O ônus liga-se a uma situação ativa, condicionando-a.[362] Ao contrário do dever, cujo cumprimento pode ser coativamente exigido, o incum-

Andrighi. Terceira Turma. Julgado em 22 de março de 2022. No SEC 14.930/US, julgado em maio de 2019, a Min. Nancy Andrighi votou favoravelmente à homologação (p. 70-79). Naquele caso, o voto-vista enfatizou o escopo restritivo da análise feita na homologação de sentença arbitral estrangeira (p. 72), mas apontou que *(i)* a cláusula arbitral teria natureza híbrida (tanto material, quanto processual) (p. 76), *(ii)* seria possível a sua transmissão "em determinadas circunstâncias" (*e.g.*, incorporação de pessoas jurídicas por outras) (p. 76), *(iii)* "a seguradora sub-rogada resta automaticamente vinculada ao contrato sub-rogado, com todas as suas limitações, defeitos, qualidades, termos e condições" (p. 78), e *(iv)* a "única limitação reconhecida para a sub-rogação se encontra nas condições personalíssimas do credor" (p. 78), concluindo que "existe a plena possibilidade de transmissão da cláusula compromissória por meio da sub-rogação da seguradora ao segurado, por força do art. 786 do CC/2002" (p. 79).

359 TJRJ, 2019, Chubb v. SAGA, p. 11-13; TJRJ, 2019, Ace v. Break Bulk, p. 13-17; voto vencido do Min. João Otávio Noronha no SEC 14.930/US.

360 No mesmo sentido, analisando a sub-rogação do fiador, SERRA, Adriano Paes da Silva Vaz. Fiança e figuras análogas. **Boletim do Ministério da Justiça**, Lisboa, n. 71, dez./1957, p. 19-331. p. 171.

361 MARINO, Francisco Paulo de Crescenzo. Eficácia da convenção de arbitragem perante terceiros: o caso do terceiro beneficiário. In: BENETTI, Giovana et al. (Org.). **Direito, cultura, método:** leituras da obra de Judith Martins-Costa. Rio de Janeiro: GZ, 2019. p. 859-876. p. 866.

362 Sobre as razões pelas quais a definição, bastante comum, de ônus como conduta exercida no interesse próprio é imprecisa, *v.* MARTINS, Maria Inês de Oliveira. **Contrato de Seguro**

primento do ônus leva à não obtenção ou perda de uma vantagem.[363] Há casos em que a qualificação da conduta como ônus é mais pacífica (*e.g.*, registrar a escritura, provar o alegado) e casos em que a distinção entre ônus e dever ainda é debatida, em grande medida devido à própria imprecisão do conceito de ônus (*e.g.*, mitigar o prejuízo,[364] realizar o salvamento[365]).

A qualificação da cláusula compromissória como ônus entrelaça-se com o tema da pretensão: "a posição subjetiva de poder exigir de outrem alguma prestação positiva ou negativa."[366] Direitos têm extensão e intensidade e a pretensão lança-se. Apesar de serem figuras próximas, são inconfundíveis, havendo, inclusive, direitos subjetivos sem pretensão – isto é, sem exigibilidade (*e.g.*, direito prescrito). O conceito foi elaborado pela doutrina e positivado no §194 do Código Civil alemão como *Anspruch*.

Na doutrina brasileira, inicialmente, *Anspruch* foi referido como ação. Bevilaqua, comentando o art. 75 do Código Civil de 1916,[367] dizia: "a ação é parte constitutiva do direito subjetivo, pois é o próprio direito em atitude defensiva. Neste sentido, ação corresponde ao Anspruch do direito alemão."[368] O Código Civil de 2002, que regra a prescrição com base na

e Conduta dos Sujeitos Ligados ao Risco. Coimbra: Almedina, 2018. p. 838-849. Moreira Alves, embora também ligue ônus a uma situação ativa, considera que o ônus é o próprio poder em exercício. (Alves, José Carlos Moreira. Direito Subjetivo, Pretensão e Ação. **Revista de Processo**, v. 47, p. 109-123, jul./set. 1987. p. 123).

363 Grau, Eros Roberto. Nota sobre a distinção entre obrigação, dever e ônus. **Revista da Faculdade de Direito da Universidade De São Paulo**, v. 77, p. 177-183, 1982. p. 181; Miranda, Francisco Cavalcanti Pontes de. **Tratado de direito privado:** parte geral. Atualizado por Marcos Bernardes de Mello [e] Marcos Ehrhardt Jr. São Paulo: Revista dos Tribunais, 2012. t. 3. p. 530; Varela, João de Matos Antunes. **Direito das obrigações**. Rio de Janeiro: Forense, 1977. v. 1. p. 55-57.

364 Martins-Costa, Judith. **A Boa-fé no Direito Privado**. 2. ed. São Paulo: Saraiva, 2018. p. 607.

365 Gomes, Júlio Manuel Vieira. Do dever ou ônus de salvamento no novo regime jurídico do contrato de seguro (Decreto-Lei n. 72/2008, de 16/4). **Cadernos de Direito Privado**, n. 28, p. 3-22, out./dez. 2009.

366 Miranda, Francisco Cavalcanti Pontes de. **Tratado de direito privado:** parte geral. Revista dos Tribunais, 2013. t. 5. p. 533.

367 Código Civil de 1916, art. 75: "A todo o direito corresponde uma ação, que o assegura."

368 Bevilaqua, Clóvis. **Código civil dos Estados Unidos do Brasil comentado**. 12. ed. atual. por Achilles Bevilaqua e Isaias Bevilaqua. Rio de Janeiro: F. Alves, 1959. v. 1. p. 255. Grifou-se.

pretensão, mitigou a confusão de vocabulário, mas não a encerrou.[369] A leitura sistemática sugere que os arts. 349 (idêntico ao art. 988 do CC/16) e 786 do Código Civil (sem equivalente no CC/16[370]) usam a palavra ação também para designar o que, hoje, se conhece por pretensão. Isto é, o credor sub-rogado também recebe as pretensões do primitivo.

Como regra geral, a obrigação só é exigível nos termos (tempo, modo, lugar) da relação jurídica que a originou. Por exemplo, o credor sub-rogado está sujeito ao limite da indenização por inadimplemento contratual pactuado em cláusula penal compensatória. Caso haja um sinistro – *e.g.*, destruição de mercadoria por culpa do transportador – e o segurado seja indenizado em *R$ X* pela seguradora, porque foram apurados danos nessa extensão durante a regulação de sinistro, mas haja cláusula penal compensatória de *R$ 0,6x* no contrato de transporte, a pretensão de cobrança contra o transportador está limitada a *R$ 0,6x*, porque o direito material da seguradora sub-rogada é idêntico ao que estava na esfera jurídica do segurado e decorre do contrato de transporte. O credor sub-rogado não tem mais direito contra o transportador do que o primitivo credor (transportado) teria.

Caso haja cláusula compromissória, a relação jurídica à que o crédito se filia está sujeita à jurisdição arbitral. Para "fazer valer o direito que o

369 Theodoro Jr., comentando o art. 189 do Código Civil, observou: "Evitou o Código a linguagem do direito antigo, segundo a qual a prescrição provocaria a perda da *ação*. E o fez para evitar o conflito com os conceitos do direito processual moderno, que emancipara a *ação* de seu vínculo com o direito material da parte e a deslocara para o campo do direito público, onde exerce o papel de direito subjetivo à prestação jurisdicional. [...] A *pretensão*, para o art. 189, tem um sentido que se aproxima não da *ação* moderna, mas da antiga *actio* do direito romano." (THEODORO JÚNIOR, Humberto. **Comentários ao novo código civil:** dos atos jurídicos lícitos, dos atos ilícitos, da prescrição e da decadência, da prova: arts. 185 a 232. Coordenador Sálvio de Figueiredo Teixeira. 4. ed. Rio de Janeiro: Forense, 2008. v. 3, t. 2. p. 152).

370 A redação do art. 786 do Código Civil reproduz, com alterações, o art. XXV do chamado "Substitutivo Comparato", apresentado, em 1969, à Comissão Revisora do Anteprojeto e publicado em 1972. No Substitutivo Comparato, constava: "Art. XXV. Pagando a indenização, o segurador se sub-roga de pleno direito nos direitos e ações que ao segurado competirem contra o autor do dano, sendo ineficaz qualquer ato do segurado que diminua ou extinga tais direitos em prejuízo do segurador." (COMPARATO, Fabio Konder. Substitutivo ao Capítulo Referente ao Contrato de Seguro no Anteprojeto de Código Civil. **Revista de Direito Mercantil**, ano XI, n. 5, p. 143-152, 1972. p. 142).

contrato lhe confere,"[371] à falta de adimplemento, o credor está adstrito à arbitragem.[372] Essa sujeição à jurisdição arbitral, criada pela cláusula compromissória, onera o poder de exigir o pagamento da obrigação e transfere-se ao sub-rogado pelo efeito translativo do pagamento (arts. 349 e 786 do Código Civil).

2.3.6. *Se incide a regra de ineficácia de ato do segurado, prevista no art. 786, §2º do Código Civil*

O art. 786, §2º do Código Civil estabelece: "é ineficaz qualquer ato do segurado que diminua ou extinga, em prejuízo do segurador, os direitos a que se refere este artigo." Há quem entenda, com base nele, que a seguradora sub-rogada não está sujeita à cláusula compromissória, que seria uma limitação de direito.[373]

Para definir se o art. 786, §2º incide na hipótese aqui examinada, é preciso identificar todo o suporte fático da norma.[374] Nela, há três elementos: o primeiro, o ato do segurado (elemento factual); o segundo, o prejuízo ao segurador, por extinção ou diminuição de direitos (elemento valorativo); o terceiro, implícito, o tempo do ato do segurado (elemento temporal).

O ato do segurado pode ser tanto um ato jurídico em sentido estrito (*e.g.*, quitação) quanto um negócio jurídico (*e.g.*, transação). Isto é, a norma abrange qualquer ação do segurado.

O prejuízo ao segurador mede-se segundo critérios objetivos: diminuição ou extinção de direitos. Nesse ponto, a incidência da regra

[371] Marino, Francisco Paulo de Crescenzo. Eficácia da convenção de arbitragem perante terceiros: o caso do terceiro beneficiário. In: Benetti, Giovana et al. (Org.). **Direito, cultura, método:** leituras da obra de Judith Martins-Costa. Rio de Janeiro: GZ, 2019. p. 859-876. p. 866.

[372] Caso contrário, na explicação de Costa e Silva, há "incumprimento do dever de deduzir as pretensões perante tribunal arbitral", o que "consubstancia impedimento processual insuprível ao conhecimento do mérito pelo tribunal não arbitral." (Silva, Paula Costa e. **Perturbações no Cumprimento dos Negócios Processuais**. Salvador: Editora JusPodivm, 2020. p. 102).

[373] TJRJ, 2019, Chubb v. SAGA, p. 8-9; voto vencido do Min. João Otávio Noronha no SEC 14.930/US.

[374] Miranda, Francisco Cavalcanti Pontes de. **Tratado de direito privado:** parte geral. Atualizado por Judith Martins-Costa, Gustavo Haical e Jorge Cesa Ferreira da Silva. São Paulo: Revista dos Tribunais, 2012. t. 1. p. 70.

depende de um juízo de valor quanto aos efeitos da cláusula compromissória. Para o Min. Noronha, no voto vencido no SEC 14.930/US, ela "dificulta o exercício de ação."[375] Para Sperandio, não há limitação de direito. A celeridade dos procedimentos arbitrais inclusive faria com que "o poder-dever de arbitrar [pudesse] ser uma arma valiosa para a seguradora contra o autor do dano."[376]

O elemento valorativo do art. 786, §2º não depende das decantadas virtudes da arbitragem (celeridade do procedimento, especialidade dos árbitros, confidencialidade etc.), nem de seus possíveis inconvenientes (procedimento arbitral em língua estrangeira, custos etc.). A questão central é se a sujeição à jurisdição arbitral diminui ou extingue direitos. No direito brasileiro, isso foi longamente debatido pelo STF no julgamento do SEC 5.206-7, em que se decidiu pela constitucionalidade da Lei de Arbitragem.[377]

No STF, ficou vencida a posição do Min. Sepúlveda Pertence, relator do caso, que concebia a cláusula compromissória como renúncia ao direito de ação *in abstracto*, antes de próprio direito de ação existir.[378] Prevaleceu o entendimento de que a cláusula compromissória é compatível com o art. 5º, inciso XXXV, da Constituição Federal, cujo destinatário é o próprio Poder Legislativo. Em outras palavras, a cláusula compromissória não extingue o direito de ação.

Além disso, jurisdição estatal e jurisdição arbitral não estão em um contínuo quantitativo. Não há uma relação de mais e menos entre elas e sim uma relação de especialidade. Embora haja diferenças no exercício da jurisdição – *e.g.*, discute-se o cabimento da tutela de evidência no

[375] Voto vencido do Min. João Otávio Noronha no SEC 14.930/US, p. 26. Grifou-se.

[376] SPERANDIO. Felipe Vollbrecht. Transmissão de cláusula compromissória à seguradora por força de sub-rogação legal. Arbitragem, direito securitário e consentimento no direito brasileiro. In. CARMONA, Carlos Alberto; LEMES, Selma Ferreira; MARTINS, Pedro Batista (Coord.). **20 anos da Lei de Arbitragem:** homenagem a Petrônio R. Muniz. São Paulo: Atlas, 2017. p. 795-843. p. 818.

[377] BRASIL. Supremo Tribunal Federal. **Agravo Regimental na Sentença Estrangeira 5.206-7**. Agravante: MBV Commercial and Export Management Establishment. Agravado: Resil Indústria e Comércio Ltda. Relator: Min. Sepúlveda Pertence. Julgado em 12 dezembro 2001.

[378] Voto do Min. Sepúlveda Pertence, fls. 1079-1080.

procedimento arbitral[379] – sentença arbitral e sentença judicial são equiparáveis, nos termos do art. 31 da Lei de Arbitragem, e o controle judicial da sentença arbitral pode ser feito por meio de ação anulatória.

Como não há uma relação de mais e menos entre jurisdição estatal e jurisdição arbitral, a sujeição a esta não restringe direitos. Na perspectiva da seguradora sub-rogada, pode haver inconvenientes (idioma estrangeiro, sede em outro país, custos etc.). Entretanto, a incidência do art. 786, §2º depende de dois critérios objetivos – diminuição ou extinção de direitos – e não das vantagens ou desvantagens da sujeição à jurisdição arbitral.

O último elemento é o temporal. Um ato do segurado pode ser feito: *(i)* antes do sinistro; *(ii)* depois do sinistro, mas antes do pagamento da indenização; *(iii)* depois do pagamento da indenização. Apenas os dois últimos momentos interessam à regra do art. 786, §2º.

Para Piza, a regra do art. 786, §2º incide apenas sobre atos posteriores ao pagamento. Se anteriores, os atos seriam eficazes e poderiam, inclusive, impedir o recebimento da indenização securitária (*e.g.*, se o segurado recebe a indenização de terceiro).[380] Também é essa a opinião de Sperandio.[381] Stiglitz, comentando o art. 80 da Lei de Seguros argentina – que não prevê a ineficácia e sim a responsabilidade do segurado pelo ato que prejudique a seguradora – entende que o segurado,

[379] Fichtner, José Antonio; Monteiro, André Luis. Tutela provisória na arbitragem e Novo Código de Processo Civil. In: Carmona, Carlos Alberto; Lemes, Selma Ferreira; Martins, Pedro Batista (Coord.). **20 anos da Lei de Arbitragem:** homenagem a Petrônio R. Muniz. São Paulo: Atlas, 2017. p. 473-517. p. 511; Guilhardi, Pedro. Medidas de urgência na arbitragem. **Revista de Arbitragem e Mediação**, v. 49, p. 67-101, abr./jun. 2016; Talamini, Eduardo. Arbitragem e tutela provisória no Código de Processo Civil 2015. **Revista de Arbitragem e Mediação**, v. 46, ano 12, p. 287-313, jul./set. 2015.

[380] Piza, Paulo. Notas sobre el perjuicio a la subrogación del asegurador en el derecho brasileño. In: Bernal, María Sandra Ramírez; Jaramillo, Carlos Ignacio Jaramillo (org.). **Derecho de Seguros:** Liber Amicorum en homenaje al maestro Rubén Stiglitz. Lima: Fondo Editorial, 2020.

[381] Sperandio. Felipe Vollbrecht. Transmissão de cláusula compromissória à seguradora por força de sub-rogação legal. Arbitragem, direito securitário e consentimento no direito brasileiro. In. Carmona, Carlos Alberto; Lemes, Selma Ferreira; Martins, Pedro Batista (Coord.). **20 anos da Lei de Arbitragem:** homenagem a Petrônio R. Muniz. São Paulo: Atlas, 2017. p. 795-843. p. 816.

por dever de diligência, responde à seguradora caso prejudique o direito contra o autor do dano enquanto ele ainda lhe pertence.[382]

Ainda que o campo de incidência do art. 786, §2º seja interpretado de modo extensivo, abrangendo as ações do segurado feitas no período entre sinistro e pagamento da indenização, a cláusula compromissória antecede o próprio sinistro. Quando é pactuada a sujeição da relação jurídica à jurisdição arbitral, não há nem expectativa de sinistro, quiçá de sub-rogação da seguradora "nos direitos e ações que competirem ao segurado contra o autor do dano" (art. 786, *caput*) suscetível de prejuízo por ato do segurado.

Em conclusão, a celebração de cláusula compromissória pelo segurado não atrai a incidência do art. 786, §2º do Código Civil.

***

Em síntese, em razão do efeito translativo do pagamento com sub-rogação, a posição jurídica do sub-rogado é idêntica à do primitivo credor em relação à dívida. Ou seja, o crédito entra em sua esfera jurídica com todas as características materiais e processuais decorrentes da relação jurídica originária.

Quando a relação jurídica que deu origem ao crédito está sujeita à jurisdição arbitral em razão de cláusula compromissória, esse estado de sujeição é um ônus ligado ao exercício da pretensão de cobrança, que o efeito translativo do pagamento com sub-rogação abrange. O credor sub-rogado não tem direito exigível em termos diferentes dos aplicáveis ao primitivo credor.

2.4. Cessão de crédito

A cessão de crédito transmite uma relação jurídica simples (2.4.1). No Brasil, pouco se discute essa situação. No direito estrangeiro, admite-se a sujeição do cessionário do crédito à jurisdição arbitral, sendo exceção o direito italiano (2.4.2).

Considera-se neste trabalho que o cessionário do crédito está sujeito à jurisdição arbitral porque, embora a cláusula compromissória não seja

[382] STIGLITZ, Rubén. **Derecho de seguros**. 4. ed. actual. y ampl. Buenos Aires: La Ley, 2004. t. 3. p. 229.

um acessório do crédito (2.4.3), é uma exceção oponível pelo devedor cedido (2.4.4) e um ônus ligado ao poder de exigir a prestação.

2.4.1. *Características da cessão de crédito*

A cessão de crédito é um negócio jurídico bilateral, por meio do qual o credor (cedente) transfere a terceiro (cessionário), independente do consentimento do devedor (cedido), um direito de crédito decorrente de uma relação jurídica. Embora a cessão de crédito independa do consentimento do devedor, não piora sua situação jurídica e só se torna eficaz perante ele depois de notificada.[383] Pode ser total ou parcial; onerosa ou gratuita. O princípio de livre transmissão do crédito admite exceções, decorrentes da natureza das obrigações, da lei (*e.g.*, art. 298 do Código Civil) ou de convenção das partes (*pacto de non cedendo*).

Diferente da cessão de posição contratual, que transfere toda a posição jurídica decorrente do contrato, a cessão de crédito transmite crédito, pretensão e ação – isto é, a posição ativa de uma relação obrigacional.[384] A transmissão não altera o conteúdo do crédito, transferindo-o com suas qualidades e defeitos.[385] Os artigos 287 e 294 do Código Civil, que preceituam, respectivamente, a inclusão dos acessórios na cessão e a oponibilidade das exceções ao cessionário, emolduram essa ideia.

2.4.2. *O tema na jurisprudência e na doutrina*

Muitos fundamentos já foram usados para explicar a sujeição do cessionário do crédito à jurisdição arbitral. Veeder assim resumiu a questão básica: "se o devedor quer arbitrar tal como pactuado com o cedente, porque o cessionário não estaria obrigado a demandar contra ele em

[383] Código Civil, Art. 290; HAICAL, Gustavo. **Cessão de crédito:** existência, validade e eficácia. São Paulo: Saraiva, 2013. p. 74; LEITÃO, Luís Manuel Teles de Menezes. **Cessão de créditos**. Coimbra: Almedina, 2005. p. 359; VARELA, João de Matos Antunes. **Das obrigações em geral**. 7. ed. Coimbra: Almedina, 1999. v. 2. p. 295-296.

[384] HAICAL, Gustavo. **Cessão de crédito:** existência, validade e eficácia. São Paulo: Saraiva, 2013. p. 25; VARELA, João de Matos Antunes. **Das obrigações em geral**. 7. ed. Coimbra: Almedina, 1999. v. 2. p. 325.

[385] HAICAL, Gustavo. **Cessão de crédito:** existência, validade e eficácia. São Paulo: Saraiva, 2013. p. 25; LEITÃO, Luís Manuel Teles de Menezes. **Cessão de créditos**. Coimbra: Almedina, 2005. p. 324; VARELA, João de Matos Antunes. **Das obrigações em geral**. 7. ed. Coimbra: Almedina, 1999. v. 2. p. 327.

arbitragem; por outro lado, por que o devedor estaria obrigado a arbitrar com um estranho?".[386]

Na França, em 1992, a Corte de Apelação de Paris concluiu que a cessionária (Abba Import) podia invocar a cláusula compromissória, estipulada no contrato entre a devedora (Guyapêche) e o cedente (Agro Marine), para demandar seu crédito, já que ela fora expressamente mencionada no instrumento de cessão.[387] Em 1997, um caso com posições invertidas foi levado à Corte de Apelação de Aix-en-Provence, que decidiu que o devedor cedido podia opor a cláusula compromissória ao cessionário, "assim como pode opor todas as exceções oriundas de suas relações contratuais com o cedente."[388]

Em 1999, em *Banque Worms v. Ballot*, a Corte de Cassação francesa pronunciou-se sobre o tema pela primeira vez, admitindo a transmissão de cláusula de arbitragem internacional ao cessionário do crédito. O banco Worms, cessionário do crédito decorrente de um contrato de construção e reparação naval, entendia não estar sujeito à jurisdição arbitral e demandava pagamento perante o judiciário. Alegava que, em virtude de sua autonomia, a cláusula compromissória não se transmitia ao cessionário do crédito.

A Corte de Cassação rejeitou a alegação, afirmando que "a cláusula de arbitragem internacional, válida apenas pelo efeito da vontade dos contratantes, transmite-se ao cessionário com o credito, tal como este

[386] No original: "*We return to the basic issue: if the debtor wants arbitration as agreed with the assignor, why should the assignee not be obliged to bring the claim against him to arbitration; but why should the debtor be obliged to arbitrate with a stranger?*" (VEEDER, Van Vechten. Towards a Possible Solution: Limitation, Interest and Assignment in London and Paris. In: VAN DEN BERG, Jan (org.). **Planning Efficient Proceedings:** The Law Applicable to International Arbitration. The Hague: Kluwer, 1996, p. 268-293. (ICCA Congress Series, v. 7). p. 285).

[387] FRANÇA. Corte de Apelação de Paris. Société Guyapêche v. Abba Import Aktiebolag. 26 maio 1992. O acórdão foi comentado por Laurent Aynès na *Revue de l'Arbitrage* (1993, p. 629), que observou: "*Il n'y a guère de difficulté lorsque, comme en l'espèce, le cessionnaire invoque la clause compromissoire et provoque la constitution du tribunal arbitral. [...] Plus délicate, apparemment, est la question de savoir si la clause compromissoire peut être invoquée contre le cessionnaire.*"

[388] "*Le débiteur cédé peut opposer au cessionnaire la clause compromissoire insérée dans le contrat dont est née la créance qu'allègue le cessionnaire, tout comme il peut se prévaloir de toutesles exceptions tirées de ses rapports contractuels avec le cédant.*" (FRANÇA. Corte de Apelação de Aix-en-Provence. SNTM Hyproc v. Banque générale du commerce. 9 janeiro 1997). O acórdão foi comentado por Daniel Cohen na *Revue de l'Arbitrage* (1997, p. 78).

crédito existe na relação entre o cedente e o devedor cedido."[389] Comentando o acórdão, Cohen observou que ele refletia a tendência jurisprudencial, favorável à transmissão da cláusula compromissória, mas que a justificativa era frágil, já que validade e transmissibilidade são questões diferentes.[390]

Em 2001, em *Quille le Trident v. CEE Euro Isolation*, a Corte de Cassação novamente se pronunciou sobre o tema, dessa vez em uma arbitragem doméstica. O fundamento utilizado foi o artigo 1692 do Código Civil francês, equivalente ao artigo 287 do Código Civil brasileiro,[391] que trata dos acessórios do crédito.[392] Nesse caso, cassava-se uma decisão da Corte de Apelação de Rouen, a qual entendera que, embora a cláusula compromissória se transmitisse na cessão do contrato, porque indisso-

[389] No original: "*la clause d'arbitrage international, valable par le seul effet de la volonté des contractants, est transmise au cessionnaire avec la créance, telle que cette créance existe dans les rapport entre le cédant et le débiteur cédé.*" (FRANÇA. Corte de Cassação. Banque Worms v. Bellot. 5 janeiro 1999). O acórdão foi divulgado no *Recueil Dalloz* (1999, p. 31) e comentado por Daniel Cohen na *Revue de l'Arbitrage* (2000, p. 85) e por Etienne Pataut na *Revue critique de droit international privé* (1999, p. 536).

[390] "*Les questions relatives à la transmissibilité et à la validité de la clause sont donc logiquement distinctes. Sauf à ne rien transmettre, la transmission d'un droit suppose son existence et donc sa validité, mais si la condition est nécessaire, elle n'est pas suffisante: encore faut-il que le mécanisme propre à en assurer la transmission soit réalisé; de manière inverse, la validité d'une convention n'entraîne passa transmission et on voit mal comment, de ce point de vue, la clause d'arbitrage pourrait défier à ce point la théorie générale des obligations.*" (COHEN, Daniel. Note – Cour de cassation (1re Ch. civile), 5 janvier 1999; Cour de cassation (1re Ch. civile), 19 octobre 1999. **Revue de l'Arbitrage**, Paris, n. 1, p. 85-95, 2000).

[391] Código Civil francês, "*Art. 1692. La vente ou cession d'une créance comprend les accessoires de la créance, tels que caution, privilège et hypothèque.*"; Código Civil brasileiro, "Art. 287. Salvo disposição em contrário, na cessão de um crédito abrangem-se todos os seus acessórios."

[392] No original: "*La cession d'une créance comprend les accessoires de la créance. Viole l'article 1692 du Code civil la Cour d'appel qui, pour rejeter le contredit formé contre un jugement par lequel un tribunal de commerce s'était déclaré compétent, retient que, dans le cas où seule une créance a été cédée, la clause compromissoire insérée dans le contrat auquel le cessionnaire n'avait pas été partie, en raison du principe d'autonomie qui y est attaché, n'a pu être transmise, alors que la clause d'arbitrage avait été transmise au cessionnaire avec la créance.* " (FRANÇA. Corte de Cassação. Quille Le Trident v. CEE Euro Isolation. 20 dezembro 2001). O acórdão foi divulgado no *Recueil Dalloz* (2002, p. 251) e comentado por Cécile Legros na *Revue de l'Arbitrage* (2002, p. 380), por Eric Loquin na *Revue Trimestrielle de Droit Commercial* (2002, p. 279), e por Xavier Pradel no *Recueil Dalloz* (2003, p. 569).

ciável da economia do contrato, quando apenas o crédito era cedido, a cláusula compromissória não se transmitia, porque autônoma.[393]

A Corte de Apelação de Paris, que rejulgou o caso, admitiu a sujeição do cessionário do crédito à jurisdição arbitral por outro fundamento, mais sutil.[394] A cláusula compromissória teria uma dimensão contratual e uma dimensão jurisdicional. A acessoriedade decorreria da dimensão contratual e explicaria sua transmissão ao cessionário. A autonomia (*séparabilité*, na linguagem do acórdão) decorreria da dimensão jurisdicional e explicaria sua independência em termos de existência, validade e eficácia. Aynès aclamou a decisão por mostrar que autonomia e acessoriedade seriam complementares.[395]

Outro caso relacionado à transmissão de cláusula de arbitragem internacional na cessão de crédito, *CIMAT v. SCA*, foi apreciado pela Corte de Apelação de Paris em 1999,[396] e pela Corte de Cassação em 2002.[397] Os acórdãos alinham-se à tendência jurisprudencial, favorável à trans-

[393] Legros transcreveu o decidido pela Corte de Apelação de Rouen: "*Se fondant sur la distinction entre cession de créance et cession de contrat, elle énonça que: 'si la cession du contrat implique nécessairement transmission par le cédant au cessionnaire du bénéfice de la clause d'arbitrage indissociable de l'économie du contrat, il n'en reste pas moins que dans le cas de l'espèce où seule une créance a été cédée, la clause compromissoire insérée dans le contrat auquel le cessionnaire n'avait pas été partie, en raison du principe d'autonomie qui y est attaché, n'a pu être transmise.*'" (LEGROS, Cécile. Note - Cour de cassation (2e Ch.civ.), 20 decembre 2001. **Revue de l'Arbitrage**, Paris, n. 2, p. 380-389, 2002. p. 381).

[394] FRANÇA. Corte de Apelação de Paris. Quille Le Trident v. CEE Euro Isolation. 10 setembro 2003. O acórdão foi comentado por Laurent Aynès na *Revue de l'Arbitrage* (2004, p. 626).

[395] Aynès, Laurent. Note – Cour d'appel de Paris (1re Ch. G), 10 septembre 2003. **Revue de l'Arbitrage**, Paris, n. 3, p. 626-630, 2004.

[396] O primeiro acórdão da Corte de Apelação de Paris foi comentado por Jean-Claude Dubarry na *Revue Trimestrielle de Droit Commercial* (1999, p. 377) (FRANÇA. Corte de Apelação de Paris. Sté Burkinabe des ciments et matériaux v. SA des Ciments d'Abidjan. 17 novembro 1999). O segundo foi comentado por Daniel Cohen na *Revue de l'Arbitrage* (2001, p. 165) (FRANÇA. Corte de Apelação de Paris. Sté Burkinabe des ciments et matériaux v. SA des Ciments d'Abidjan. 25 novembro 1999).

[397] FRANÇA. Corte de Cassação. Sté Burkinabe des ciments et matériaux v. SA des Ciments d'Abidjan. 28 maio 2002. O acórdão foi divulgado no *Recueil Dalloz* (2003, p. 2471) e comentado por Eric Loquin na *Revue Trimestrielle de Droit Commercial* (2002, p. 667) e por Nathalie Coipel-Cordonnier na *Revue critique de droit international privé* (2002, p. 758).

missão, e acrescentam que a validade da transmissão da cláusula de arbitragem internacional independe da validade da transmissão do crédito.

Semelhante ao que ocorre no pagamento com sub-rogação, alguns autores entendem que a cláusula compromissória se transmite ao cessionário do crédito de modo automático, ainda que ele a desconheça.[398]

Na Suíça, em um acórdão de 2001, o Tribunal Federal referiu a cláusula compromissória como acessório de natureza processual.[399] Também em Portugal, os tribunais parecem considerar a cláusula compromissória um acessório do crédito: "a cessão do crédito, prevista no artigo 577º e seguintes, também levaria à vinculação da cessionária ao regime derivado da convenção arbitral. Resultaria tal do nº 1 do artigo 582º, ainda do Código Civil."[400]

Na Itália, a jurisprudência avança em outra direção. Nos acórdãos 12.616, de 1998;[401] 13.893, de 2003;[402] 24.681, de 2006;[403] 6.808, de

[398] "*Cette transmission est indépendante de la volonté du cédé comme du cessionnaire. La clause compromissoire est transmise passivement en dehors de toute volonté tacite ou expresse.*" (LOQUIN, Eric. L'autonomie de la clause compromissoire n'est pas un obstacle à son opposabilité au cessionnaire par le cédé en tant qu'accessoire de la créance. **Revue Trimestrielle de Droit Commercial**, Paris, p. 279-280, 2002); "*On sait que, dans le cas de la cession de créance, la clause compromissoire 'suit' la créance, et qu'elle s'impose au nouveau créancier, alors même qu'il ne l'a pas acceptée, et même s'il n'en avait pas connaissance.*" (ANCEL, Pascal. Arbitrage et novation. **Revue de l'Arbitrage**, Paris, n. 1, p. 3-32, 2002).

[399] "*Ainsi, le droit suisse, à l'instar du droit allemand et du droit français, admet, en cas de cession de créance ou de reprise d'une relation contractuelle, que la clause compromissoire, en tant que clause accessoire de nature procédurale, est transférée au cessionnaire ou au reprenant, sauf convention contraire. En ce qui concerne la cession de créance, un tel effet est rattaché à l'art. 170 CO, que l'on considère la clause compromissoire comme un droit de préférence ou comme un droit accessoire, question qui ne joue aucun rôle en l'espèce et qui peut dès lors rester indécise. La cession d'une créance (ou d'une relation contractuelle) assortie d'une clause compromissoire revêt donc une double nature: elle entraîne non seulement le transfert matériel du droit cédé, question qui relève du fond, mais également la transmission de la convention d'arbitrage, question qui ressortit à la procédure.*" (SUÍÇA. Tribunal Fédéral. Automobiles Peugeot v. Omega Plus. 16 outubro 2001). O acórdão foi comentado por Pierre Yves Tschanz na *Revue de l'Arbitrage* (2002, p. 763).

[400] PORTUGAL. Supremo Tribunal de Justiça. 3539/08.6TVLSB.LL.S1. Relator: João Bernardo. 8 setembro 2011.

[401] ITÁLIA. Corte de Cassação. Sezioni Unite. **Sentenza n. 12.616**. Sofal v. Mondo. 17 dezembro 1998.

[402] ITÁLIA. Corte de Cassação. Sezione Prima Civile. **Sentenza n. 13.893/03**. Impregilo v. Ministerio Degli Esteri. 7 março 2003.

[403] ITÁLIA. Corte de Cassação. Sezione Seconda Civile. **Sentenza n. 24681/06**. Ester SRL e Tecnostudi LPA v. Esprostudio SRL. 21 novembro 2006.

2007[404] e 29.261, de 2011,[405] a Corte de Cassação italiana afirmou que o cessionário não pode invocar a cláusula compromissória, que é autônoma em relação ao contrato, mas que o cedido pode opor a cláusula compromissória, porque as exceções contra o cedente são oponíveis ao cessionário.

A fundamentação dos acórdãos espelha o decidido pela Corte de Cassação italiana em 1998.[406] Em síntese, (a) a cláusula compromissória não é um pacto acessório ao contrato em que está inserta, mas um negócio jurídico dotado de individualidade e autonomia; (b) da autonomia, decorre a necessidade de manifestação específica trilateral (cedente – cessionário – cedido) para transmissão da cláusula compromissória, na cessão de contrato; (c) *a fortiori*: a cessão de crédito tem efeito mais restrito do que a cessão de contrato, limitado tão somente ao crédito; ela não transfere a posição contratual do cedente ao cessionário; (d) o devedor cedido tem a faculdade de opor ao cessionário a cláusula compromissória, porque (d.1) não pode ser privado de direito seu por força de um acordo que lhe é estranho (entre cedente e cessionário), (d.2) isso decorre da regra de transferência das exceções que podiam ser opostas ao credor originário. A doutrina italiana critica a circulação unilateral da cláusula compromissória.[407]

[404] ITÁLIA. Corte de Cassação. Sezione Prima Civile. **Sentenza n. 6809/07**. Ceglie Romano v. Condominio Edilizio di Via 'Avanzo. 5 fevereiro 2007.

[405] ITÁLIA. Corte de Cassação. Sezione Sesta Civile. **Sentenza n. 29.261/11**. M. G. s.r.l. v. Impresa Gargano Giuseppe e Edilmix Intonacatura. 14 outubro 2011.

[406] No original: "*Se, quindi, il subentro del cessionario nel distinto negozio compromissorio è escluso (secondo la prevalente giurisprudenza) nel caso di cessione del contratto nel quale la clausola è inserita, ai sensi degli artt. 1406 e seguenti c.c., a maggior ragione deve ritenersi che il subentro non si verifichi nell'ipotesi di mera cessione di un credito nascente dal contratto nel quale è inserita la clausola. [...] Posta la premessa che una modificazione soggettiva del rapporto che si verifica anche contro la volontà del debitore non può arrecare pregiudizio alla posizione di quest'ultimo, si afferma infatti che nella cessione del credito il debitore ceduto può opporre al cessionario tutte le eccezioni che avrebbe potuto opporre all'originario creditore.*" (ITÁLIA. Corte de Cassação. Sezioni Unite. **Sentenza n. 12.616**. Sofal v. Mondo. 17 dezembro 1998. p. 6-8).

[407] GALLETTO, Tomaso. La clausola compromissoria e il compromisso. In: SAMMARTANO, Mauro Rubino (dir.). **Arbitrato, ADR, Conciliazione**. Bologna: Zanichelli, 2009, p. 109-140; MARICONDA, Vincenzo. Cessione del credito e clausola compromissória: le inaccettabli conclusioni della Cassazione. **Corriere Giuridico**, Milano, n. 12, p. 1585-1591, 2003, comentando o acórdão n. 13.893, de 2003.

No Brasil, há poucas decisões judiciais sobre a transmissão da cláusula compromissória na cessão de crédito. Dentre as que existem, há divergência.

Primeiro, em *Grassa v. Palmarium*, uma execução de nota promissória, a 15ª Câmara de Direito Privado do TJSP concluiu que "a cláusula que estipulou o compromisso arbitral tem potencial para vincular apenas as partes que assinaram o instrumento e participaram da avença originária. Não é o caso da apelante, cessionária da nota promissória."[408]

Depois, a questão reapareceu em dois casos ligados aos mesmos fatos. Eram ações de cobrança baseadas em créditos decorrentes do atraso no descarregamento de um navio (*demurrage*). As proprietárias das cargas transportadas – Cooperfertil e Agro Hemar, rés nas respectivas ações de cobrança – deveriam ratear o custo do atraso. A transportadora Bulktrade A.G. pagou a despesa ao armador do navio e cedeu seu crédito à Comexport, autora das ações de cobrança. Nos dois casos, as proprietárias das cargas (devedoras cedidas) opuseram exceção de cláusula compromissória, presente nos contratos de transporte.

A exceção da Cooperfertil foi rejeitada em primeiro grau, no despacho saneador, e o acórdão proferido em *Grassa v. Palmarium* foi transcrito como justificativa.[409] Em segundo grau, a questão não foi conhecida. Concluiu-se que havia preclusão, porque a Cooperfertil não interpusera agravo de instrumento no tempo devido.[410]

A ação de cobrança contra a Agro Hemar teve outro desfecho.[411] Foi extinta sem julgamento do mérito, acolhida a exceção de cláusula

[408] BRASIL. Tribunal de Justiça de São Paulo. **Apelação 0211900-75.2009.8.26.0100**. Apelante: Ana Maria Fernandes Grassia. Apeladas: Palmarium Participações e Administração Ltda. et al. Relator: Castro Figliolia. 15ª Câmara de Direito Privado. Julgado em 15 outubro 2015 (*TJSP, 2015, Grassia v. Palmarium*).

[409] BRASIL. 2ª Vara Cível da Comarca de Campinas – SP. **Processo 1030582-90.2015.8.26.0114**. Autor: Comexport Companhia de Comércio Exterior. Réu: Cooperativa Central de Fertilizantes – Cooperfertil. Juiz: Fábio Henrique Prado de Toledo. Despacho saneador proferido em 8 março 2016.

[410] BRASIL. Tribunal de Justiça de São Paulo. **Apelação 1030582-90.2015.8.26.0114**. Apelante: Cooperativa Central de Fertilizantes – Cooperfertil. Apelada: Comexport Companhia de Comércio Exterior. Relator: Des. Francisco Giaquinto. 13ª Câmara de Direito Privado. Julgado em 23 outubro 2017 (*TJSP, 2017, Cooperfertil v. Comexport*).

[411] BRASIL. Tribunal de Justiça de São Paulo. **Apelação 1033180-05.2015.8.26.0506**. Apelante: Comexport Companhia de Comércio Exterior. Apelada: Agro Hemar Ltda. Relator:

compromissória presente no contrato de transporte entre cedente (Bulktrade A.G.) e cedida (Agro Hemar). No recurso de apelação, a cessionária (Comexport) alegou que a cláusula seria *intuitu personae* e não se transferiria para terceiros.

O acórdão afastou a natureza personalíssima da cláusula compromissória, pois "absolutamente irrelevantes quaisquer características ou qualificações especiais das partes." Além disso, equiparando cessão de crédito e de contrato, concluiu "a cláusula acompanha o contrato não como um negócio jurídico independente, senão como uma cláusula em sentido próprio ou parte de uma complexa relação contratual", e complementou que, se assim não fosse, bastaria ao credor ceder o crédito a um terceiro para privar a cláusula compromissória de eficácia.[412]

Na doutrina, Recena Costa concluiu que "ao tornar-se titular, por transferência voluntária, da situação substancial, o cessionário [do crédito] 'recebe' também a cláusula compromissória."[413] Considera que a justificativa para isso estaria *(i)* na manutenção do equilíbrio econômico do contrato,[414] *(ii)* na noção de que o cessionário não pode estar em posição mais privilegiada do que o cedente, e, sobretudo, *(iii)* na natureza instrumental da cláusula compromissória.

Coutinho, analisando o tema na perspectiva do cedido, concluiu que ele está sujeito à jurisdição arbitral na relação com o cessionário, salvo se a cláusula compromissória for *intuitu personae* ou se houver *pacto de non cedendo*.[415]

Para Kohlback de Faria, caso o crédito não seja litigioso, ele "é notoriamente circulável e a cláusula compromissória será transferida ao novo

Des. Jacob Valente. 12ª Câmara de Direito Privado. Julgado em 7 julho 2017 (*TJSP, 2017, Comexport v. Agro Hemar*).

412 TJSP, 2017, Comexport v. Agro Hemar, p. 6-7.

413 Costa, Guilherme Recena. Partes e Terceiros na Arbitragem. Tese (Doutorado em Direito Processual Civil) – Universidade de São Paulo, São Paulo, 2015. p. 73.

414 Essa justificativa desconsidera as diferenças entre cessão de posição contratual e cessão de crédito. Como explica Varela: "Ao efectuar a cessão [de crédito], o cedente não transmite toda a posição jurídica que adquiriu no contrato; da situação jurídica para ele proveniente do contrato destaca o crédito, e é esse *direito, isolado*, que por via de cessão transmite ao cessionário." (Varela, João de Matos Antunes. **Das obrigações em geral**. 7. ed. Coimbra: Almedina, 1999. v. 2. p. 325).

415 Coutinho, Renato Fernandes. **Convenção de arbitragem:** vinculação de não signatários. São Paulo: Almedina, 2020. p. 156.

credor."[416] Caso haja litígio pendente, o cessionário não pode ingressar no procedimento arbitral em andamento sem o consentimento do cedido (litigante originário), embora esteja sujeito à sentença arbitral.

***

Considerando o modo como se discute o tema na jurisprudência e na doutrina, a transmissão da cláusula compromissória na cessão de crédito desdobra-se em duas questões: se a cláusula compromissória é um acessório do crédito (2.4.3) e se a cláusula compromissória é uma exceção do devedor (2.4.4).

2.4.3. *Se a cláusula compromissória é um acessório do crédito*

A ideia de que a cláusula compromissória é um acessório do crédito já serviu de fundamento a decisões estrangeiras[417] e foi afirmada por respeitável doutrina.[418] Para não repetir o escrito nas considerações preliminares sobre a definição geral de acessório, aqui se examina, especificamente, a qualificação da cláusula compromissória como acessório do crédito.

Caramelo considera a explicação insatisfatória por não esclarecer como a cláusula compromissória continuaria sujeitando o cedente e o cedido, na relação remanescente, à jurisdição arbitral.[419] A crítica, pelas mesmas razões, foi feita por Bollée. Ou seja, a explicação parece aceitar que a cláusula compromissória é um acessório que se duplica, embora a

[416] Faria, Marcela Kohlbach de. **Participação de Terceiros na Arbitragem**. São Paulo: Quartier Latin, 2019. p. 72.

[417] FRANÇA. Corte de Cassação. Quille Le Trident v. CEE Euro Isolation. 20 dezembro 2001; SUÍÇA. Tribunal Fédéral. Automobiles Peugeot v. Omega Plus. 16 outubro 2001; PORTUGAL. Supremo Tribunal de Justiça. 3539/08.6TVLSB.LL.S1. Relator: João Bernardo. 8 setembro 2011.

[418] "Entre os acessórios que, além das garantias, acompanham o direito transmitido, contam-se a estipulação de juros, a cláusula penal, o compromisso arbitral (estabelecido para a hipótese de o crédito ser contestado) e outras convenções que porventura integrem o regime da obrigação." (Varela, João de Matos Antunes. **Das obrigações em geral.** 7. ed. Coimbra: Almedina, 1999. v. 2. p. 325).

[419] Caramelo, António Sampaio. **Temas de direito de arbitragem.** Coimbra: Coimbra Ed., 2013. p. 114-115. A crítica de Caramelo também se aplica às situações de sub-rogação e cessão de posição contratual.

transmissão seja um 'jogo de soma zero', no qual nada se cria.[420] Cedido o crédito, a mesma cláusula compromissória vincularia o cessionário e o cedido (na relação relativa ao crédito) e cedente e cedido (na relação que porventura sobreviva à cessão).

O destino dos juros na cessão parcial de crédito é um contraponto evidente. Cedido em parte um crédito, juros são devidos tanto ao cessionário quanto ao cedente. Entretanto, o fundamento que preside os juros é diferente, pois eles se repartem, acompanhando a variação do principal. Na cessão parcial, juros seriam devidos a cada titular na proporção do crédito detido. O estado de sujeição à jurisdição arbitral criado pela cláusula compromissória, porém, não seria repartido, mas replicado: cedente e cessionário estariam, em sua respectiva relação com o devedor, em virtude do mesmo acessório, igualmente sujeitos à jurisdição arbitral.

Caramelo aderiu à explicação proposta por Mayer.[421] Cessionário e cedido estariam sujeitos à jurisdição arbitral não por que a cláusula compromissória é um acessório do crédito, mas por que ela teria configurado o direito de ação inerente ao crédito transmitido (*i.e.*, configurado o direito em sua dimensão processual).[422] Outros autores admitem essa solução,[423] que parece anteceder a concepção da cláusula compromissória como acessório de segundo grau.[424] Embora a cláusula com-

[420] BOLLÉE, Sylvain. La clause compromissoire et le droit commune des conventions. **Revue de l'Arbitrage**, Paris, n. 4, p. 917-930, 2005. p. 922.

[421] MAYER, Pierre. Les limites de la séparabilité de la clause compromissoire. **Revue de l'Arbitrage**, Paris, n. 2, p. 359-368, 1998, republicado em inglês em MAYER, Pierre. The Limits of Severability of the Arbitration Clause. In: VAN DEN BERG, Jan (org.). **Improving the Efficiency of Arbitration Agreement and Awards:** 40 Years of the New York Convention. The Hague: Kluwer, 1999, p. 261-267. *Vide* seção 1.2.2., acima.

[422] A solução é aplicável ao pagamento com sub-rogação e à cessão de posição contratual (CARAMELO, António Sampaio. **Temas de direito de arbitragem.** Coimbra: Coimbra Ed., 2013. p 116).

[423] ANCEL, Pascal. Arbitrage et novation. **Revue de l'Arbitrage**, Paris, n. 1, p. 3-32, 2002. p. 12; BOLLÉE, Sylvain. La clause compromissoire et le droit commune des conventions. **Revue de l'Arbitrage**, Paris, n. 4, p. 917-930, 2005. p. 921.

[424] LOQUIN, Eric. **L'arbitrage du commerce international.** Paris: Joly Éditions, 2015. §119; LEGROS, Cécile. Note – Cour de Cassation (2e Ch. Civ.), 20 decembre 2001. **Revue de l'Arbitrage**, Paris, n. 2, p. 380-389, 2002. p. 386; RACINE, Jean-Baptiste. **Droit de l'arbitrage**. Paris: Puf, 2016. p. 257. Os autores que adotam essa qualificação aceitam a transmissão da cláusula compromissória em todas as hipóteses de transmissão de direito substantivo.

promissória não seja diretamente um acessório do crédito, seria um acessório do direito de ação, que acompanha o crédito:

> A aplicação do adágio *accessorium principale sequitur* resulta do caráter acessório da cláusula arbitral não em relação ao crédito, mas em relação ao direito de ação que se transmite tanto ao cessionário do contrato como ao cessionário do crédito. O direito de ação constitui um dos acessórios do crédito.[425]

A Corte de Cassação francesa adotou esse entendimento no acórdão ABS, de 2007,[426] no qual se discutia a eficácia da cláusula compromissória em uma cadeia de contratos translativos de propriedade. Como explicou Couto e Silva: "no direito francês, é a própria compra e venda que transfere a propriedade, embora somente interpartes, antes do registro."[427] No caso ABS, o comprador final demandava o vendedor inicial por defeitos no produto (vícios redibitórios). No julgamento, a Corte de Cassação francesa concluiu: «em uma cadeia de contratos translativos de propriedade, a clausula compromissória se transmite de modo automático como acessório do direito de ação, ele mesmo acessório do direito substancial transmitido."[428]

[425] No original: "*L'application de l'adage accessorium principale sequitur résulte du caractère accessoire de la clause d'arbitrage, non pas à l'égard de la créance, mais à l'égard du droit d'action qui est transmis au cessionnaire du contrat comme de la créance. En effet, le droit d'action constitue l'un des accessoires de la créance.*" (Legros, Cécile. Note – Cour de Cassation (2e Ch. Civ.), 20 decembre 2001. **Revue de l'Arbitrage**, Paris, n. 2, p. 380-389, 2002. p. 386).

[426] FRANÇA. Corte de Cassação. Alcatel business sytems (ABS) v. Amkor technology (04-20.842). 27 março 2007. O acórdão foi comentado por Eric Loquin na *Revue Trimestrielle de Droit Commercial* (2007, p. 677), por Philippe Théry na *Revue Trimestrielle de Droit Commercial* (2008, p. 541), por Alexandre Malan na *Petites affiches* (2007, n. 160, p. 23), por Fabienne Jault-Seseke na *Revue critique de droit international privé* (2007, p. 798), por François-Xavier Train na *Gazette du Palais* (2007, n. 325, p. 6), e por Sylvain Bollée no *Recueil Dalloz* (2007, p. 2077).

[427] Couto e Silva, Clóvis do. **A obrigação como processo**. Rio de Janeiro: FGV, 2006. p. 49. O direito brasileiro é diferente, pois fundamentado na separação relativa dos planos (obrigacional – real).

[428] No original: "*dans une chaîne de contrats translatifs de propriété, la clause compromissoire est transmise de façon automatique en tant qu'accessoire du droit d'action, lui-même accessoire du droit substantiel transmis, sans incidence du caractère homogène ou hétérogène de cette chaîne.*"

Recena Costa assim resumiu o contraponto à qualificação da cláusula compromissória como acessório de segundo grau:

> reduzir a convenção de arbitragem e, em alguma medida, portanto, o próprio direito de ação a um mero prolongamento do direito subjetivo levanta desnecessariamente uma série de objeções teóricas; contraria, ademais, o desenvolvimento doutrinário já consagrado da teoria da ação – vista já há muito não mais como instituto ou apêndice do direito substantivo, mas como direito autônomo à prestação jurisdicional.[429]

Para o desenvolvimento do direito processual, a separação entre direito e ação é descrita como "fenômeno análogo ao que representou para a física a separação do átomo."[430] No direito brasileiro, a qualificação da cláusula compromissória como acessório de segundo grau, a configurar o direito de ação imanente ao crédito, seria incoerente.

Embora o direito vigente não defina direito de ação, o conceito foi elaborado pela doutrina. Há diferentes teorias[431] e, ainda hoje, discutem-se questões conexas (*e.g.*, se o Código de Processo Civil de 2015 eliminou, ou não, as condições da ação[432]), mas há razoável convergência

(FRANÇA. Corte de Cassação. Alcatel business sytems (ABS) v. Amkor technology (04-20.842). 27 março 2007).

[429] Costa, Guilherme Recena. Partes e Terceiros na Arbitragem. Tese (Doutorado em Direito Processual Civil) – Universidade de São Paulo, São Paulo, 2015. p. 75.

[430] Couture, Eduardo Juan. **Fundamentos del derecho procesal civil**. 3. ed. Buenos Aires: Depalma, 1966. p. 63.

[431] Para um panorama das teorias sobre a natureza jurídica da ação, *v.* Lacerda, Galeno. **Teoria geral do processo**. Rio de Janeiro: Forense, 2006. p. 210-229.

[432] Sobre condições da ação (interesse, legitimação e possibilidade jurídica do pedido), *v.* Liebman, Enrico Tullio. **Manual de Direito Processual Civil**. Tradução e notas de Cândido Rangel Dinamarco. Rio de Janeiro: Forense, 1984. v. 1. p. 153-161. Sobre o debate no âmbito do Código de Processo Civil de 2015, *v.* Didier Júnior, Fredie. Será o fim da categoria "condição da ação"? Um elogio ao Projeto do Novo Código de Processo Civil. **Revista de Processo**, n. 197, p. 256-260, jul. 2011; Câmara, Alexandre Freitas. Será o fim da categoria "condição da ação"? Uma resposta a Fredie Didier Jr. **Revista de Processo**, n. 197, p. 261--249, jul. 2011; Cunha, Leonardo Carneiro da. Será o fim da categoria condições da ação? Uma intromissão no debate travado entre Fredie Didier Jr. e Alexandre Freitas Câmara. **Revista de Processo**, n. 198, p. 221-235, ago. 2011; e Aurelli, Arlete Inês. As condições da ação no Novo Código de Processo Civil. In: Câmara, Helder Moroni (et al). **Aspectos Polêmicos do Novo Código de Processo Civil**. São Paulo: Almedina, 2018, p. 147-167. v. 1.

a respeito da definição e das características essenciais. Direito de ação designa o direito à tutela jurisdicional[433] e se caracteriza pela independência em relação ao direito material controvertido e ao resultado da sentença (favorável ou desfavorável) – atributo, esse, resumido no adjetivo *abstrato*.[434]

A concepção privatista – que considerava o exercício da ação um desdobramento do direito substantivo, e que está implícita na definição da cláusula compromissória como acessório de segundo grau, que acompanharia o crédito – foi criticada e abandonada por não explicar adequadamente situações cotidianas.[435] Por exemplo, quando o direito de ação é exercido, mas o pedido é improcedente (art. 487, I, do CPC), e quando há propositura de ação declaratória negativa (art. 19, I, do CPC).

433 *E.g.*, "Ação, portanto, é o *direito ao exercício da atividade jurisdicional* (ou o *poder* de exigir esse exercício." (Cintra, Antonio Carlos de Araújo; Grinover, Ada Pellegrini; Dinamarco, Cândido Rangel. **Teoria Geral do Processo.** 31ª ed. São Paulo: Malheiros, 2015. p. 285); "Do embate brilhante entre os dois romanistas [Windscheid e Muther], o que restou de mais precioso terá sido a ideia, partilhada por ambos, de que no direito moderno *a ação é um direito à tutela jurídica*, tendo por titular passivo o Estado." (Dinamarco, Cândido Rangel. **Fundamentos do processo civil moderno.** 4. ed. São Paulo: Malheiros, 2001. t. 1. p. 91); "Designa o direito subjetivo que tem o cidadão em face do Estado para exigir a tutela jurisdicional." (Marques, José Frederico. **Instituições de direito processual civil.** 2. ed. rev. Rio de Janeiro: Forense, 1962. v. 2. p. 6); "[...] o direito de ação, oponível ao estado-juiz, que se pode definir como o *direito à jurisdição*." (Theodoro Júnior, Humberto. **Curso de direito processual civil.** 57. ed. rev., atual. e ampl. Rio de Janeiro: Forense, 2016. v. 1. p. 150).

434 Cintra, Antonio Carlos de Araújo; Grinover, Ada Pellegrini; Dinamarco, Cândido Rangel. **Teoria Geral do Processo.** 31ª ed. São Paulo: Malheiros, 2015. p. 291; Couture, Eduardo Juan. **Fundamentos del derecho procesal civil.** 3. ed. Buenos Aires: Depalma, 1966. p. 70-71; Marques, José Frederico. **Instituições de direito processual civil.** 2. ed. rev. Rio de Janeiro: Forense, 1962. v. 2. p. 12-13; Theodoro Júnior, Humberto. **Curso de direito processual civil.** 57. ed. rev., atual. e ampl. Rio de Janeiro: Forense, 2016. v. 1. p. 152. Sobre a origem da teoria do direito abstrato de agir na Alemanha, no século XIX, *v.* Lacerda, Galeno. **Teoria geral do processo.** Rio de Janeiro: Forense, 2006. p. 226-228.

435 Dinamarco, Cândido Rangel. **Fundamentos do processo civil moderno.** 4. ed. São Paulo: Malheiros, 2001. t. 1. p. 91-92; Lacerda, Galeno. **Teoria geral do processo.** Rio de Janeiro: Forense, 2006. p. 212-214; Marques, José Frederico. **Instituições de direito processual civil.** 2. ed. rev. Rio de Janeiro: Forense, 1962. v. 2. p. 10-12; Silva, Ovídio Araújo Baptista da. **Curso de processo civil:** processo de conhecimento. 7. ed. rev. e atual. de acordo com o código civil de 2002. Rio de Janeiro: Forense, 2006. v. 1. p. 89-90.

Em conclusão, no direito brasileiro a sujeição do cessionário do crédito à jurisdição arbitral não se explica por encadeamento de acessoriedade. A ideia de que a cláusula compromissória seria acessório do direito de ação – que, por sua vez, seria acessório do crédito – contraria predicados centrais à teoria geral do processo civil e, se adotada, criaria uma incoerência no sistema jurídico.

2.4.4. *Se a cláusula compromissória é uma exceção do devedor*

Como a cessão de crédito não prejudica a situação do devedor, "é lógico que ele conserve todas as excepções que possuía contra o cedente e as possa invocar perante o cessionário, mesmo que este as ignorasse.[436] A reprovação à ideia de que o cedente consiga, por ato que independe da vontade do devedor, afastar a sujeição à jurisdição arbitral, alterando a posição jurídica dele, é recorrente na doutrina e na jurisprudência.[437]

Embora o diagnóstico do problema seja frequente, o remédio não é unânime. Vista isoladamente, a qualificação da sujeição à jurisdição arbitral, decorrente da cláusula compromissória, como exceção significaria que o devedor, ao escolher opô-la ou não, definiria, em momento posterior à cessão de crédito, a jurisdição competente para eventuais disputas contra o cessionário. Por essa razão, a doutrina critica as decisões da Corte de Cassação italiana que adotam essa qualificação.[438]

Apesar dos possíveis inconvenientes, a cláusula compromissória é um meio de defesa do demandado. Escrevendo sobre o compromisso, Pontes de Miranda afirmou que ele "gera a pretensão ao juízo arbitral

[436] Leitão, Luís Manuel Teles de Menezes. **Cessão de créditos**. Coimbra: Almedina, 2005. p. 350. No mesmo sentido, *v.* Varela, João de Matos Antunes. **Das obrigações em geral**. 7. ed. Coimbra: Almedina, 1999. v. 2. p. 327.

[437] TJSP, 2017, Comexport v. Agro Hemar, p. 6-7; Sperandio, Felipe Vollbrecht. Transmissão de cláusula compromissória à seguradora por força de sub-rogação legal. Arbitragem, direito securitário e consentimento no direito brasileiro. In: Carmona, Carlos Alberto; Lemes, Selma Ferreira; Martins, Pedro Batista (Coord.). **20 anos da Lei de Arbitragem:** homenagem a Petrônio R. Muniz. São Paulo: Atlas, 2017. p. 795-846. p. 800-801.

[438] Putortì, Vincenzo. La circolazione della clausola compromissoria: profili critici e soluzioni giurisprudenziali. **Le Corti Fiorentine**, Napoli, ano II, n. 1, p. 3-20, abril 2015. p. 13; Mariconda, Vincenzo. Cessione del credito e clausola compromissória: le inaccettabli conclusioni della Cassazione. **Corriere Giuridico**, Milano, n. 12, p. 1585-1591, 2003. p. 1588.

e a *exceptio ex compromisso* (exceção de compromisso)."[439] Chiovenda também definiu o compromisso como exceção processual.[440] A Lei de Arbitragem não unificou as figuras jurídicas do compromisso e da cláusula compromissória, mas as aproximou, e, no regime atual, "tanto a cláusula como o compromisso são aptos a afastar a jurisdição estatal e a instituir a arbitragem."[441] O artigo 337, inciso X, do Código de Processo Civil determina que "incumbe ao réu, antes de discutir o mérito, alegar a convenção de arbitragem" e a cláusula compromissória é classificada como exceção processual indireta e peremptória.[442]

Como a regra do art. 294 do Código Civil é dispositiva, exceções podem ser pré-excluídas.[443] Ou seja, por acordo entre credor e devedor, a exceção de cláusula compromissória poderia não ser oponível ao cessionário. Isso privilegiaria a jurisdição estatal em detrimento da arbitral, mas mitigaria eventual imprevisibilidade associada à qualificação da cláusula compromissória como exceção do devedor.

Também é preciso examinar o momento de oposição da exceção. Segundo o art. 294 do Código Civil, exceções pessoais contra o cedente (*e.g.*, compensação) devem ser opostas quando o devedor é notificado da cessão, enquanto as outras, sejam elas materiais ou processuais, perduram e são oponíveis posteriormente, quando o devedor é demandado.[444] Como a cláusula compromissória não está ligada à pessoa do cedente, ela não precisa ser oposta quando o devedor é notificado sob pena de renúncia tácita.

[439] MIRANDA, Francisco Cavalcanti Pontes de. **Tratado de direito privado:** parte especial. Atualizado por Ruy Rosado de Aguiar Júnior [e] Nelson Nery Jr. São Paulo: Revista dos Tribunais, 2012. t. 26. p. 507.

[440] CHIOVENDA, Giuseppe. **Instituições de direito processual civil**. 2. ed. São Paulo: Saraiva, 1965. v. 1. p. 78.

[441] CARMONA, Carlos Alberto. **Arbitragem e processo**. 3. ed. São Paulo: Atlas, 2009. p. 77.

[442] FICHTNER, José Antonio; MONTEIRO, André Luís. **Temas de arbitragem:** primeira série. Rio de Janeiro: Renovar, 2010. p. 67.

[443] HAICAL, Gustavo. **Cessão de crédito:** existência, validade e eficácia. São Paulo: Saraiva, 2013. p. 94.

[444] HAICAL, Gustavo. **Cessão de crédito:** existência, validade e eficácia. São Paulo: Saraiva, 2013. p. 97-98.

Por um lado, o devedor cedido tem o poder de, demandado na jurisdição estatal, opor ou não exceção de cláusula compromissória.[445] Por outro, como todo exercício de posição jurídica, a oponibilidade das exceções está submetida aos limites do art. 187 do Código Civil e à exigência de comportamento leal, adequado a um padrão de conduta segundo a boa-fé objetiva.

Não pode o devedor cedido valer-se da regra de oponibilidade das exceções, que serve à proteção da sua posição jurídica, para, desviando-a de sua finalidade, prolongar incerteza em prejuízo do cessionário (*e.g.*, interpelado, furtar-se de indicar se oporá ou não a exceção de cláusula compromissória; indicar que não oporá e, depois, demandado judicialmente, contradizer-se). Em situações assim, o sistema jurídico exige que o regime de oponibilidade das exceções conjugue-se à tutela da boa-fé objetiva.

***

Em síntese, o estado de sujeição à jurisdição arbitral, criado pela cláusula compromissória, configura uma exceção do devedor, oponível ao cessionário ainda que ele a desconheça no momento da cessão. Além disso, como a cessão de crédito é um negócio jurídico com eficácia translativa da posição ativa da obrigação, aplica-se a conclusão de que a sujeição à jurisdição arbitral é um ônus ligado ao poder de exigir a prestação, tal qual ocorre no pagamento com sub-rogação (*v.* seção 2.3.5, acima).

2.5. Assunção de dívida

A assunção de dívida transmite uma relação jurídica simples (2.5.1). Das várias hipóteses de transmissão da cláusula compromissória, é a mais incomum. A sujeição do assuntor à jurisdição arbitral é admitida

[445] Essa situação extrema concretiza o problema identificado por Veeder: "se o devedor quer arbitrar tal como pactuado com o cedente, porque o cessionário não estaria obrigado a demandar contra ele em arbitragem; por outro lado, por que o devedor estaria obrigado a arbitrar com um estranho?". (VEEDER, Van Vechten. Towards a Possible Solution: Limitation, Interest and Assignment in London and Paris. In: VAN DEN BERG, Jan (org.). **Planning Efficient Proceedings:** The Law Applicable to International Arbitration. The Hague: Kluwer, 1996, p. 268-293. (ICCA Congress Series, v. 7). p. 285).

pela doutrina e pela jurisprudência estrangeiras, embora haja menos estudos e casos que aprofundem a discussão (2.5.2). Neste trabalho, considera-se que a cláusula compromissória pode ingressar na esfera jurídica do assuntor como exceção e como estado de sujeição conexo à dívida (2.5.3).

2.5.1. *Características da assunção de dívida*

"Assumir dívida é inserir-se, como devedor, na relação jurídica."[446] Essa figura jurídica, caracterizada pela mudança subjetiva no polo passivo da obrigação, que preserva sua identidade, foi construída pela doutrina alemã.[447]

A assunção de dívida distingue-se da novação, porque nesta a obrigação anterior extingue-se, sendo substituída por uma nova e, naquela, a mesma obrigação subsiste, com mudança no polo passivo. Isto é, na assunção de dívida há identidade da relação jurídica e mudança do sujeito passivo, do que resulta a permanência dos acessórios e garantias da obrigação, excetuadas as garantias especiais, que se extinguem na falta de assentimento do primitivo devedor (art. 300 do Código Civil).

A assunção de dívida (mudança subjetiva passiva) distingue-se da cessão de crédito (mudança subjetiva ativa) não apenas em relação ao objeto (obrigação/direito), mas também em relação aos requisitos. A cessão de crédito dispensa o consentimento do devedor, enquanto a

[446] Miranda, Francisco Cavalcanti Pontes de. **Tratado de direito privado:** parte especial. São Paulo: Revista dos Tribunais, 2012. t. 23. p. 447. Diferentes termos são usados para definir a figura (Silvio Rodrigues, por exemplo, fala em cessão de dívida), mas é preferível a terminologia assunção de dívida, que corresponde à germânica, tem consagração legal e é a mais utilizada na doutrina: "Etimologicamente, [assumir] deriva de *ad-sumo, ad-sumere*, tomar, donde quem assume a dívida, toma-a a seu cargo, inserindo-se como devedor na relação jurídica." (Gomes, Luiz Roldão de Freitas. **Da Assunção de Dívida e sua Estrutura Negocial**. Rio de Janeiro: Liber Juris, 1982. p. 131). No mesmo sentido: Cordeiro, António Menezes. **Tratado de direito civil português**. Coimbra: Almedina, 2010. v. 2, t. 4. p. 235.

[447] "Coube à doutrina pandectista alemã, nomeadamente a Delbruck e a Windscheid, o mérito de ter iniciado a reação contra o dogma da intransmissibilidade singular das dívidas, a ponto de o Código alemão já ter consagrado abertamente, nos parágrafos 414 e seguintes, a possibilidade de um terceiro tomar para si a posição jurídica do devedor dentro da relação obrigacional." (Varela, João de Matos Antunes. **Direito das obrigações**. Rio de Janeiro: Forense, 1978. v. 2. p. 360). Ainda na vigência do Código Civil de 1916, apesar da ausência de regulamentação legal, já se praticava esse tipo de negócio e a doutrina lhe era favorável.

assunção de dívida requer o consentimento do credor,[448] já que patrimônio e características pessoais repercutem sobre a qualidade do crédito. Notificado da assunção, o silêncio do credor é, em regra, interpretado como recusa (art. 299, §único do Código Civil). Entretanto, o consentimento do credor pode ser tácito – *e.g.*, se recebe pagamento parcial do assuntor, feito em nome próprio.[449]

Embora a assunção de dívida seja regrada de modo unitário no Código Civil, a doutrina esclarece que ela pode variar quanto à eficácia e quanto à estruturação.

Quanto à eficácia em relação ao primitivo devedor, a assunção de dívida pode ser privativa ou cumulativa.[450] Se privativa (também chamada de liberatória ou exclusiva), há liberação do primitivo devedor. Se cumulativa (também chamada de coassunção ou reforçativa), o assuntor ingressa no polo passivo da relação obrigacional ao lado do devedor, que não é exonerado. Ou seja, a assunção cumulativa "não tem o condão de operar a sucessão singular [na dívida], embora a transmita, em certa medida, ao devedor que chega, sem despedir-se do antigo."[451]

[448] O requisito de consentimento do credor seria dispensável na hipótese de assunção cumulativa, "por a assunção cumulativa ser sempre um benefício para o credor, que não perde o primitivo devedor e ganha outro ao lado dele." (Varela, João de Matos Antunes. **Direito das obrigações**. Rio de Janeiro: Forense, 1978. v. 2. p. 373). Pereira também é favorável a essa solução (Pereira, Caio Mário da Silva. **Instituições de direito civil**: teoria geral das obrigações. 28. ed. Rio de Janeiro: Forense, 2016. v. 2. p. 370). Almeida Costa também comentou a exigência de consentimento do credor nessa hipótese, observando que "a explicação de tal requisito se afigura menos evidente", mas que "prevalece a regra de que, em princípio, a ninguém pode ser imposto um benefício sem a colaboração da vontade própria." (Costa, Mário Júlio de Almeida. **Direito das obrigações.** 12. ed. Coimbra: Almedina, 2009. p. 829).

[449] Miranda, Francisco Cavalcanti Pontes de. **Tratado de direito privado:** parte especial. São Paulo: Revista dos Tribunais, 2012. t. 23. p. 473; Pereira, Caio Mário da Silva. **Instituições de direito civil**: teoria geral das obrigações. 28. ed. Rio de Janeiro: Forense, 2016. v. 2. p. 370.

[450] Varela, João de Matos Antunes. **Direito das obrigações**. Rio de Janeiro: Forense, 1978. v. 2. p. 360; Gomes, Luiz Roldão de Freitas. **Da Assunção de Dívida e sua Estrutura Negocial.** Rio de Janeiro: Liber Juris, 1982. p. 132-137.

[451] Gomes, Luiz Roldão de Freitas. **Da Assunção de Dívida e sua Estrutura Negocial**. Rio de Janeiro: Liber Juris, 1982. p. 136.

No direito brasileiro, há responsabilidade subsidiária entre o novo devedor e o primitivo, codevedores em virtude da assunção reforçativa.[452]

Quanto à estruturação da operação, há divergência de nomenclatura. Em geral, a doutrina classifica a assunção de dívida em *por expromissão* e *por delegação*. O uso desses termos no direito brasileiro é criticado, por ser propício à confusão com o sistema tripartite do direito italiano (*accollo, espromissione* e *delegazione*[453]), havendo quem prefira utilizar assunção unifigurativa e assunção bifigurativa.[454]

De modo geral, a assunção por expromissão (que corresponde à assunção unifigurativa) forma-se sem o consentimento do devedor. É o terceiro que, perante o credor, diretamente assume a dívida.[455] A assunção por delegação (que corresponde à assunção bifigurativa) é uma operação entre o devedor primitivo e outrem, que depende do consentimento do credor para ter eficácia em relação a ele.[456]

O assuntor não pode opor as exceções pessoais do primitivo devedor (art. 302 do Código Civil; *e.g.*, incapacidade). Pode, entretanto, opor as exceções ligadas à dívida (*e.g.*, prescrição).[457]

[452] Pereira entende que na assunção cumulativa haveria solidariedade entre o novo devedor e o antigo, embora a doutrina mais recente entenda que há relação de subsidiariedade (PEREIRA, Caio Mário da Silva. **Instituições de direito civil**: teoria geral das obrigações. 28. ed. Rio de Janeiro: Forense, 2016. v. 2. p. 375). No direito estrangeiro, há países que preveem o regime de solidariedade entre codevedores – *e.g.*, Itália (art. 1272 do Código Civil) e Portugal (art. 595, §2º, do Código Civil).

[453] Sobre assunção de dívida no direito italiano, *v.* TORRENTE, Andrea; SCHLESINGER, Piero. **Manuale di Diritto Privato**. 16 ed. Milano: Giuffrè, 1999. p. 406-411; BESSONE, Mario (Coord.). **Istituzioni di diritto privato**. 8. ed. Torino: Giapichelli, 2001. p. 515-520.

[454] MIRANDA, Francisco Cavalcanti Pontes de. **Tratado de direito privado:** parte especial. São Paulo: Revista dos Tribunais, 2012. t. 23. p. 465-468; SIMÕES, Marcel Edvar. Transmissão em direito das obrigações: cessão de crédito, assunção de dívida e sub-rogação pessoal. Dissertação (Mestrado em Direito Civil) – Universidade de São Paulo, São Paulo, 2011. p. 55-56.

[455] VARELA, João de Matos Antunes. **Direito das obrigações**. Rio de Janeiro: Forense, 1978. v. 2. p. 369; CORDEIRO, António Menezes. **Tratado de direito civil português**. Coimbra: Almedina, 2010. v. 2, t. 4. p. 237; GOMES, Orlando. **Obrigações**. 17. ed. Rio de Janeiro: Forense, 2007. [v. 2]. p. 262.

[456] MIRANDA, Francisco Cavalcanti Pontes de. **Tratado de direito privado:** parte especial. São Paulo: Revista dos Tribunais, 2012. t. 23. p. 471.

[457] MIRANDA, Francisco Cavalcanti Pontes de. **Tratado de direito privado:** parte especial. São Paulo: Revista dos Tribunais, 2012. t. 23. p. 462-463; COSTA, Mário Júlio de Almeida. **Direito das obrigações.** 12. ed. Coimbra: Almedina, 2009. p. 832-833; GOMES, Luiz Roldão

2.5.2. *O tema na jurisprudência e na doutrina*

A doutrina é geralmente favorável à transmissão da cláusula compromissória na assunção de dívida, mas não dispensa especial consideração ao tema.[458] Também é essa a posição de tribunais estrangeiros.

Na Suíça, em 2001, o Tribunal Federal pronunciou-se sobre assunção cumulativa de dívida.[459] No caso, havia um contrato de empreitada com cláusula compromissória, celebrado entre Permstroyinter (dono da obra) e MIR (empreiteiro). O tribunal arbitral concluíra que outra empresa, LUKoil-Permnefteorgsintez, também estava sujeita à jurisdição arbitral, porque se responsabilizara solidariamente por vários pagamentos e, com isso, aderira à cláusula compromissória. A LUKoil requereu a anulação da sentença arbitral.

O Tribunal Federal suíço qualificou a posição da LUKoil como assunção cumulativa de dívida e observou: "o direito suíço admite, em caso de assunção de dívida, bem como de cessão de crédito ou cessão de relação contratual, que a cláusula compromissória é, em princípio, transferida para o assuntor, salvo acordo em contrário." Em sua visão, "o tribunal arbitral acertadamente concluiu que a recorrente manifestou sua adesão à cláusula arbitral incluída nesse contrato."[460]

de Freitas. **Da Assunção de Dívida e sua Estrutura Negocial**. Rio de Janeiro: Liber Juris, 1982. p. 286.

[458] "Também, em geral, na doutrina estrangeira, se entende que, em princípio, vale entre credor e assuntor a cláusula compromissória, a que se refere o artigo 1513º do CPC, que, num contrato originário ou num contrato sucessivo estipulado entre credor e devedor, estatuía deverem ser decididas por árbitros questões que viessem a suscitar-se entre as partes, emergentes do acto jurídico." (Pinto, Carlos Alberto da Mota. **Cessão da Posição Contratual**. Coimbra: Almedina, 2003. p. 175-176); "A cessão da posição contratual, a cessão do direito de crédito, a assunção de dívida, a sub-rogação do garante ou outro interessado no direito de crédito (para não falar já da sucessão por morte, em que nenhuma dúvida legitimamente pode ser levantada) implicam a sujeição do adquirente à convenção de arbitragem respeitante à situação transmitida, salvo se a sua interpretação levar a um resultado inequivocamente contrário." (Freitas, José Lebre de. **Revista de Processo**, São Paulo, v. 37, n. 209, p. 434-449, jul. 2012. p. 442).

[459] SUÍÇA. Tribunal Fédéral. **LUKoil-Permnefteorgsintez, LLC and others v. MIR Müteahhitlik ve Ticaret A.S. / MIR Constructing and Trading Co Inc. Ankara (Turquie), Ural-Tais Production-Construction Firm, Bundesgericht**. 18 dezembro 2001. A decisão foi publicada no ASA Bulletin, v. 20, n. 3, p. 482-492, 2002.

[460] No original: "*Le droit suisse admet, en cas de reprise de dette, comme en matière de cession de créance ou de reprise d'une relation contractuelle que la clause compromissoire est en principe transférée*

Depois, em 2008, o Tribunal Federal suíço diferenciou as posições de garantidor e de assuntor da dívida,[461] referindo tanto a decisão de 2001 no caso LUKoil quanto a decisão de 2003 no caso libanês (*v.* seção 2.2.4) como precedentes. O tribunal ponderou que a assunção de dívida enseja a transferência dos acessórios, como a cláusula compromissória, e que, embora isso seja mais evidente na assunção liberatória (sucessão a título particular na posição passiva da obrigação), também se aplica à cumulativa (adjunção de um segundo devedor, ao lado do primitivo).[462] À natureza de acessório da dívida, acrescentou a preocupação com a economia do procedimento e com o risco de decisões contraditórias, caso a mesma questão seja submetida a dois foros diferentes (credor – devedor original e credor – assuntor).

Em Portugal, um caso decidido pelo Tribunal da Relação de Lisboa, em 2015, mencionou, de passagem, a sujeição do assuntor da dívida à jurisdição arbitral[463] e um caso decidido pelo Supremo Tribunal de

au reprenant, sauf convention contraire." e "*Le Tribunal arbitral a retenu à bon droit que la recourante avait de la sorte manifesté son adhésion à la clause arbitrale incluse dans ce contrat.*" (ASA Bulletin, v. 20, n. 3, p. 482-492, 2002. p. 491).

461 SUÍÇA. Tribunal Fédéral. **X. Ltd contre Y. et Z. S.p.A. (DFT 134 III 565)**. 19 agosto 2008. Para síntese do caso, *v.* VOSER, Nathalie. The Swiss Perspective on Parties in Arbitration: "Traditional Approach With a Twist regrading Abuse of Rights" or "Consent Theory Plus". In: BREKOULAKIS, Stavros; LEW, Julian; MISTELIS, Loukas (eds.). **The Evolution and Future of International Arbitration**. The Hague: Kluwer, 2016. p. 161-182. p. 171.

462 "*Elle se justifie, toutefois, à l'instar de celle qui a été adoptée pour l'autre forme de reprise de dette, par le motif que la clause compromissoire, en tant qu'accessoire de la dette reprise et, comme tel, indissociable de celle-ci, passe au reprenant, sauf stipulation contraire, lorsque ce dernier acquiert la qualité de codébiteur solidaire de ladite dette, quand bien même elle continue à lier le débiteur primitif.*". Em tradução livre: "ela [a solução] justifica-se, porém, como a adotada para a outra forma de assunção de dívida, porque a cláusula compromissória, como acessório da dívida assumida e, como tal, indissociável dela, salvo disposição em contrário, passa para o assuntor quando este adquire a qualidade de devedor solidário da referida dívida, ainda que continue a obrigar o devedor original." (SUÍÇA. Tribunal Fédéral. **X. Ltd contre Y. et Z. S.p.A. (DFT 134 III 565)**. 19 agosto 2008. §3.2).

463 "Para além dos casos de transmissão de créditos/dívidas, em que a sujeição do adquirente à convenção de arbitragem respeitante à situação transmitida não suscita, em princípio, controvérsia, [...]. Aludimos, nomeadamente, as hipóteses de cessão da posição contratual, cessão do direito de crédito, assunção de dívida, sub-rogação... que implicam a sujeição do terceiro que não foi parte na convenção de arbitragem a essa convenção, pelo menos na generalidade das situações, em que a convenção não é celebrada *intuitu personae*."

Justiça, em 2011, tangenciou a matéria. Na ementa do acórdão do STJ português, constou:

> 1. A convenção de arbitragem constante da cláusula dum contrato só vale, em princípio, entre os outorgantes.
> 2. Sem prejuízo, no entanto, e de acordo com o regime geral dos contratos, de valer relativamente ao cessionário da posição contratual, ao cessionário de crédito ou ao aderente ao contrato.
> 3. Não alcança qualquer destas figuras a comunicação duma das outorgantes à outra de que a facturação devia passar a ser feita a terceira.
> 4. A comunicação para início da arbitragem e constituição do tribunal arbitral feita por uma das outorgantes do contrato às outras e, bem assim, à esta terceira, não encerra reconhecimento relevante de que a convenção arbitral valha relativamente a esta.[464]

Como resume Henriques, havia um contrato de agência entre A (agente; empresa incorporada em Portugal) e B (principal; empresa incorporada na Dinamarca) com cláusula compromissória. Por carta, B instruiu A a faturar todas as comissões decorrentes do contrato de agência contra C (subsidiária de B; empresa incorporada em Portugal) e informou que C pagaria as comissões. Por certo período, isso efetivamente foi realizado por A, B e C.[465]

Após B resilir o contrato, A ajuizou ação judicial contra B e C, pleiteando recebimento de comissões e indenização de clientela. B e C argumentaram pela aplicação da teoria do grupo de sociedades, por ambas terem participado da execução do contrato, e requereram a extinção do processo.

O Tribunal de Relação de Lisboa aceitou a exceção da cláusula compromissória em relação a B, mas não em relação a C, decisão mantida pelo STJ português. Ao analisar a qualificação jurídica da "comunicação

(PORTUGAL. Tribunal da Relação de Lisboa. 7666/13.0TBOER.L1-1. Relatora: Isabel Fonseca. 24 março 2015).

464 PORTUGAL. Supremo Tribunal de Justiça. 3539/08.6TVLSB.LL.S1. Relator: João Bernardo. 8 setembro 2011.

465 Henriques, Duarte Gorjão. A extensão da convenção de arbitragem no quadro dos grupos de empresas e da assunção de dívidas: um vislumbre de conectividade? **Revista de Arbitragem e Mediação**, São Paulo, v. 12, n. 45, p. 65-97, abr./jun. 2015.

duma das outorgantes à outra de que a facturação devia passar a ser feita a terceira", o STJ português examinou se seria cessão de posição contratual, cessão de crédito ou adesão a contrato.

Como constatou Henriques, há nisso uma inadequação: a instrução de B para que A faturasse as comissões contra (cobrasse de) C poderia configurar transmissão de dívida de B para C, não de crédito. Ainda segundo esse autor, os argumentos favoráveis à transmissão na cláusula compromissória nesse caso seriam *(i)* a aplicação do regime da cessão de posição contratual à transmissão singular de dívidas, pelo que "o transmissário numa cessão de dívidas (ou seja, o novo devedor) considerar-se-á presumidamente vinculado ao acordo de arbitragem que tenha sido pactuado no contrato do qual emerge a dívida transmitida"[466]; *(ii)* a aplicação do regime relativo à transmissão das garantias e acessórios (art. 599 do Código Civil português), pelo que a clausula compromissória se transmitiria ao assuntor da dívida, exceto se *intuitu personae* (*v.* seção 2.1.3).

No Brasil, Kohlback de Faria acentua que o credor não pode ser prejudicado pela mudança subjetiva no polo passivo; assim, no silêncio das partes, a cláusula compromissória vincula o assuntor.[467] Coutinho, por outro lado, enfatiza o consentimento do assuntor, que "optou por ingressar naquela relação obrigacional, que contém cláusula compromissória."[468]

***

A transmissão da cláusula compromissória na assunção de dívida pode ser desdobrada em quatro questões: *(i)* se a cláusula compromissória é uma obrigação acessória; *(ii)* se a cláusula compromissória é uma exceção oponível pelo assuntor; e *(iii)* se a cláusula compromissória cria

[466] HENRIQUES, Duarte Gorjão. A extensão da convenção de arbitragem no quadro dos grupos de empresas e da assunção de dívidas: um vislumbre de conectividade? **Revista de Arbitragem e Mediação**, São Paulo, v. 12, n. 45, p. 65-97, abr./jun. 2015. p. 93.

[467] FARIA, Marcela Kohlbach de. **Participação de Terceiros na Arbitragem**. São Paulo: Quartier Latin, 2019. p. 76-77.

[468] COUTINHO, Renato Fernandes. **Convenção de arbitragem:** vinculação de não signatários. São Paulo: Almedina, 2020. p. 163.

um estado de sujeição conexo à dívida transferida. Para evitar repetição, tais questões são abordadas em uma seção única (2.5.3).

2.5.3. *Se o assuntor da dívida está sujeito à jurisdição arbitral*

Quanto ao item *(i)*, a cláusula compromissória não pode ser qualificada como obrigação acessória. Ela estabelece vinculação normativa (*i.e.*, 'obriga' em sentido amplo), mas não cria obrigação, em sentido estrito, de instituir arbitragem (seção 1.1.2). Ou seja, não há obrigação passível de acessoriedade.[469]

Quanto ao item *(ii)*, a cláusula compromissória, cuja pessoalidade não se presume (seção 2.1.3), configura um meio de defesa do devedor (art. 337, inciso X, do Código de Processo Civil). Como exceção não pessoal, ela se transmite ao assuntor da dívida que, se demandado na jurisdição estatal, pode opô-la, devendo o uso da cláusula compromissória como meio de defesa atender às exigências do art. 187 do Código Civil. Não pode o assuntor desviar a regra de oponibilidade das exceções da sua finalidade, prolongando incerteza em prejuízo do credor.

Ao mesmo tempo, há situações que a interpretação conjunta dos arts. 302 do Código Civil e 337, inciso X, do Código de Processo Civil não abrange. Por exemplo, as situações em que o assuntor se opõe à jurisdição arbitral – seja porque demanda o credor na jurisdição estatal (*e.g.*, repetição de indébito, declaração de inexigibilidade de débito), seja porque, demandado na jurisdição arbitral (*e.g.*, cobrança), impugna-a. Cabe, assim, examinar se a sujeição à jurisdição arbitral seria um estado conexo à dívida assumida.

Apesar da dificuldade classificatória (negócio jurídico material, processual, misto ou, ainda, jurisdicional), o objeto da cláusula compromissória é a sujeição de uma relação jurídica à jurisdição arbitral (seção 1.1.2). Como a dívida é oriunda dessa relação jurídica, cabe examinar se a eficácia translativa da assunção da dívida abrange o estado de sujeição à jurisdição arbitral.

[469] Em sentido contrário, Freitas Gomes elenca 'cláusula compromissória' dentre os exemplos de obrigações acessórias à dívida que passam ao assuntor (GOMES, Luiz Roldão de Freitas. **Da Assunção de Dívida e sua Estrutura Negocial**. Rio de Janeiro: Liber Juris, 1982. p. 299).

Para delimitar a eficácia translativa da assunção em relação às posições jurídicas clássicas – exceções (*e.g.*, prescrição, exceção do contrato não cumprido), deveres acessórios (*e.g.*, juros), direitos potestativos (*e.g.*, escolher, anular) – a doutrina oferece, como critério, a conexão com a dívida.[470] Conexidade, por sua vez, é medida pela função da posição jurídica: se ligada à obrigação (*e.g.*, escolher, nas obrigações alternativas ou de dar coisa incerta) ou se ligada ao contrato como um todo (*e.g.*, denunciar). Aquelas transferem-se ao assuntor; estas, não. Embora o estado de sujeição à jurisdição arbitral não se enquadre nas categorias clássicas de direito civil, o critério de conexão é útil por analogia.

O estado de sujeição à jurisdição arbitral supõe – isto é, considera como existente (seção 1.1.2) – a relação jurídica criada pelo contrato-base. A dívida assumida, por sua vez, é oriunda da relação jurídica suposta pela cláusula compromissória e sujeita à jurisdição arbitral. Devido a essa ligação estrutural, a dívida não se desprende do estado de sujeição à jurisdição arbitral com a mudança no polo passivo.

Em síntese, por efeito translativo da assunção de dívida, a cláusula compromissória pode ingressar na esfera jurídica do assuntor como exceção e como estado de sujeição conexo à dívida.

[470] "O critério para investigar se o dever lateral da prestação, em qualquer das classificações imaginadas pela doutrina tedesca, passa, ou não, ao assuntor, há de buscar-se, primeiramente, no princípio fundamental que discerne as obrigações acessórias ou direitos potestativos em conexão com a dívida transferida dos que dela transcendem. Utilizando-se essa premissa maior para os deveres laterais, dela deflui que se transmitem os que estejam ligados à prestação do devedor, o mesmo não ocorrendo para aquelas que não o estejam." (Gomes, Luiz Roldão de Freitas. **Da Assunção de Dívida e sua Estrutura Negocial**. Rio de Janeiro: Liber Juris, 1982. p. 307); "Nunca se transmitirá com a cessão de crédito – nem, aliás, com a assunção de dívidas – um dever lateral conexionado com a correspectividade de prestações." (Pinto, Carlos Alberto da Mota. **Cessão da Posição Contratual**. Coimbra: Almedina, 2003. p. 268). No mesmo sentido: Larenz, Karl. **Derecho de Obligaciones**. Madrid: Revista de Derecho Privado, 1958. t. 1. p. 479.

CONCLUSÕES

Na introdução, o tema foi desdobrado em duas questões: *(i)* se a cláusula compromissória se transmite em qualquer tipo de aquisição derivada e *(ii)* o que explica a transmissão da cláusula compromissória. A pesquisa mostrou que o estado das ideias, na jurisprudência e na doutrina, é ambivalente. Há certo consenso quanto à conclusão, que é favorável à transmissão, e certo caos quanto às razões.

Na seção de premissas teóricas, afirmou-se que o traço característico da transmissão é o binômio identidade da relação jurídica – diversidade de sujeitos e que o objeto da cláusula compromissória é a sujeição de uma relação jurídica à jurisdição arbitral. As partes da cláusula compromissória atribuíram competência à jurisdição arbitral no que se refere à relação jurídica contratual existente entre elas.

Considerando esses pressupostos, a pergunta central é: quando mudam os sujeitos de uma relação jurídica, o estado de sujeição à jurisdição arbitral acordado na cláusula compromissória os alcança? É preciso recusar as respostas gerais e simples, mas erradas (sim, porque é sucessor; não, porque é terceiro). A resposta aqui oferecida pode ser organizada em seis partes.

Primeiro, transmissão não é um fenômeno uniforme. A sucessão universal transmite um complexo de relações jurídicas com valor econômico (patrimônio). A cessão de posição contratual transmite uma relação jurídica complexa (relação contratual). O pagamento com sub-rogação, a cessão de crédito e a assunção de dívida transmitem uma relação jurídica simples (relação obrigacional).

Sem essa distinção inicial, é impossível avançar. Ao mesmo tempo, isso é suficiente para responder a pergunta relativamente à sucessão universal. O estado de sujeição à jurisdição arbitral está no complexo de relações jurídicas com valor econômico (patrimônio) do sucedido e vincula o sucessor, salvo excepcional natureza personalíssima. O caráter *intuitu personae*, que não se presume, afastaria a transmissão em qualquer modo de aquisição derivada de posição jurídica.

Segundo, a cláusula compromissória não se transmite automaticamente por consentimento. Para que ocorra transmissão por consentimento, ele precisa se exteriorizar por escrito, ainda que no mesmo instrumento que documenta outro negócio jurídico e de modo genérico.

Terceiro, o novo titular de uma relação jurídica, que nela ingressa por aquisição derivada, pode estar sujeito à jurisdição arbitral por razões que não o consentimento, ligadas às características da relação jurídica originária.

Quarto, a sujeição de um novo credor à jurisdição arbitral pode decorrer da eficácia translativa do negócio ou ato jurídico. A pretensão do novo credor é qualitativamente idêntica à do primitivo. Como o direito de crédito filia-se a uma relação jurídica sujeita à jurisdição arbitral, esse estado de sujeição é um ônus ligado ao poder de exigir o pagamento.

Quinto, a cláusula compromissória é uma exceção do devedor cedido, salvo se pré-excluída. Como o cedente não pode alterar a posição jurídica do devedor por ato que independe de sua vontade, o devedor demandado na jurisdição estatal pode opor exceção de cláusula compromissória ao cessionário.

Sexto, a cláusula compromissória ingressa na esfera jurídica do assuntor da dívida como exceção e como estado de sujeição conexo à dívida. Devido à ligação estrutural com a relação jurídica suposta pela cláusula compromissória, a dívida não se desprende do estado de sujeição à jurisdição arbitral com a mudança no polo passivo.

Em síntese, não há resposta única que explique a transmissão da cláusula compromissória. Fundamentalmente, há que se distinguir a hipótese de consentimento, que para se configurar depende de requisitos específicos, das hipóteses ligadas às características da aquisição derivada de posições jurídicas, equacionando-as com as características da cláusula compromissória.

REFERÊNCIAS

Abaclat e Outros V. ARGENTINA. Voto Vencido de Georges Abi-Saab. Caso ICSID No. ARB/07/5. 28 Out. 2011. Disponível em: <https://www.italaw.com/sites/default/files/case-documents/ita0237.pdf>. Acesso em 24 nov. 2020.

Aguiar Júnior, Ruy Rosado de. Cessão de crédito e resseguro. **Revista Brasileira de Direito Civil**, Rio de Janeiro, v. 10, p. 128-140, out./dez. 2016.

Aguiar Júnior, Ruy Rosado de. **Comentários ao novo código civil:** da extinção do contrato: arts. 472 a 480. Rio de Janeiro: Forense, 2011. v. 6, t. 2.

Almeida, Carlos Ferreira de. **Contratos:** conteúdo, contratos de troca. 3. ed. Coimbra: Almedina, 2012. v. 2.

Alves, José Carlos Moreira. Direito Subjetivo, Pretensão e Ação. **Revista de Processo**, v. 47, p. 109-123, jul./set. 1987.

Amaral Neto, Francisco dos Santos. **Direito civil:** introdução. 8. ed. Rio de Janeiro: Renovar, 2014.

Ancel, Pascal. Arbitrage et novation. **Revue de l'Arbitrage**, Paris, n. 1, p. 3-32, 2002.

Andrade, Manuel A. Domingues de. **Teoria geral da relação jurídica**. Coimbra: Almedina, 2003. v. 1.

Aprigliano, Ricardo de Carvalho. Cláusula compromissória: aspectos contratuais. **Revista do Advogado – AASP**, ano XXXII, n. 116, p. 174-192, jul./2012.

Atlantic Ventures – Sociedade de Desenvolvimento e Gestão Portuária S.A. V. República de Angola e Outros. Caso NN 511/JPA. Sentença Interlocutória Final. 10 jul. 2020

AULETE, Caldas. **Dicionário Contemporâneo da Língua Portuguesa.** 4. ed. Rio de Janeiro: Editora Delta S.A., 1958.

AURELLI, Arlete Inês. As condições da ação no Novo Código de Processo Civil. In: CÂMARA, Helder Moroni (et al). **Aspectos Polêmicos do Novo Código de Processo Civil**. São Paulo: Almedina, 2018, p. 147-167. v. 1.

AYNÈS, Laurent. Note – Cour d'appel de Paris (1re Ch. G), 10 septembre 2003. **Revue de l'Arbitrage**, Paris, n. 3, p. 626-630, 2004.

AZEVEDO, Antonio Junqueira de. **Estudos e pareceres de direito privado**. São Paulo: Saraiva, 2004.

AZEVEDO, Antonio Junqueira de. **Negócio jurídico:** existência, validade e eficácia. 4. ed. São Paulo: Saraiva, 2010.

BACHAND, Frédéric. Kompetenz-Kompetenz, Canadian Style. **Arbitration International**, London, v. 25, n. 3, p. 431-454, set./2009.

BANIFATEMI, Yas. The Impact of Corruption on "Gateway Issues" of Arbitrability, Jurisdiction, Admissibility and Procedural Issues. In: BAIZEAU, Domitille; KREINDLER, Richard (eds.). **Addressing Issues of Corruption in Commercial and Investment Arbitration.** The Hague/Paris: Kluwer/ICC, 2015. p. 16-31.

BAPTISTA, Luis Olavo. Cessão de contrato e autonomia da cláusula arbitral. In: BASSO, Maristela; CARVALHO, Patrícia Luciane de (Org.). **Lições de direito internacional:** estudos e pareceres de Luiz Olavo Baptista. Curitiba: Juruá, 2009. p. 17-38.

BAPTISTA, Luiz Olavo. Cláusula compromissória e compromisso. In: TEPEDINO, Gustavo; FACHIN, Luiz Edson (Org.). **Obrigações e contratos**. São Paulo: Revista dos Tribunais, 2011. v. 6. (Doutrinas Essenciais). p. 977-988.

BARBIER, Hugo. Le pouvoir de compromettre pour autrui en arbitrage international: l'extension de la règle matérielle et sa nécessaire mise en ordre. **Cahiers de l'arbitrage**, Paris, n. 2, p. 441, 2016.

BAYO RECUERO, Nieves. **El pago del tercero:** subrogación. Madrid: Dijusa, 2000. p. 115.

BDINE JÚNIOR, Hamid Charaf. **Cessão da posição contratual**. São Paulo: Saraiva, 2007.

BESSON, Sébastien. Extension de la convention d'arbitrage et élargissement de la procédure arbitrale à des tiers selon la jurisprudence du Tribunal fédéral suisse. **Cahiers de l'arbitrage**, n. 3, p. 833-843, 2010.

BESSONE, Mario (org.). **Istituzioni di Diritto Privato**. 8. ed. Torino: G. Giappichelli Editore, 2001.

BEVILAQUA, Clóvis. **Código civil dos Estados Unidos do Brasil commentado**. 3. ed. São Paulo: F. Alves, 1935. v. 6.

BEVILAQUA, Clóvis. **Código civil dos Estados Unidos do Brasil commentado**. 11. ed. São Paulo: F. Alves, 1958. v. 4.

BEVILAQUA, Clóvis. **Código civil dos Estados Unidos do Brasil commentado**. 12. ed. atual. por Achilles Bevilaqua e Isaias Bevilaqua. Rio de Janeiro: F. Alves, 1959. v. 1.

BEVILAQUA, Clóvis. **Direito das Obrigações**. 5 ed. Rio de Janeiro: Freitas Bastos, 1940.

BEVILAQUA, Clóvis. **Teoria Geral do Direito Civil**. Campinas: Red Livros, 2001.

BEVILAQUA, Clóvis. **Theoria geral do direito civil**. Rio de Janeiro: F. Alves, 1908.

BIANCA, C. Massimo. **Diritto civile:** il contratto. 2. ed. Milano: A. Giuffrè, 2000. v. 3.

BLANCHIN, Catherine. **L'autonomie de la clause compromissoire:** un modèle pour la clause attributive de jurisdiction?. Paris: LGDJ, 1995.

BOLLÉE, Sylvain. La clause compromissoire et le droit commune des conventions. **Revue de l'Arbitrage**, Paris, n. 4, p. 917-930, 2005.

BRAGHETTA, Adriana. Cláusula Compromissória – Contrato não assinado – Participação no Procedimento Arbitral – SEC 856 – STJ. **Revista Brasileira de Arbitragem**, n. 7, p. 103-122, jul./set. 2005.

BRASIL. 2ª Vara Cível da Comarca de Campinas – SP. **Processo 1030582-90.2015.8.26.0114**. Autor: Comexport Companhia de Comércio Exterior. Réu: Cooperativa Central de Fertilizantes – Cooperfertil. Juiz: Fábio Henrique Prado de Toledo. Despacho saneador proferido em 8 março 2016.

BRASIL. Primeiro Tribunal de Alçada Civil de São Paulo. **Agravo de Instrumento 1.257.807-7**. Alstom Power Sweden AB v. Itaú Seguros S.A. et al. Relator: Paulo Roberto de Santana. Quarta Câmara. Julgado em 11 agosto 2004.

BRASIL. Superior Tribunal de Justiça. **Conflito de Competência 21.289/SP**. Suscitante: Juízo Federal da 16ª Vara Cível da Seção Judiciária do Estado de São Paulo. Suscitado: Juízo Federal da 1ª Vara da Seção Judiciária do Estado do Amazonas. Relator: Min. Nancy Andrighi. Primeira Seção. Julgado em 7 abril 2000.

BRASIL. Superior Tribunal de Justiça. **Recurso Especial 1.550.260/RS.** Recorrente: Kreditanstalt Für Wiederaufbau Bankengruppe. Recorrida: Companhia de Geração Térmica de Energia Elétrica. Relator: Min. Paulo de Tarso Sanseverino. Julgado em 12 dezembro 2017.

BRASIL. Superior Tribunal de Justiça. **Recurso Especial 1.569.422/RJ.** Relator: Min. Marco Aurélio Bellizze. Recorrentes: Haakon Lorentzen et al. Recorrido: Hugo Pedro de Figueiredo. Terceira Turma. Julgado em 27 abril 2016.

BRASIL. Superior Tribunal de Justiça. **Recurso Especial 1.727.979/MG.** Relator: Min. Marco Aurélio Bellizze. Recorrente: Espólio de Marco Antônio Rodrigues Diniz. Requerido: Promass Agropecuária Ltda. e Sonia Maria Rodrigues Diniz. Terceira Turma. Julgado em 12 junho 2018.

BRASIL. Superior Tribunal de Justiça. **Recurso Especial 606.345/RS.** Recorrente: AES Uruguaiana Empreendimentos Ltda. Recorrido: Companhia Estadual de Energia Elétrica – CEEE. Relator: Min. João Otávio Noronha. Julgado em 17 maio 2007.

BRASIL. Superior Tribunal de Justiça. **Recurso Especial 1.038.607/SP.** Recorrente: Aliança Navegação e Logística Ltda. Recorrido: Unibanco AIG Seguros S.A. Relator: Min. Massami Uyeda. T erceira Turma. Julgado em 20 maio 2008.

BRASIL. Superior Tribunal de Justiça. **Recurso Especial 17.794/RS.** Recorrente: Sul América Terrestres Marítimos e Acidentes Cia. de Seguros. Recorrido: Rofel Rodovias e Obras Fernandes Ltda. Relator: Min. Nilson Naves. Relator designado: Min. Eduardo Ribeiro. Terceira Turma. Julgado em 31 agosto 1992.

BRASIL. Superior Tribunal de Justiça. **Recurso Especial 19.767/CE.** Recorrente: Sul América Terrestres Bandeirante Seguros S.A. Recorrido: Empresa de Transportes Rio Anil Ltd. Relator: Min. Barros Monteiro. Quarta Turma. Julgado em 23 novembro 1993.

BRASIL. Superior Tribunal de Justiça. **Recurso Especial 35.500/MG.** Recorrente: Porto Seguro Companhia de Seguros Gerais. Recorrido: João Cardoso de Oliveira. Relator: Min. Claudio Santos. Terceira Turma. Julgado em 9 agosto 1993.

BRASIL. Superior Tribunal de Justiça. **Recurso Especial 1.962.113/RJ.** Recorrente: Waiver Arts Logística de Precisão Ltda. Recorrido: Allianz Seguros S.A. Relator. Min. Nancy Andrighi. Terceira Turma. Julgado em 22 de março de 2022.

BRASIL. Superior Tribunal de Justiça. **Recurso Especial 1.988.894/SP**. Recorrente: Mapfre Seguros Generales de Colombia S.A. Recorridos: Log Wisdom S.A. e outros. Relator: Min. Maria Isabel Gallotti. Quarta Turma. Julgado em 9 maio 2023.

BRASIL. Superior Tribunal de Justiça. **SEC 11.969/EX**. Requerente: C M G C K. Requeridas: M S.A e T I S.A. Relator: Min. Raul Araújo. Corte Especial. Julgado em 15 dezembro 2015. Acórdão de 2 fevereiro 2016.

BRASIL. Superior Tribunal de Justiça. **SEC 14.930/US.** Requerentes: Alstom Brasil Energia e Transporte Ltda. e Alstom Power Inc. Requerida: Mitsui Sumimoto Seguros S.A. Relator: Min. Og Fernandes. Corte Especial. Julgado em 15 maio 2019.

BRASIL. Superior Tribunal de Justiça. **SEC 3035/FR**. Requerente: ATECS Mannesmann GmbH. Requerido: Rodrimar S.A. Transportes Equipamentos Industriais e Armazéns Gerais. Relator: Min. Fernando Gonçalves. Corte Especial. Julgado em 19 agosto 2009.

BRASIL. Superior Tribunal de Justiça. **SEC 4.213/GB**. Requerente: Weil Brothers Cotton Inc. Requerido: Pedro Ivo de Freitas – Espólio. Relator: Min. João Otávio Noronha. Corte Especial. Julgado em 19 junho 2013.

BRASIL. Superior Tribunal de Justiça. **SEC 831/FR**. Requerente: SPIE Enertrans S.A. Requerida: Inepar S.A. Indústria e Construções. Relator: Min. Arnaldo Esteves Lima. Corte Especial. Julgado em 03 outubro 2007.

BRASIL. Superior Tribunal de Justiça. **SEC 856/GB**. Relator: Min. Carlos Alberto Menezes Direito. Requerente: L'Aiglon S.A. Requerido: Têxtil União S.A. Corte Especial. Julgado em 18 maio 2005.

BRASIL. Superior Tribunal de Justiça. **SEC 894/UY**. Requerente: Litsa Líneas de Transmisión del Litoral S.A. Requeridas: SV Engenharia S.A. e Inepar S.A. Indústria e Construções. Relator: Min. Nancy Andrighi. Corte Especial. Julgado em 20 agosto 2008.

BRASIL. Tribunal de Justiça de São Paulo. **Apelação 0000254-21.2010.8.26.0002**. Apelante: Itaú Seguros S.A. Apelada: Aliança Navegação e Logística Ltda. Relator: Des. Heraldo de Oliveira. 13ª Câmara de Direito Privado. Julgado em 1 fevereiro 2012.

BRASIL. Tribunal de Justiça de São Paulo. **Apelação 0030807-20.2010.8.26.0562**. Apelante: Itaú Seguros S.A. Apelada: Odfjell Tankers S.A. Relator: Des. J.B. Franco de Godoi. 23ª Câmara de Direito Privado. Julgado em 13 junho 2012.

BRASIL. Tribunal de Justiça de São Paulo. **Apelação 0035404-55.2013.8.26.0100**. GP Capital Partners et al. v. Fernando Correa Soares et al. Relator: Des. Manoel de Queiroz Pereira Calças. 1ª Câmara Reservada de Direito Empresarial. Julgado em 26 agosto 2015.

BRASIL. Tribunal de Justiça de São Paulo. **Apelação 0149349-88.2011.8.26.0100**. Apelante: Panalpina World Transport Ltd. Apelada: Bradesco Auto/Re Companhia de Seguros. Relator: Des. Tasso Duarte de Melo. 12ª Câmara de Direito Privado. Julgado em 11 fevereiro 2015.

BRASIL. Tribunal de Justiça de São Paulo. **Apelação 0211900-75.2009.8.26.0100**. Apelante: Ana Maria Fernandes Grassia. Apeladas: Palmarium Participações e Administração Ltda. et al. Relator: Castro Figliolia. 15ª Câmara de Direito Privado. Julgado em 15 outubro 2015.

BRASIL. Tribunal de Justiça de São Paulo. **Apelação 1005569-68.2019.8.26.0011**. Apelante: SAGA Welco. Apelada: Chubb Seguros Brasil. Relator: Des. Carlos Abrão. 14ª Câmara de Direito Privado. Julgado em 29 janeiro 2020.

BRASIL. Tribunal de Justiça de São Paulo. **Apelação 1009026-77.2015.8.26.0002**. Apelante: Itaú Seguros Soluções Corporativas S.A. Apelada: BBC Chartering & Logistic GmbH & Co KG. Relator: Des. Cesar Peixoto. 38ª Câmara de Direito Privado. Julgado em 17 agosto 2016.

BRASIL. Tribunal de Justiça de São Paulo. **Apelação 1030582-90.2015.8.26.0114**. Apelante: Cooperativa Central de Fertilizantes – Cooperfertil. Apelada: Comexport Companhia de Comércio Exterior. Relator: Des. Francisco Giaquinto. 13ª Câmara de Direito Privado. Julgado em 23 outubro 2017.

BRASIL. Tribunal de Justiça de São Paulo. **Apelação 1033180-05.2015.8.26.0506**. Apelante: Comexport Companhia de Comércio Exterior. Apelada: Agro Hemar Ltda. Relator: Des. Jacob Valente. 12ª Câmara de Direito Privado. Julgado em 7 julho 2017.

BRASIL. Tribunal de Justiça de São Paulo. **Apelação 1110278-23.2015.8.26.0100**. Relatora: Des. Mariella Ferraz de Arruda Pollice Nogueira. Apelante: José Renato Lemos Júnior. Apelado: EGB 3 Empreendimento Imobiliário Ltda. 9ª Câmara de Direito Privado. Julgado em 19 junho 2019.

BRASIL. Tribunal de Justiça de São Paulo. **Apelação 267.450.4/6-00**. Trelleborg do Brasil Ltda. e Telleborg Industri AB v. Anel Empreendimentos Participações e Agropecuária Ltda. Relator: Des. Constança Gonzaga. 7ª Câmara de Direito Privado. Julgado em 24 maio 2006.

BRASIL. Tribunal de Justiça de São Paulo. **Apelação 7307457-0**. Apelante: Armada (Holland) B.V. Apelada: Sul América Companhia Nacional de Seguros. Relator: Des. José Tarciso Beraldo. 14ª Câmara de Direito Privado. Julgado em 4 fevereiro 2009.

BRASIL. Tribunal de Justiça de São Paulo. **Apelação 990.09.373821-0**. Apelante: Unibanco–AIG Seguros e Previdência S.A. Apelada: Panalpina Ltda. Relator: Des. Gilberto dos Santos. 11ª Câmara de Direito Privado. Julgado em 11 março 2010.

BRASIL. Tribunal de Justiça de São Paulo. **Apelação 1011916-50.2018.8.26.0562.** Apelante: Thorco Shipping S.A., Log Wisdom S.A. e Asia Shipping Transportes Internacionais Ltda. Apelada: Mapfre Seguros Generales de Colombia S.A. Relator: Des. Tasso Duarte de Melo. 12ª Câmara de Direito Privado. Julgado em 30 setembro 2020.

BRASIL. Tribunal de Justiça de São Paulo. **Apelação 1003181-61.2020.8.26.0011**. Apelante: A.S.B. Apelada: S.W.R.P.S.W. Relator: Des. Décio Rodrigues. 21ª Câmara de Direito Privado. Julgado em 20 novembro 2020.

BRASIL. Tribunal de Justiça de São Paulo. **Apelação 1072135-86.2020.8.26.0100**. Apelante: Argo Seguros Brasil S.A. Apelada: Saga Welco. Relator: Des. Maia da Rocha. 21ª Câmara de Direito Privado. Julgado em 14 junho 2021

BRASIL. Tribunal de Justiça de São Paulo. **Apelação 1008265-44.2017.8.26.0562**. Apelante: Royal Bulkship S.A. e Fertimport S.A. Apelada: XL Seguros Brasil S.A. Relator: Des. Flávio Cunha da Silva. 38ª Câmara de Direito Privado. Julgado em 22 setembro 2021.

BRASIL. Tribunal de Justiça de São Paulo. **Apelação 1048345-39.2021.8.26.0100**. Apelante: Starr International Seguradora S.A. Apelada: Rhenus Warehousing Solutions Mia LLC. Relator: Des. Hélio Nogueira. 23ª Câmara de Direito Privado. Julgado em 17 novembro 2021.

BRASIL. Tribunal de Justiça de São Paulo. **Apelação 1116255-54.2019.8.26.0100**. Apelante: Argo Seguros Brasil S.A. Apelada: G2 Ocean e outro. Relator: Des. Mendes Pereira. 15ª Câmara de Direito Privado. Julgado em 19 abril 2022.

BRASIL. Tribunal de Justiça de São Paulo. **Apelação 1010817-68.2021.8.26.0100**. Apelante: Argo Seguros Brasil S.A. Apelada: Saga

Welco. Relator: Des. Régis Rodrigues Bonvicino. 21ª Câmara de Direito Privado. Julgado em 7 novembro 2022.

BRASIL. Tribunal de Justiça de São Paulo. **Apelação 1107230-80.2020.8.26.0100**. Apelante: Argo Seguros Brasil S.A. Apelada: Saga Welco. Relator: Des. Maia da Rocha. 21ª Câmara de Direito Privado. Julgado em 24 abril 2023.

BRASIL. Tribunal de Justiça do Rio de Janeiro. **Apelação 0283784-24.2016.8.19.0001**. Apelante: Ace Seguradora S.A. Apelada: Break Bulk Carriers Consultoria Marítima Ltda. Relator: Des. Maria Regina Fonseca Nova Alves. 15ª Câmara Cível. Julgado em 11 junho 2019.

BRASIL. Tribunal de Justiça do Rio de Janeiro. **Apelação 0288184-47.2017.8.19.0001**. Apelante: Sem identificação. Apelada: Sem identificação. Processo em segredo de justiça (Ementa disponível). Relator: Des. Guaraci de Campos Vianna. 19ª Câmara Cível. Julgado em 2 julho 2019.

BRASIL. Tribunal de Justiça do Rio de Janeiro. **Apelação 0288717-06.2017.8.19.0001**. Apelante: Chubb Seguros Brasil. Apelada: SAGA Welco. Relator: Des. Sandra Santarém Cardinali. 26ª Câmara de Direito Privado. Julgado em 28 março 2019.

BREKOULAKIS, Stavros. Parties in International Arbitration: Consent v. Commercial Reality. In: BREKOULAKIS, Stavros; LEW, Julian; MISTELIS, Loukas (eds.). **The Evolution and Future of International Arbitration**. The Hague: Kluwer, 2016. p. 119-160.

BREKOULAKIS, Stavros. Rethinking Consent in International Commercial Arbitration: A General Theory for Non-signatories. **Journal of International Dispute Settlement**, v. 8, n. 4, p. 610-643, 2017.

BUERES, Alberto J. **Objeto del negocio jurídico**. 2. ed. Buenos Aires: Hammurabi, 1998.

BUTTI, Paula Cardoso. Limites subjetivos da convenção de arbitragem. Dissertação (Mestrado em Direito Processual Civil) – Universidade de São Paulo, São Paulo, 2013.

BUY, Frédéric et al (dir.). **Les principales clauses des contrats d'affaires**. Paris: Lextenso, 2018.

BUZAID, Alfredo. Do juízo arbitral. **Revista Da Faculdade De Direito da Universidade De São Paulo**, São Paulo, v. 55, p. 187-196, 1960.

CÂMARA, Alexandre Freitas. Será o fim da categoria "condição da ação"? Uma resposta a Fredie Didier Jr. **Revista de Processo**, n. 197, p. 261-249, jul. 2011.

CAPIEL, Luis. El principio de Kompetenz-Kompetenz en España. **Revista del Club Español del Arbitraje**, Madrid, n. 8, p. 97-128, 2010.

CARAMELO, António Sampaio. A competência da competência e a autonomia do Tribunal arbitral na Lei de arbitragem portuguesa. **Revista del Club Español del Arbitraje**, Madrid, n. 19, p. 19-42, 2014.

CARAMELO, António Sampaio. **Temas de direito de arbitragem.** Coimbra: Coimbra Ed., 2013.

CARMONA, Carlos Alberto. **Arbitragem e processo:** um comentário à Lei nº 9.307/96. 3. ed. rev., atual. e ampl. São Paulo: Atlas, 2009.

CHENU, Damien. **Les clauses contractuelles autonomes:** un droit en création. Saarbrücken: PAF, 2014.

CHIOVENDA, Giuseppe. **Instituições de direito processual civil**. 2. ed. São Paulo: Saraiva, 1965. v. 1.

CHIOVENDA, Giuseppe. **Instituições de direito processual civil**. 2. ed. São Paulo: Saraiva, 1965. v. 3.

CHUPRONOV, Ivan. The Arbitration Agreement and Arbitrability: Effects of Contractual Assignment on an Arbitration Clause – Substantive and Private International Law Perspectives. In: Klausegger et al. (eds). **Austrian Yearbook on International Arbitration**. Vienna: Manz'sche Verlags, 2012. p. 31-61.

CICALA, Raffaele. Obbligazione divisibile e indivisibile. In: AZARA, Antonio; EULA, Ernesto (Dir.). **Novissimo digesto italiano**. 3. ed. Torino: UTET, 1968. v. 11. p. 636-654.

CINTRA, Antonio Carlos de Araújo; GRINOVER, Ada Pellegrini; DINAMARCO, Cândido Rangel. **Teoria Geral do Processo**. 31ª ed. São Paulo: Malheiros, 2015.

CLAY, Thomas. A extensão da cláusula compromissória às partes não contratantes (fora grupos de contratos e grupos de sociedades/empresas). **Revista Brasileira de Arbitragem**, São Paulo, v. 11, n. 8, p. 74-82, 2005.

CLAY, Thomas. Qui arrêtera la circulation de la clause compromissoire?. **Recueil Dalloz**, p. 2471 e seguintes, Paris, 2003.

CMC MURATORI CEMENTISTI ET AL. V. REPÚBLICA DE MOÇAMBIQUE. Caso ICSID No. ARB/17/23. Sentença Arbitral. 24 Out. 2019. Disponível em <https://www.italaw.com/cases/7631>. Acesso em 24 nov. 2020.

COHEN, Daniel. Note – Corte de Cassação (1re Ch. civile), 5 janvier 1999; Corte de Cassação (1re Ch. civile), 19 octobre 1999. **Revue de l'Arbitrage**, Paris, n. 1, p. 85-95, 2000.

COLOMBIA. **Lei n. 1563,** promulgada em 12 de julho de 2012. Disponível em: <http://www.secretariasenado.gov.co/senado/basedoc/ley_1563_2012.html>. Acesso em 24 nov. 2020.

COMPARATO, Fabio Konder. Substitutivo ao Capítulo Referente ao Contrato de Seguro no Anteprojeto de Código Civil. **Revista de Direito Mercantil**, ano XI, n. 5, p. 143-152, 1972.

CONFORTINI, Massimo. **Clausole negoziali:** profili teorici e applicativi di clausole tipiche e atipiche. Torino: UTET Giuridica, 2017.

CONFORTINI, Massimo. La clausola compromissoria. In: ALPA, Guido; VIGORITI, Vincenzo (Coord.). **Arbitrato:** profili di diritto sostanziale e di diritto processuale. Torino: Utet Giuridica, 2013. p. 674-731.

CORDEIRO, António Menezes. **Direito das obrigações**. Lisboa: Associação Académica da Faculdade de Direito de Lisboa, 2001. v. 2.

CORDEIRO, António Menezes. **Direito dos seguros**. Coimbra: Almedina, 2013.

CORDEIRO, António Menezes. **Tratado da arbitragem:** em comentário à Lei 63/2011, de 14 de dezembro. Coimbra: Almedina, 2015.

CORDEIRO, António Menezes. **Tratado de direito civil português:** direito das obrigações: cumprimento e não cumprimento, transmissão, modificação e extinção, garantias. Coimbra: Almedina, 2010. v. 2, t. 4.

CORDEIRO, António Menezes. **Tratado de direito civil português:** parte geral: introdução, doutrina geral, negócio jurídico. 2. ed. Coimbra: Almedina, 2000. v. 1, t. 1.

COSTA, Guilherme Recena. Partes e Terceiros na Arbitragem. Tese (Doutorado em Direito Processual Civil) – Universidade de São Paulo, São Paulo, 2015.

COSTA, Mário Júlio de Almeida. **Direito das obrigações.** 12. ed. rev. e actual. Coimbra: Almedina, 2009.

COSTA, Mário Júlio de Almeida. **Noções fundamentais de direito civil.** 4. ed. rev. e actual. com a colaboração de Henrique Sousa Antunes. Coimbra: Almedina, 2001.

COTTET, Marion. **Essai critique sur la théorie de l'accessoire en droit privé**. Paris: LGDJ, 2013.

COUTO E SILVA, Clóvis do. **A obrigação como processo**. Rio de Janeiro: FGV, 2006.

COUTO E SILVA, Clóvis do. O Princípio da Boa-Fé no Direito Brasileiro e Português. In: CAETANO, Marcello et al. **Estudos de direito civil brasileiro e português.** São Paulo: Revista dos Tribunais, 1980. p. 43-72.

COUTURE, Eduardo Juan. **Fundamentos del derecho procesal civil**. 3. ed. Buenos Aires: Depalma, 1966.

CUNHA, Leonardo Carneiro da. Será o fim da categoria condições da ação? Uma intromissão no debate travado entre Fredie Didier Jr. e Alexandre Freitas Câmara. **Revista de Processo**, n. 198, p. 221-235, ago. 2011.

DE NOVA, Giorgio. I terzi e la convenzione arbitrale. **Rivista dell'Arbitrato**. Milano, ano XXII, n. 4. p. p. 777-781, 2012

DELGADO, José Augusto. **Comentários ao novo código civil:** das várias espécies de contrato, da constituição de renda, do jogo e da aposta, da fiança, da transação, do compromisso: arts. 803 a 853. Coordenador Sálvio de Figueiredo Teixeira. Rio de Janeiro: Forense, 2004. v. 11, t. 2.

DELGADO, José Augusto. **Comentários ao novo código civil:** das várias espécies de contrato, do seguro: arts. 757 a 802. Coordenador Sálvio de Figueiredo Teixeira. Rio de Janeiro: Forense, 2007. v. 11, t. 1.

DIDIER JÚNIOR, Fredie. Será o fim da categoria "condição da ação"? Um elogio ao Projeto do Novo Código de Processo Civil. **Revista de Processo**, n. 197, p. 256-260, jul. 2011.

DIDIER JÚNIOR, Fredie; BOMFIM, Daniela Santos. A sub-rogação prevista no art. 786 do Código Civil e a convenção de arbitragem celebrada pelo segurado. **Revista de Direito Civil Contemporâneo**, v. 24, p. 95-116, jul./set. 2020.

DÍEZ-PICAZO, Luis; GULLÓN, Antonio. **Sistema de derecho civil:** introducción, derecho de la persona, autonomía privada e persona jurídica. 11. ed. Madrid: Tecnos, 2005. v. 1.

DÍEZ-PICAZO, Luis. **Fundamentos del derecho civil patrimonial:** las relaciones obligatorias. 6. ed. Madrid: Civitas, 2008. v. 2.

DIMOLITSA, Antonias. Separability and Kompetenz-Kompetenz. In: VAN DEN BERG, Jan (org.). **Improving the Efficiency of Arbitration Agreement and Awards:** 40 Years of the New York Convention. The Hague: Kluwer, 1999, p. 217-256. (ICCA Congress Series, v. 9).

DINAMARCO, Cândido Rangel. **A Arbitragem na Teoria Geral do Processo**. São Paulo: Malheiros, 2013.

DINAMARCO, Cândido Rangel. **Fundamentos do processo civil moderno**. 4. ed. São Paulo: Malheiros, 2001. t. 1.

DINAMARCO, Cândido Rangel. **Instituições de direito processual civil**. 6. ed. rev. e atual. São Paulo: Malheiros, 2009. v. 3.

DOUGLAS, Zachary. **The International Law of Investment Claims**. Cambridge: Cambridge University Press, 2009.

ESPANHA. Audiencia Provincial de Barcelona. **SAP B 2518/2000**. AGF Unión Fénix Seguros y Reaseguros v. Transportes Ochoa S.A. Julgado em 01 mar. 2000.

ESPANHA. **Código Comercial**, publicado por Decreto Real em 22 de agosto de 1885. Disponível em: <https://www.boe.es/eli/es/rd/1885/08/22/(1)/con>. Acesso em 24 nov. 2020.

ESPANHA. Tribunal Supremo. **STS 4671/2003**. Ocean Marine Mutual Protection and Indemnity Association Ltd. v. Mapfre Industrial S.A. e Banco Vilaticio de España S.A. Julgado em 3 julho 2003.

ESPANHA. Tribunal Supremo. **STS 6778/1993**. Agencia de Servicios de Contenedores, S.A – ASECO e Canada Maritime Ltd v. Winterthur Sociedad Suiza de Seguros. Julgado em 13 outubro 1993.

ESPANHA. Tribunal Supremo. **STS 713/2003**. Lavinia Corporation v. Banco Vitalicio, Companhia Anónima de Seguros y Reaseguros. Julgado em 06 fevereiro 2003.

FARIA, Marcela Kohlbach de. **Participação de Terceiros na Arbitragem**. São Paulo: Quartier Latin, 2019.

FERNANDES, Júlio César; MERLO, Melina Martins. Panalpina World Transport (PRC) Ltd. v. Bradesco Auto/RE Companhia de Seguros, Tribunal de Justiça de São Paulo (12ª Câmara de Direito Privado), Recurso de Apelação nº 0149349-88.2011.8.26.0100, 11 fevereiro 2015 (Comentário). **Revista Brasileira de Arbitragem**, São Paulo, v. XII, n. 47, p. 153-162, 2015.

FICHTNER, José Antonio; MONTEIRO, André Luís. **Temas de arbitragem:** primeira série. Rio de Janeiro: Renovar, 2010.

FICHTNER, José Antonio; MONTEIRO, André Luis. Tutela provisória na arbitragem e Novo Código de Processo Civil. In: CARMONA, Carlos Alberto; LEMES, Selma Ferreira; MARTINS, Pedro Batista (Coord.). **20 anos da Lei de Arbitragem:** homenagem a Petrônio R. Muniz. São Paulo: Atlas, 2017. p. 473-517.

FLUME, Werner. **El negocio jurídico:** parte general del derecho civil. 4. ed. Madrid: Fundación Cultural Del Notariado, 1998. t. 2.

FONSECA, Rodrigo Garcia da. O princípio competência-competência na arbitragem: uma perspectiva brasileira. **Revista de Arbitragem e Mediação**, v. 9, p. 277-303, abr./jun. 2006.

FONSECA, Rodrigo Garcia da. Os contratos conexos, as garantias e as arbitragens na indústria do petróleo e do gás natural. **Revista de Arbitragem e Mediação**, São Paulo, v. 29, p. 165-180, abr./jun. 2011.

FRADERA, Véra Maria Jacob de (Org.). **O direito privado brasileiro na visão de Clóvis do Couto e Silva**. 2. ed. rev. Porto Alegre: Livr. do Advogado, 2014.

FRANÇA. Corte de Apelação de Aix-en-Provence. **SNTM Hyproc v. Banque générale du commerce**. 9 janeiro 1997.

FRANÇA. Corte de Apelação de Paris. **Carter v. Alstom et AGF**. 6 fevereiro 1997.

FRANÇA. Corte de Apelação de Paris. **Casco Nobel France v. Sico et Kansa**. 13 novembro 1992.

FRANÇA. Corte de Apelação de Paris. **CCC Filmkunst v. Société** EDIF. 28 janeiro 1988.

FRANÇA. Corte de Apelação de Paris. **Quille Le Trident v. CEE Euro Isolation**. 10 setembro 2003.

FRANÇA. Corte de Apelação de Paris. **Société Guyapêche v. Abba Import Aktiebolag**. 26 maio 1992.

FRANÇA. Corte de Apelação de Paris. **Sté Burkinabe des ciments et matériaux v. SA des Ciments d'Abidjan**. 17 novembro 1999.

FRANÇA. Corte de Apelação de Paris. **Sté Burkinabe des ciments et matériaux v. SA des Ciments d'Abidjan**. 25 novembro 1999.

FRANÇA. Corte de Cassação. Acórdão de 13 de maio de 1966.

FRANÇA. Corte de Cassação. Acórdão de 7 de maio de 1963.

FRANÇA. Corte de Cassação. **Alcatel business sytems (ABS) v. Amkor technology (04-20.842)**. 27 março 2007.

FRANÇA. Corte de Cassação. **AXA Corporate Solutions v. Nemesis Shipping Corporate Ltd**. 22 novembro 2005.

FRANÇA. Corte de Cassação. **Banque Worms v. Bellot**. 5 janeiro 1999.

FRANÇA. Corte de Cassação. **Cosiac v. consorts Luchetti et al**. 10 maio 1988.

FRANÇA. Corte de Cassação. **Quille Le Trident v. CEE Euro Isolation**. 20 dezembro 2001.

FRANÇA. Corte de Cassação. **Sté Burkinabe des ciments et matériaux v. SA des Ciments d'Abidjan**. 28 maio 2002.

FRANÇA. **Lei n. 2016-1547**, de 18 de novembro de 2016. Disponível em: <https://www.legifrance.gouv.fr/eli/loi/2016/11/18/2016-1547/jo/texte>. Acesso em 24 nov. 2020.

FRANZONI, Diego. **Arbitragem Societária**. São Paulo: RT, 2015.

GAGO, Jéssica Ricci; FERNANDES, Wanderley. Extensão Objetiva da Cláusula Arbitral. **Revista Brasileira de Arbitragem**, São Paulo, v. XI, n. 43, 2014, p. 33-58.

GAILLARD, Emmanuel; BANIFATEMI, Yas. Negative Effect of Competence--Competence: The Rule of Priority in Favour of the Arbitrators. In: GAILLARD, Emmanuel; DI PIETRO, Domenico (eds.). **Enforcement of Arbitration Agreements and International Arbitral Awards**: The New York Convention in Practice. London: Cameron May, 2008. p. 257-271.

GAILLARD, Emmanuel; SAVAGE, John (eds.). **Fouchard Gaillard Goldman on International Commercial Arbitration**. The Hague: Kluwer, 1999.

GAILLARD, Emmanuel. O Efeito Negativo da Competência-Competência. Tradução de Clávio de Melo Valença Filho e Gisella Mation. **Revista Brasileira de Arbitragem**, v. VI, n. 24, p. 219-233, 2009.

GALLETTO, Tomaso. La clausola compromissoria e il compromisso. In: SAMMARTANO, Mauro Rubino (dir.). **Arbitrato, ADR, Conciliazione**. Bologna: Zanichelli, 2009, p. 109-140.

GHESTIN, Jacques; LOISEAU, Grégoire; SERINET, Yves-Marie. **La formation du contrat:** le contrat, le consentement. 4e éd. Paris: LGDJ, 2013. t. 1.

GOMES, Júlio Manuel Vieira. Do dever ou ônus de salvamento no novo regime jurídico do contrato de seguro (Decreto-Lei n. 72/2008, de 16/4). **Cadernos de Direito Privado**, n. 28, p. 3-22, out./dez. 2009.

GOMES, Luiz Roldão de Freitas. **Da Assunção de Dívida e sua Estrutura Negocial**. Rio de Janeiro: Liber Juris, 1982.

GOMES, Orlando. **Contratos.** 26. ed. atual. de acordo com o código civil de 2002, por Antonio Junqueira de Azevedo e Francisco Paulo De Crescenzo Marino. Rio de Janeiro: Forense, 2008. [v. 3].

GOMES, Orlando. **Introdução ao direito civil.** 19. ed. rev., atual. e aum. de acordo com o código civil de 2002, por Edvaldo Brito e Reginalda Paranhos de Brito. Rio de Janeiro: Forense, 2007. [v. 1].

GOMES, Orlando. **Obrigações**. 17. ed. rev., atual. e aum. de acordo com o código civil de 2002 e com a Lei de falência de 2005, por Edvaldo Brito. Rio de Janeiro: Forense, 2007. [v. 2].

GOUBEAUX, Gilles. **La règle de l'accessoire en droit privé**. Paris: LGDJ, 1969.

GOUTAL, Jean-Louis. L'arbitrage et les tiers: Le droit des contrats – Rapport général. **Revue de l'Arbitrage**, Paris, n. 3, p. 439-474, 1998.

GRAU, Eros Roberto. Nota sobre a distinção entre obrigação, dever e ônus. **Revista da Faculdade de Direito da Universidade De São Paulo**, v. 77, p. 177-183, 1982.

GUANDALINI, Bruno. Note: Henry Schein, Inc. v. Archer & White Sales, Inc., Supreme Court of the United States, Case No. 139 S. Ct. 524., 8 January 2019. **Revista Brasileira de Arbitragem**, São Paulo, v. XVI, n. 62, p. 167-180, 2019.

GUERRERO, Luis Fernando. **Convenção de arbitragem e processo arbitral**. São Paulo: Atlas, 2009.

GUILHARDI, Pedro. **Garantias Autônomas:** Instrumentos para a Proteção Jurídica do Crédito. São Paulo: Quartier Latin, 2019.

GUILHARDI, Pedro. Medidas de urgência na arbitragem. **Revista de Arbitragem e Mediação**, v. 49, p. 67-101, abr./jun. 2016.

HABEGGER, Philipp A. Note – Federal Tribunal (1st Civil Court), 16 October 2003 (4P.115/2003); Extension of arbitration agreements to non- signatories and requirements of form. **ASA Bulletin**, v. 22, n. 2, p. 398-410, 2004.

HAICAL, Gustavo. As partes integrantes e a pertença no Código Civil. **Revista dos Tribunais**, ano 102, v. 934, p. 49-135, ago./2013.

HAICAL, Gustavo. **Cessão de crédito:** existência, validade e eficácia. São Paulo: Saraiva, 2013.

HANOTIAU, Bernard. Consent to Arbitration: Do We Share a Common Vision?. **Arbitration International**, v. 27, n. 4, p. 539-554, dez./2011.

HENRIQUES, Duarte Gorjão. A extensão da convenção de arbitragem no quadro dos grupos de empresas e da assunção de dívidas: um vislumbre de conectividade? **Revista de Arbitragem e Mediação**, São Paulo, v. 12, n. 45, p. 65-97, abr./jun. 2015.

HOUAISS, Antonio; VILLAR, Mauro de Salles. **Dicionário Houaiss da Língua Portuguesa**. Rio de Janeiro: Objetiva, 2011.

ITÁLIA. Corte de Cassação. Sezione Prima Civile. **Sentenza n. 13.893/03**. Impregilo v. Ministerio Degli Esteri. 7 março 2003.

ITÁLIA. Corte de Cassação. Sezione Prima Civile. **Sentenza n. 6809/07**. Ceglie Romano v. Condominio Edilizio di Via 'Avanzo. 5 fevereiro 2007.

ITÁLIA. Corte de Cassação. Sezione Seconda Civile. **Sentenza n. 24681/06**. Ester SRL e Tecnostudi LPA v. Esprostudio SRL. 21 novembro 2006.

ITÁLIA. Corte de Cassação. Sezione Sesta Civile. **Sentenza n. 29.261/11**. M. G. s.r.l. v. Impresa Gargano Giuseppe e Edilmix Intonacatura. 14 outubro 2011.

ITÁLIA. Corte de Cassação. Sezioni Unite. **Sentenza n. 12.616**. Sofal v. Mondo. 17 dezembro 1998.

JABARDO, Cristina Saiz. "Extensão" da cláusula compromissória na arbitragem comercial internacional: o caso dos grupos societários. Dissertação (Mestrado em Direito Internacional) – Universidade de São Paulo, São Paulo, 2009.

JOSSERAND, Louis. **Derecho Civil:** Teoría General de Las Obligaciones. Revisado y completado por André Brun. Traducción de Santiago Cunchillos y Manterola. Buenos Aires: Bosch y Cia., 1950. Tomo 2, v. 1.

JUILLET, Christophe. **Les accessoires de la créance**. Paris: Defrénois, 2009.

KAUFMANN-KOHLER, Gabrielle et al. Consolidation of Proceedings in Investment Arbitration: How Can Multiple Proceedings Arising from the Same or Related Situations Be Handled Efficiently? Final Report on the Geneva Colloquium held on 22 April 2006. **ICSID Review**, v. 21, n. 1, p. 59-125, 2006.

LACERDA, Galeno. **Teoria geral do processo**. Rio de Janeiro: Forense, 2006.

LALIVE, Pierre. Problèmes relatifs à l'arbitrage international commercial. **Collected Courses of the Hague Academy of International Law**. Brill Nijhoff: Leiden, 1967. v. 120.

LAMY FILHO, Alfredo; PEDREIRA, José Luiz Bulhões (Coord.). **Direito das companhias.** Rio de Janeiro: Forense, 2009. v. 1.

LAMY FILHO, Alfredo; PEDREIRA, José Luiz Bulhões (Coord.). **Direito das companhias**. Rio de Janeiro: Forense, 2009. v. 2.

LARENZ, Karl. **Derecho Civil:** Parte General. Tradução e notas de Miguel Izquierdo y Macías-Picavea. Jaén: EDERSA, 1978.

LARENZ, Karl. **Derecho de Obligaciones**. Madrid: Revista de Derecho Privado, 1958. t. 1.

LARROUMET, Christian. Promesse pour autrui, stipulation pour autrui et arbitrage. **Revue de l'Arbitrage**, Paris, n. 4, p. 903-915, 2005.

LEÃES, Luiz Gastão Paes de Barros. **Novos pareceres**. São Paulo: Singular, 2018.

LEGROS, Cécile. Note – Corte de Cassação (2e Ch.civ.), 20 decembre 2001. **Revue de l'Arbitrage**, Paris, n. 2, p. 380-389, 2002.

LEITÃO, Luís Manuel Teles de Menezes. **Cessão de créditos**. Coimbra: Almedina, 2005.

LEITÃO, Luís Manuel Teles de Menezes. **Direito das obrigações:** transmissão e extinção das obrigações: não cumprimento e garantias do crédito. 3. ed. Coimbra: Almedina, 2005. v. 2.

LEITÃO, Luís Manuel Teles de Menezes. **Garantias das obrigações**. Coimbra: Almedina, 2016.

LEMES, Selma Maria Ferreira. Arbitragem e seguro. **Revista de Arbitragem e Mediação**, São Paulo, v. 27, p. 56-69, out./dez. 2010.

LESSA NETO, João Luiz. **Arbitragem e Poder Judiciário:** a definição da competência do árbitro. Salvador: Juspodivm, 2016.

LÉVY, Laurent; STUCKI, Blaise. Note – Tribunal fédéral, 16 octobre 2003. **Revue de l'Arbitrage**, n. 3, p. 707-718, 2005.

LEW, Julian; MISTELIS, Loukas; KRÖLL, Stefan. **Comparative International Commercial Arbitration**. The Hague: Kluwer, 2003.

LIEBMAN, Enrico Tullio. **Manual de Direito Processual Civil**. Tradução e notas de Cândido Rangel Dinamarco. Rio de Janeiro: Forense, 1984. v. 1.

LION MEXICO CONSOLIDATED LP. V. MEXICO. Caso ICSID No. ARB(AF)/15/2. Decisão de Jurisdição. 30 jul. 2018. Disponível em: <https://www.italaw.com/cases/3828>. Acesso em 24 nov. 2020.

LOBO, Carlos Augusto da Silveira. Cláusula compromissória e grupo de sociedades. **Revista de Arbitragem e Mediação**, v. 48, p. 33-52, jan./mar. 2016.

LOPES, Miguel Maria de Serpa. **Curso de direito civil:** introdução, parte geral e teoria dos negócios jurídicos. 3. ed. Rio de Janeiro: Freitas Bastos, 1960. v. 1.

LÓPEZ, Carlos Matheus. **La extensión del convenio arbitral a partes no signatarias**. San Sebastian: Instituto Vasco de Derecho Procesal, 2018.

LOQUIN, Eric. Confirmation de l'application du principe de l'efficacité internationale de la clause compromissoire à la transmission de la convention d'arbitrage. **Revue Trimestrielle de Droit Commercial**, Paris, p. 667-668, 2002.

LOQUIN, Eric. Différences et convergences dans le régime de la transmission et de l'extension de la clause compromissoire devant les jurisdiction françaises. **Gazette du Palais**, Paris, n. 157, p. 7, 6 junho 2002.

LOQUIN, Eric. **L'arbitrage du commerce international.** Paris: Joly Éditions, 2015.

LOQUIN, Eric. L'autonomie de la clause compromissoire n'est pas un obstacle à son opposabilité au cessionnaire par le cédé en tant qu'accessoire de la créance. **Revue Trimestrielle de Droit Commercial**, Paris, p. 279-280, 2002.

LOQUIN, Eric. Stipulation pour autrui et arbitrage. **Revue Trimestrielle de Droit Commercial**, Paris, p. 773, 2006.

LUMIA, Giuseppe. **Lineamenti di teoria e ideologia del diritto**. 3. ed. Milano: Giuffrè, 1981.

MARICONDA, Vincenzo. Cessione del credito e clausola compromissória: le inaccettabli conclusioni della Cassazione. **Corriere Giuridico**, Milano, n. 12, p. 1585-1591, 2003.

MARINO, Francisco Paulo De Crescenzo. **Contratos coligados no direito brasileiro**. São Paulo: Saraiva, 2010.

MARINO, Francisco Paulo de Crescenzo. Eficácia da convenção de arbitragem perante terceiros: o caso do terceiro beneficiário. In: BENETTI, Giovana et al. (Org.). **Direito, cultura, método:** leituras da obra de Judith Martins-Costa. Rio de Janeiro: GZ, 2019. p. 859-876.

MARINO, Francisco Paulo De Crescenzo. **Interpretação do negócio jurídico**. São Paulo: Saraiva, 2011.

MARINO, Francisco Paulo de Crescenzo. **Revisão contratual:** onerosidade excessiva e modificação contratual equitativa. São Paulo: Almedina, 2020.

MARQUES, José Frederico. **Instituições de direito processual civil**. 2. ed. rev. Rio de Janeiro: Forense, 1962. v. 2.

MARTINS-COSTA, Judith. **A boa-fé no direito privado:** critérios para a sua aplicação. 2. ed. São Paulo: Saraiva, 2018.

MARTINS-COSTA, Judith. **Comentários ao novo Código Civil:** do direito das obrigações, do adimplemento e da extinção das obrigações: arts. 304 a 388. Coordenador Sálvio de Figueiredo Teixeira. Rio de Janeiro: Forense, 2005. v. 5, t. 1.

MARTINS, Fábio Floriano Melo. **A interferência lesiva de terceiro na relação obrigacional**. São Paulo: Almedina, 2017.

MARTINS, Maria Inês de Oliveira. **Contrato de Seguro e Conduta dos Sujeitos Ligados ao Risco**. Coimbra: Almedina, 2018.

MARTINS, Pedro Antonio Batista; LEMES, Selma M. Ferreira; CARMONA, Carlos Alberto. **Aspectos Fundamentais da Lei de Arbitragem**. Rio de Janeiro: Forense, 1999.

MARTINS, Pedro Antonio Batista. Arbitrabilidade objetiva. Interesse público, indisponibilidade de direitos e normas de ordem pública. **Interesse Público**, ano 10, n. 50, jul./ago. 2008.

MARTINS, Pedro Antonio Batista. **Arbitragem no Direito Societário**. Rio de Janeiro: GZ, 2018.

MARTINS, Pedro Antonio Batista. Arbitragem. Capacidade, Consenso e Intervenção de Terceiros: Uma Sobrevista. In: Ferraz, Rafaella; MUNIZ, Joaquim de Paiva (Coord.). **Arbitragem Doméstica e Internacional:** estudos em homenagem ao Professor Theóphilo de Azeredo Santos. Rio de Janeiro: Forense, 2008, p. 291-308.

MAYER, Pierre. La 'circulation' des conventions d'arbitrage. **Journal du Droit International**, Paris, v. 2, p. 251 e seguintes, abril 2005.

MAYER, Pierre. Les limites de la séparabilité de la clause compromissoire. **Revue de l'Arbitrage**, Paris, n. 2, p. 359-368, 1998.

MAYER, Pierre. The Extension of the Arbitration Agreement to Non-Signatories: The Irreconcilable Positions of French and English Courts. **American University International Law Review**, v. 27, n. 4, p. 831-836, 2012.

MAYER, Pierre. The Limits of Severability of the Arbitration Clause. In: VAN DEN BERG, Jan (org.). **Improving the Efficiency of Arbitration Agreement and Awards:** 40 Years of the New York Convention. The Hague: Kluwer, 1999, p. 261-267.

MAZZONETTO, Nathalia. Partes e Terceiros na Arbitragem. Dissertação (Mestrado em Direito Processual Civil) – Universidade de São Paulo, São Paulo, 2012.

MELO, Leonardo de Campos. **Extensão da cláusula compromissória e grupos de sociedades:** a prática arbitral CCI e sua compatibilidade com o direito brasileiro. De acordo com o Regulamento CCI-2012. Rio de Janeiro: Forense, 2013.

MENDONÇA, Manuel Ignácio Carvalho de. **Doutrina e prática das obrigações ou tratado geral dos direitos de crédito**. 4. ed. aum. e atual. Rio de Janeiro: Forense, 1956. t. 1.

MERCEREAU, Ana Gerdau de Borja. Arbitragem e Contrato. In: LEVY, Daniel; PEREIRA, Guilherme Setoguti J. (org.). **Curso de Arbitragem**. São Paulo: Revista dos Tribunais, 2018. p. 657-687.

MERINO MERCHÁN, José Fernando; CHILLÓN MEDINA, José María. **Tratado de derecho arbitral**. 4. ed. Cizur Menor: Civitas, 2014.

MESSINEO, Francesco. **Doctrina general del contrato**. Traducción de R. O. Fontanarrosa, S. Sentís Melendo, M. Volterra. Santiago: Olejnik, 2018.

MESTRE, Jacques. **La subrogation personelle**. Paris: LGDJ, 1979. p. 22-25.

MEZGER, E. Congrès International de l'Arbitrage (Paris, 11-13 mai 1961). **Revue internationale de droit compare**, Paris, v. 14, n. 1, p. 86-87, jan-mar 1962.

MIRANDA, Francisco Cavalcanti Pontes de. **Tratado de direito privado:** parte geral. Atualizado por Judith Martins-Costa, Gustavo Haical e Jorge Cesa Ferreira da Silva. São Paulo: Revista dos Tribunais, 2012. t. 1.

MIRANDA, Francisco Cavalcanti Pontes de. **Tratado de direito privado:** parte geral. Atualizado por Marcos Bernardes de Mello [e] Marcos Ehrhardt Jr. São Paulo: Revista dos Tribunais, 2012. t. 3

MIRANDA, Francisco Cavalcanti Pontes de. **Tratado de direito privado:** parte geral. Atualizado por Marcos Bernardes de Mello [e] Marcos Ehrhardt Jr. São Paulo: Revista dos Tribunais, 2013. t. 5.

MIRANDA, Francisco Cavalcanti Pontes de. **Tratado de direito privado:** parte especial. Atualizado por Luiz Edson Fachin. São Paulo: Revista dos Tribunais, 2012. t. 11.

MIRANDA, Francisco Cavalcanti Pontes de. **Tratado de direito privado:** parte especial. Atualizado por Nelson Nery Jr. [e] Rosa Maria de Andrade Nery. São Paulo: Revista dos Tribunais, 2012. t. 22.

MIRANDA, Francisco Cavalcanti Pontes de. **Tratado de direito privado:** parte especial. Atualizado por Nelson Nery Jr. [e] Rosa Maria de Andrade Nery. São Paulo: Revista dos Tribunais, 2012. t. 23.

MIRANDA, Francisco Cavalcanti Pontes de. **Tratado de direito privado:** parte especial. Atualizado por Nelson Nery Jr. [e] Rosa Maria de Andrade Nery. São Paulo: Revista dos Tribunais, 2012. t. 25.

MIRANDA, Francisco Cavalcanti Pontes de. **Tratado de direito privado:** parte especial. Atualizado por Ruy Rosado de Aguiar Júnior [e] Nelson Nery Jr. São Paulo: Revista dos Tribunais, 2012. t. 26.

MORAES FILHO, Evaristo de. **Sucessão nas obrigações e a teoria da empresa**. Rio de Janeiro: Forense, 1960. v. 1.

MOREAU, Bertrand. Welcoming Address. In: VAN DEN BERG, Jan (org.). **Improving the Efficiency of Arbitration Agreement and Awards:** 40 Years of the New York Convention. The Hague: Kluwer, 1999, p. 7-10. (ICCA Congress Series, v. 9).

NANNI, Giovanni Ettore. **Direito civil e arbitragem.** São Paulo: Atlas, 2014.

NESTOR, Ion. Problems concerning the application and interpretation of existing multilateral conventions on international commercial arbitration and related matters (A/CN.9/64). **UNCITRAL Yearbook**, New York, v. III, p. 193-250, 1972.

NICOLÒ, Rosario. Successione nei diritti. In: AZARA, Antonio; EULA, Ernesto (Dir.). **Novissimo digesto italiano**. 3. ed. Torino: UTET, 1971. v. 18. p. 605-615.

NITSCHKE, Guilherme Carneiro Monteiro. **Lacunas Contratuais e Interpretação:** História, Conceito e Método. São Paulo: Quartier Latin, 2019.

NONATO, Orosimbo. **Curso de obrigações:** generalidades, espécies. Rio de Janeiro: Forense, 1959. parte 1, v. 2.

NORONHA, Fernando. Patrimônios especiais: sem titular, autônomos e coletivos. **Revista dos Tribunais**, ano 87, v. 747, p. 11-34, jan./1998.

NORUEGA. **Arbitration Act**, em vigor desde 1º de janeiro de 2005. Disponível em: <https://lovdata.no/dokument/NLE/lov/2004-05-14-25>. Acesso em 24 nov. 2020.

OLIVEIRA, Eduardo Ribeiro de. **Comentários ao novo código civil:** dos bens, dos fatos jurídicos, do negócio jurídico, disposições gerais, da representação, ...: arts. 79 a 137. Coordenador Sálvio de Figueiredo Teixeira. 2. ed. rev. e atual. Rio de Janeiro: Forense, 2012. v. 2.

OLIVEIRA, Marcia Cicarelli Barbosa de; PRADO, Camila Affonso. Arbitragem nos contratos de seguro e resseguro. **Revista do Advogado**, São Paulo, ano XXXIII, n. 119, p. 119-125, abr./2013.

PARK, William W. The Arbitrability Dicta in First Options v. Kaplan: What Sort of Kompetenz-Kompetenz Has Crossed the Atlantic?. **Arbitration International**, London, v. 12, n. 2, p. 137-160, jun./1996.

PELA, Juliana Krueger. Notas sobre a eficácia da cláusula compromissória estatutária. **Revista de Direito Mercantil, Industrial, Econômico e Financeiro**, ano XLI, n. 126, p. 129-140, abr./jul. 2002.

PENTEADO, Luciano de Camargo. **Efeitos contratuais perante terceiros**. São Paulo: Quartier Latin, 2007.

PEREIRA, Caio Mário da Silva. **Instituições de direito civil:** introdução ao direito civil, teoria geral de direito civil. 24. ed. rev. e atual. por Maria Celina Bodin de Moraes. Rio de Janeiro: Forense, 2011. v. 1.

PEREIRA, Caio Mário da Silva. **Instituições de direito civil:** teoria geral das obrigações. 28. ed. rev. e atual. por Guilherme Calmon Nogueira da Gama. Rio de Janeiro: Forense, 2016. v. 2.

PERU. **Decreto Legislativo n. 1071**, em vigor desde 1º de setembro de 2008.

PINSOLLE, Philippe. Does the new version of the Article 2061 of the French Civil Code apply to International Arbitration? **Cahiers de l'arbitrage**, Paris, n. 1, p. 39-47, junho 2017.

PINTO, Carlos Alberto da Mota. **Cessão da Posição Contratual**. Reimpressão. Coimbra: Almedina, 2003.

PINTO, Carlos Alberto da Mota. **Teoria geral do direito civil.** 4. ed. por António Pinto Monteiro e Paulo Mota Pinto. Coimbra: Coimbra Ed., 2012.

PINTO, Paulo Mota. **Declaração tácita e comportamento concludente no negócio jurídico**. Coimbra: Almedina, 1995.

PINTO, José Emílio Nunes. A cláusula compromissória à luz do Código Civil. **Revista de Arbitragem e Mediação**, São Paulo, v. 4, p. 34-47, jan./mar. 2005.

PINTO, José Emílio Nunes. Convenção arbitral: justiça deve reconhecer convenção arbitral em casos de sucessão. **Consultor Jurídico**, São Paulo, 3 julho 2004.

PIZA, Paulo. Notas sobre el perjuicio a la subrogación del asegurador en el derecho brasileño. In: BERNAL, María Sandra Ramírez; JARAMILLO, Carlos Ignacio Jaramillo (org.). **Derecho de Seguros:** Liber Amicorum en homenaje al maestro Rubén Stiglitz. Lima: Fondo Editorial, 2020.

PORTUGAL. Supremo Tribunal de Justiça. 3539/08.6TVLSB.LL.S1. Relator: João Bernardo. 8 setembro 2011.

PORTUGAL. Tribunal da Relação de Lisboa. 7666/13.0TBOER.L1-1. Relatora: Isabel Fonseca. 24 março 2015.

PORTUGAL. Tribunal de Relação de Lisboa. 25093/13.7T2SNT.L1-1. Relator: João Ramos de Sousa. 17 outubro 2017.

POUDRET, Jean-François. Note – Tribunal federal, Ire Cour Civile, 16 octobre 2003, (4P.115/2003); Un statut privilégié pour l'arbitrage aux tiers?. **ASA Bulletin**, v. 22, n. 2, p. 390-397, 2004.

PUTORTÌ, Vincenzo. La circolazione della clausola compromissoria: profili critici e soluzioni giurisprudenziali. **Le Corti Fiorentine**, Napoli, ano II, n. 1, p. 3-20, abril 2015.

RAÓ, Vicente. **Ato jurídico**. 3.ed. São Paulo: Saraiva, 1981.

REDENTI, Enrico. **El compromiso y la cláusula compromisoria**. Santiago: Olejnik, 2018.

RUGGIERO, Roberto de. **Instituições de Direito Civil.** Tradução de Antonio Chaves e Fábio Maria de Mattia. 3. ed. São Paulo: Saraiva, 1973. v. 3.

SÁ, Fernando Augusto Cunha de. Transmissão das Obrigações. In: ALBUQUERQUE, Ruy de; CORDEIRO, António Menezes (Coord.). **Estudos em memória do professor doutor José Dias Marques**. Coimbra: Almedina, 2007. p. 806-870.

SAMUEL, Adam. The US Supreme Court does Kompetenz-Kompetenz. **Arbitration International**, London, v. 35, n. 2, p. 263-273, jun./2019.

SANTOS, J. M. de Carvalho. **Código civil brasileiro interpretado:** principalmente do ponto de vista prático: parte geral: arts. 114 a 179. 7. ed. Rio de Janeiro: Freitas Bastos, 1958. v. 3.

SAVAUX, Eric. Subrogation personelle. In: SAVAUX, Eric (dir.). **Répertoire de droit civil**. Paris: Dalloz, junho 2017.

SCHERER, Matthias. Three Recent Decisions of the Swiss Federal Tribunal Regarding Assignment and Transfer of Arbitration Agreements. **ASA Bulletin**, v. 20, n. 1, p. 109-120, 2002.

SCHWEBEL, Stephen M. **International Arbitration:** Three Salient Problems. Cambridge: Grotius Publications, 1987.

SELLER V BUYER, Final Award, ICC Case No. 6962, 1992. In: VAN DEN BERG, Jan (org.). **Yearbook Commercial Arbitration**. The Hague: Kluwer, 1994. [v. 19]

SERRA, Adriano Paes da Silva Vaz. Fiança e figuras análogas. **Boletim do Ministério da Justiça**, Lisboa, n. 71, dez./1957, p. 19-331.

SILVA ROMERO, Eduardo; VELARDE SAFFER, Luis Miguel. The Extension of The Arbitral Agreement to Non-Signatories in Europe: A Uniform Approach?. **American University Business Law Review**, v. 5, n. 3, p. 371-385, 2016.

SILVA, Antonio de Moraes. **Diccionario da lingua portugueza**. 8. ed. rev. e melhor. Rio de Janeiro: Empreza Litteraria Fluminense, 1890. v. 1.

SILVA, Jorge Cesa Ferreira da. **Adimplemento e extinção das obrigações:** comentários aos arts. 304 a 388 do Código Civil. São Paulo: Revista dos Tribunais, 2007.

SILVA, Luis Renato Ferreira da. **Cessão de posição contratual**. In: LOTUFO, Renan; NANNI, Giovanni Ettore (Coord.). Teoria geral dos contratos. São Paulo: Atlas, 2011, p. 394-408.

SILVA, Ovídio Araújo Baptista da. **Curso de processo civil:** processo de conhecimento. 7. ed. rev. e atual. de acordo com o código civil de 2002. Rio de Janeiro: Forense, 2006. v. 1.

SILVA, Paula Costa e. **Perturbações no Cumprimento dos Negócios Processuais**. Salvador: Editora JusPodivm, 2020.

SILVEIRA, Gustavo Scheffer. O papel do juiz no fortalecimento da arbitragem: efeito negativo da competência-competência v. anti-suit injunctions. **Revista Brasileira de Arbitragem**, v. XV, n. 60, p. 44-58, 2018.

SIMÕES, Marcel Edvar. Transmissão em direito das obrigações: cessão de crédito, assunção de dívida e sub-rogação pessoal. Dissertação (Mestrado em Direito Civil) – Universidade de São Paulo, São Paulo, 2011.

SMITH, Gordon. Comparative Analysis of Joinder and Consolidation Provisions Under Leading Arbitral Rules. **Journal of International Arbitration**, v. 35, n. 2, p. 173-202, 2018.

SPERANDIO. Felipe Vollbrecht. Transmissão de cláusula compromissória à seguradora por força de sub-rogação legal. Arbitragem, direito securitário e consentimento no direito brasileiro. In. CARMONA, Carlos Alberto; LEMES, Selma Ferreira; MARTINS, Pedro Batista (Coord.). **20 anos da Lei de Arbitragem:** homenagem a Petrônio R. Muniz. São Paulo: Atlas, 2017. p. 795-843.

STEINGRUBER, Andrea Marco. **Consent in International Arbitration**. Oxford: Oxford University Press, 2012.

STIGLITZ, Rubén. **Derecho de seguros**. 4. ed. actual. y ampl. Buenos Aires: La Ley, 2004. t. 3.

STOFFEL-MUNCK, Philippe. La nouvelle clause compromissoire dans les groupes de contrats. **Cahiers de l'arbitrage**, Paris, n. 1, p. 47 e seguintes, junho 2017.

SUÉCIA. Suprema Corte. **MS Emja Braack Shiffahrts KG v. Wärtsilä Diesel Aktiebolag**. 15 outubro 1997.

SUÍÇA. **Loi fédérale sur le droit international privé**, publicada em 18 de dezembro de 1987. Disponível em: <https://www.admin.ch/opc/fr/classified-compilation/19870312/index.html>. Acesso em 24 nov. 2020.

SUÍÇA. Tribunal Fédéral. **Automobiles Peugeot v. Omega Plus**. 16 outubro 2001.

SUÍÇA. Tribunal Fédéral. **Clear Star Limited v. Centrala Morska Importowo-Eksportova "Centromor"**. 9 abril 1991.

SUÍÇA. Tribunal Fédéral. **LUKoil-Permnefteorgsintez, LLC and others v. MIR Müteahhitlik ve Ticaret A.S. / MIR Constructing and Trading Co Inc. Ankara (Turquie), Ural-Tais Production-Construction Firm, Bundesgericht**. 18 dezembro 2001.

SUÍÇA. Tribunal Fédéral. **X Sal. Y. Sal et A v. Z. SARL (4P.115/2003)**. 16 outubro 2003.

SUÍÇA. Tribunal Fédéral. **X. Ltd contre Y. et Z. S.p.A. (DFT 134 III 565)**. 19 agosto 2008.

SVERNLÖV, Carl M. The Evolution of the Doctrine of Separability in England: Now Virtually Complete? The Doctrines of "Separability" of the Arbitration Agreement and "Compétence de la Compétence". **Journal of International Arbitration**, London, v. 9, n. 3, p. 115-122, 1992.

TAILANDIA. **Arbitration Act** – B.E 2545 2002, em vigor desde 30 de abril de 2002.

TALAMINI, Eduardo. Arbitragem e tutela provisória no Código de Processo Civil 2015. **Revista de Arbitragem e Mediação**, v. 46, ano 12, p. 287-313, jul./set. 2015.

TALAMINI, Eduardo. Competência-competência e as medidas antiarbitrais pretendidas pela Administração Pública. **Revista de Arbitragem e Mediação**, v. 50, p. 127-153, jul./set. 2016.

TELLECHEA, Rodrigo. **Arbitragem nas Sociedades Anônimas:** Direitos Individuais e Princípio Majoritário. São Paulo: Quartier Latin, 2016.

TELLES, Inocêncio Galvão. Algumas considerações sobre o conceito jurídico de sucessão. **Separata da Revista da Faculdade de Direito da Universidade de Lisboa, v. XIX**, Lisboa, p. 5-48, 1965.

TELLES, Inocêncio Galvão. **Direito das obrigações**. 7 ed., rev. e actual. Coimbra: Coimbra Ed., 1997.

TEPEDINO, Gustavo. Consensualismo na arbitragem e teoria do grupo de sociedades. **Revista dos Tribunais**, v. 100, n. 903, p. 1-25, jan./2011.

TERRÉ, François et al. **Droit civil**: les obligations. 12e éd. Paris: Dalloz, 2019.

THE DOW CHEMICAL COMPANY ET AL. V. ISOVER SAINT GOBAIN. Caso ICC No. 4131. Sentença Parcial. 23 set. 1982. In: SANDERS, Pieter (ed). **Yearbook of Commercial Arbitration 1984**. The Hague: Kluwer: 1984. p. 131-137.

THEODORO JÚNIOR, Humberto. **Comentários ao novo código civil:** dos atos jurídicos lícitos, dos atos ilícitos, da prescrição e da decadência, da prova: arts. 185 a 232. Coordenador Sálvio de Figueiredo Teixeira. 4. ed. Rio de Janeiro: Forense, 2008. v. 3, t. 2.

THEODORO JÚNIOR, Humberto. **Curso de direito processual civil**. 57. ed. rev., atual. e ampl. Rio de Janeiro: Forense, 2016. v. 1.

TIBURCIO, Carmen. Cláusula compromissória em contrato internacional: interpretação, validade, alcance objetivo e subjetivo. **Revista de Processo**, v. 241, mar. 2015, p. 521-566.

TORRENTE, Andrea; SCHLESINGER, Piero. **Manuale di Diritto Privato**. 16 ed. Milano: Giuffrè, 1999.

TRABUCCHI, Alberto. **Istituzioni di diritto civile.** 40. ed. Padova: CEDAM, 2001.

TSCHANZ, Pierre Yves. Note – Tribunal Fédéral Suisse (1re Cour civile) 9 avril 1991 – Clear Star Limited v. Centrala Morska Importowo Eksportova «Centromor» et Centromor SA. **Revue de l'Arbitrage**, Paris, n. 4, p. 709-719, 1991.

TZIRULNIK, Ernesto; CAVALCANTI, Flávio de Queiroz B.; PIMENTEL, Ayrton. **O contrato de seguro de acordo com o Código Civil brasileiro**. 3. ed. São Paulo: Roncarati, 2016.

VARELA, João de Matos Antunes. **Das obrigações em geral**. 10. ed. Coimbra: Almedina, 2000. v. 1.

VARELA, João de Matos Antunes. **Das obrigações em geral**. 7. ed. Coimbra: Almedina, 1999. v. 2.

VARELA, João de Matos Antunes. **Direito das obrigações**. Rio de Janeiro: Forense, 1977. v. 1.

VARELA, João de Matos Antunes. **Direito das obrigações**. Rio de Janeiro: Forense, 1978. v. 2.

VASCONCELOS, L. Miguel Pestana de. **Direito das Garantias**. Coimbra: Almedina, 2011.

VEEDER, Van Vechten. The Lena Goldfields Arbitration: The Historical Roots of Three Ideas. **The International and Comparative Law Quarterly**, v. 47, n. 4, p. 747-792, out./1998.

VEEDER, Van Vechten. Towards a Possible Solution: Limitation, Interest and Assignment in London and Paris. In: VAN DEN BERG, Jan (org.). **Planning Efficient Proceedings:** The Law Applicable to International Arbitration. The Hague: Kluwer, 1996, p. 268-293. (ICCA Congress Series, v. 7).

VERÇOSA, Fabiane. Arbitragem e Seguros: Transmissão da Cláusula Compromissória à Seguradora em Caso de Sub-Rogação. **Revista Brasileira de Arbitragem**, São Paulo, v. III, n. 11, p. 46-55, 2006.

VERDE, Giovanni. **Lineamenti di diritto dell'arbitrato**. 4. ed. Torino: G. Giappichelli, 2013.

VETTA, Maddalena. Cessazione del contratto, cessione del credito e circolazione della clausola compromissioria. Tese (Doutorado em Direito) – LUISS Guido Carli, Roma, 2014. Disponível em: <http://eprints.luiss.it/id/eprint/1320>. Acesso em 24 nov. 2020.

VICENTE, Dário Moura. A autonomia privada e os seus diferentes significados à luz do Direito Comparado. **Revista de Direito Civil Contemporâneo**, ano 3, v. 8. p. 275-302, jul./set. 2016.

VON TUHR, Andreas. **Derecho Civil**. Traducción de Tito Rava. Barcelona: Marcial Pons, 1998. v. 1.

VOSER, Nathalie. The Swiss Perspective on Parties in Arbitration: "Traditional Approach With a Twist regrading Abuse of Rights" or "Consent Theory Plus". In: BREKOULAKIS, Stavros; LEW, Julian; MISTELIS, Loukas (eds.). **The Evolution and Future of International Arbitration**. The Hague: Kluwer, 2016. p. 161-182.

WALD, Arnoldo. A arbitragem, os grupos societários e os conjuntos de contratos conexos. **Revista de Arbitragem e Mediação**, v. 2, p. 31-59, mai./ago. 2004.

WEBBER, Pietro Benedetti Teixeira; SCALCO, Gabriela Barcellos. Cláusulas compromissórias patológicas no direito brasileiro: eficácia e exequibilidade. **Revista Jurídica Luso-Brasileira**, ano 7, n. 2, p. 1233-1255, 2021.

WETTER, J. Gilles. Issues of Corruption before International Arbitral Tribunals: The Authentic Text and True Meaning of Judge Gunnar Lagergren's 1963 Award in ICC Case No. 1110. **Arbitration International**, v. 10, n. 3, p. 277-297, 1994.

ZANETTI, Cristiano de Sousa. **A conservação dos contratos nulos por defeito de forma**. São Paulo: Quartier Latin, 2013.

ZERBINI, Eugenia C. G. de Jesus. Cláusulas arbitrais: transferência e vinculação de terceiros à arbitragem. In: JOBIM, Eduardo; MACHADO, Rafael Bicca (Coord.). **Arbitragem no Brasil:** aspectos jurídicos relevantes. São Paulo: Quartier Latin, 2008. p. 141-151.